职业教育·城市轨道交通类专业教材

城市轨道工程
施工组织与概预算

何淑娟　主　编
江　玮　刘玉琴　谭伟玲　副主编
郝又猛　主　审

人民交通出版社股份有限公司
北京

内 容 提 要

本书是职业教育城市轨道交通类专业教材。本书共10章,内容包括城市轨道交通工程概述、流水施工技术、网络计划技术、工程施工进度计划的编制、施工总平面图绘制、施工组织设计、工程定额、城市轨道交通工程概(预)算、工程量清单计价、工程造价软件应用。

本书可作为职业院校城市轨道交通工程技术专业教材,也可作为城市轨道交通工程和铁路工程相关单位从事工程造价管理工作的业务人员学习与参考用书。

本书配套多媒体课件,教师可加入职教轨道教学研讨群(教师专用QQ群号:129327355)获取。

图书在版编目(CIP)数据

城市轨道工程施工组织与概预算/何淑娟主编.—北京:人民交通出版社股份有限公司,2021.1(2025.1重印)
　ISBN 978-7-114-16929-8

Ⅰ.①城… Ⅱ.①何… Ⅲ.①轨道(铁路)—铁路施工—施工组织②轨道(铁路)—铁路施工—概算编制③轨道(铁路)—铁路施工—预算编制　Ⅳ.①U215.1

中国版本图书馆CIP数据核字(2020)第217109号

职业教育·城市轨道交通类专业教材
Chengshi Guidao Gongcheng Shigong Zuzhi yu Gai-yu Suan

书　　名:	城市轨道工程施工组织与概预算
著 作 者:	何淑娟
责任编辑:	王　丹　钱　堃
责任校对:	刘　芹
责任印制:	刘高彤
出版发行:	人民交通出版社股份有限公司
地　　址:	(100011)北京市朝阳区安定门外外馆斜街3号
网　　址:	http://www.ccpcl.com.cn
销售电话:	(010)85285911
总 经 销:	人民交通出版社股份有限公司发行部
经　　销:	各地新华书店
印　　刷:	北京印匠彩色印刷有限公司
开　　本:	787×1092　1/16
印　　张:	17
字　　数:	394千
版　　次:	2021年1月　第1版
印　　次:	2025年1月　第6次印刷
书　　号:	ISBN 978-7-114-16929-8
定　　价:	49.00元

(有印刷、装订质量问题的图书,由本公司负责调换)

编写背景

本教材根据城市轨道交通工程技术专业人才培养目标,结合城市轨道交通工程实际,以培养学生施工组织、概预算编制、工程量清单报价等职业能力为主线进行编写。

近年来,我国城市轨道交通系统的高速发展对城市轨道工程建设人才提出了更高的要求。为满足城市轨道工程建设对人才培养的迫切需要,我们组织编写了本教材。

教材特色

(1)本书采用校企"双元"合作开发,编写时以城市轨道交通工程施工现场管理、造价预算和计量人员基本能力要求为出发点,实现与现场岗位需求"零对接",同时也兼顾了学生专业知识体系的构建和学生的后续发展。

(2)教材在内容组织上,根据职业教育学生的特点,以提升施工组织和概预算能力为主线,先对城市轨道交通工程建设内容及程序等进行总体介绍,然后学习工程进度计划编制的流水施工及网络计划技术,再递进到施工组织的进度计划编制、施工总体平面图绘制及施工组织设计,最后拓展到城市轨道交通工程预算定额的应用、工程单价编制、施工图预算编制、工程量清单计价及工程造价软件应用等。

(3)教材在内容编写上,密切联系现场实际,以《城市轨道交通工程设计概算编制办法》(建标[2017]89号)、《城市轨道交通工程概算定额》(GCG102—2011)、《城市轨道交通工程预算定额》(GCG103—2008)等标准规范为依据,围绕城市轨道交通工程建设中工期、造价控制目标所需的技术技能,并根据技能的需求来确定理论基础知识,理论知识为技术技能的学习与掌握服务,达到理论与实践深度结合的目的。

(4)为加强学生实践能力培养,每章后均配有实训项目,实训案例皆来自工程实际项目,真实再现了现场作业条件与工作内容。

编写组织

本书由南京交通职业技术学院何淑娟高级工程师担任主编,南京交通职业技术学院江玮副教授、中铁上海局集团有限公司刘玉勤高级工程师、中铁隧道局集团有限公司谭伟玲高级工程师担任副主编,中铁上海局集团有限公司郝又猛教授级高级工程师担任主审。全书共十章,具体编写分工如下:第一章至第六章、第八章、第九章由何淑娟编写,第七章由江玮编写,第十章由刘玉勤、何淑娟和谭伟玲共同编写。

配套资源

本书配套多媒体课件,包含教学内容、拓展知识、教材每次重印更新的内容等,可供相关任课教师教学参考。请有需求的任课教师通过加入职教轨道交通研讨群(教师专用 QQ 群：129327355)获取配套资源。

致谢

本书在编写过程中，得到了南京交通职业技术学院、中铁四局集团有限公司、中铁隧道集团有限公司、中铁上海集团有限公司、中铁大桥局集团有限公司和西安市地下铁道有限责任公司等单位有关领导和专家的指导和帮助，并提供了源自工程实际的实训案例，在此一并表示感谢。

由于编者水平有限，书中难免存在疏漏和错误之处，恳请读者批评指正。最后，我们对所有为本书的完成和出版给予支持和帮助的相关人员表示最衷心的感谢！

编　者
2021 年 12 月

目 录

第一章 城市轨道交通工程概述 … 1
- 第一节 基本建设概述 … 1
- 第二节 城市轨道交通概述 … 8
- 练习题 … 11
- 实训项目 … 12

第二章 流水施工技术 … 14
- 第一节 概述 … 14
- 第二节 有节奏流水施工 … 21
- 第三节 非节奏流水施工 … 26
- 练习题 … 28
- 实训项目 … 29

第三章 网络计划技术 … 30
- 第一节 概述 … 30
- 第二节 双代号网络图的绘制 … 33
- 第三节 双代号网络计划时间参数的计算 … 39
- 第四节 双代号时标网络计划 … 50
- 第五节 网络计划的优化 … 55
- 第六节 网络图的检查与调整 … 73
- 第七节 单代号网络计划 … 81
- 练习题 … 86
- 实训项目 … 87

第四章 工程施工进度计划的编制 … 88
- 第一节 概述 … 88
- 第二节 施工进度计划编制步骤 … 90
- 第三节 施工进度计划编制示例 … 94
- 练习题 … 97
- 实训项目 … 97

第五章 施工总平面图绘制 ·········· 99
第一节 施工总平面图设计概述 ·········· 99
第二节 工地运输与临时设施设计 ·········· 103
第三节 施工总平面图绘制示例 ·········· 106
练习题 ·········· 110
实训项目 ·········· 110

第六章 施工组织设计 ·········· 111
第一节 施工组织设计概述 ·········· 111
第二节 施工组织设计的内容 ·········· 114
第三节 施工组织设计示例 ·········· 120
练习题 ·········· 120
实训项目 ·········· 120

第七章 工程定额 ·········· 123
第一节 定额概述 ·········· 123
第二节 施工过程分析与定额测定 ·········· 130
第三节 城市轨道交通工程预算定额简介 ·········· 139
第四节 预算定额的应用 ·········· 144
练习题 ·········· 151
实训项目 ·········· 151

第八章 城市轨道交通工程概(预)算 ·········· 154
第一节 概述 ·········· 154
第二节 概(预)算文件的编制 ·········· 161
第三节 工程费用 ·········· 170
第四节 工程建设其他费用 ·········· 187
第五节 预备费 ·········· 196
第六节 专项费用 ·········· 197
练习题 ·········· 198
实训项目 ·········· 199

第九章 工程量清单计价 ·········· 201
第一节 工程量清单计价概述 ·········· 201
第二节 工程量清单的编制 ·········· 204
第三节 工程量清单计价确定 ·········· 209
练习题 ·········· 217
实训项目 ·········· 217

第十章 工程造价软件应用 218
第一节 工程造价软件简介 218
第二节 广联达造价软件编制概(预)算文件 223
练习题 239
实训项目 239
附录 ××市轨道交通××号线大型土石方工程预算实例 240
参考文献 261

第一章　城市轨道交通工程概述

教学目标

1. 了解基本建设的概念、作用；
2. 熟悉基本建设的特点；
3. 掌握基本建设的分类；
4. 掌握基本建设程序；
5. 掌握城市轨道交通工程建设情况；
6. 掌握城市轨道交通的特点。

第一节　基本建设概述

一、基本建设的概念

基本建设是指固定资产的建筑、添置和安装，是国民经济各部门为了扩大再生产而进行的增加固定资产的建设工作。具体来讲，就是把一定的建筑材料、设备等，通过购置、建造、安装等活动，转化为固定资产的过程。例如建地铁、开矿山、修水利、筑铁路、建电站、建学校、设医院等新建和扩建工程，以及机具、车辆、各种设备的添置和安装。

固定资产是与流动资产相对而言的。固定资产是在生产性活动过程中长期发挥作用的劳动资料和在非生产性活动过程中长期使用的物质资料。如工厂的厂房、机器设备，铁路的路基、桥梁、隧道等均为生产性固定资产，而住宅、教室、医院、剧院等各种能长期发挥作用的非生产性建筑则为非生产性固定资产。

固定资产在生产过程中保持其原有实物形态，直到磨损陈旧而报废。它本身的价值随着磨损程度的不断增加而逐渐减少，然后一点一点地转移到产品成本中去，它和生产中使用的原料、燃料等流动资产有着明显的不同。

流动资产是在一个生产周期中就全部消耗掉，并把它的价值全部转移到产品中去的一种资产形态，它原有的形态也不复存在了。

确定一个物品是否是固定资产，要看它是否在生产过程中长期发挥作用，是否保持原来的实物形态。例如，工厂生产的待售的机械，它还不是固定资产，因为它还没有被销售到生产企业中去，并作为劳动资料在生产过程中发挥作用。同时财政部规定，除特殊规定外，一般需同时满足以下两个条件的物品才算固定资产，否则就是低值易耗品：①使用年限在一年以上；②单位价值在国家及各主管部门规定的限额以上。

固定资产的形成过程，是在许多物质生产部门共同参与下完成的。例如，构成地铁资产的物质因素——机车、设备、建筑材料等必须经过购置，并把它们从生产地点运到施工地点，必须经过建造者把原材料加工建造出地铁区间、车站等,必须把机器设备进行安装,通过一系列劳动形成生产能力,才把它们变为固定资产。通常所说的基本建设就是这种购置、建造过程。所形成的固定资产,就是基本建设的成果。

固定资产在长期的生产过程中是不断变动的。一方面要不断购置、建造新的固定资产,另一方面又有一些固定资产因磨损陈旧而报废。固定资产的这种连续不断的"新陈代谢"过程,就是固定资产的再生产过程。

二、基本建设的作用

(1)基本建设为国民经济各部门建立固定资产提供生产能力,是扩大再生产,促进国民经济发展的重要手段。

(2)基本建设是提高国民经济技术水平,实现用先进的科学技术武装我国国民经济各部门的手段,从根本上改变我国国民经济的技术落后面貌,推动我国的社会生产力发展。基本建设增加国民经济各部门的固定资产,提高劳动者技术装备程度,提高生产的机械化、自动化水平。

(3)基本建设是有计划地调整旧的部门结构,建立新的部门结构的重要物质基础。在国民经济中正确分配基本建设投资,可以改变不符合发展需要的生产比例,建立新的合理的生产部门,促进国民经济按比例协调发展。

(4)基本建设是合理分布生产力的重要途径,它可使各生产部门和产品数量在地区分布上保持协调比例。

(5)基本建设为改善人民的物质文化生活创造物质条件。基本建设提供的生产性固定资产,可通过扩大生产能力,促进生产提高,逐步改善人民的物质文化生活,而它提供的非生产性固定资产,直接为满足人民的物质文化生活服务。

三、基本建设的特点

(1)建设周期长,物资消耗大。一个项目的建设周期短则两三年,长则几十年,建设过程中要消耗大量的人力、物力、财力,而且在建成投产之前只投入不产出。因此建设的前期工作必须要做充分。

(2)涉及面广,必须协调好各方面的关系,取得各方面的配合和协作,做到综合平衡。

(3)建设产品的固定性。建设地点固定,不可移动,因此建设之前必须掌握建设地点的地质、水文、气象、社会条件等,并选择几个方案进行论证和比较。

(4)建设过程不能间断,要有连续性。每个项目开工后,要求不可间断,整个基本建设过程是一环扣一环的系统过程。

(5)建设产品的单件性。建设项目都有特定的目的和用途,一般只能单独设计、单独建成,即使是相同规模的同类项目,由于地区条件和自然环境不同,也会有很大区别,不能成批生产。

(6)产品生产的流动性,即生产者和生产工具经常流动转移。

四、基本建设项目的分类

基本建设项目是固定资产再生产的基本单位,一般是指经批准包括在一个总体设计或初步设计范围内进行建设,经济上实行统一核算,行政上有独立组织形式,实行统一管理的建设单位。通常以一个企业、事业单位或独立的工程作为一个建设项目。属于一个总体设计中的主体工程及相应的附属、配套工程,综合利用工程,环境保护工程,供水、供电工程等,只作为一个建设项目。凡不属于一个总体设计,经济上分别核算、工艺流程上没有直接关联的几个独立工程,应分别作为几个建设项目,不能捆在一起作为一个建设项目;现有企业、事业单位按照规定用固定资产投资单纯购置设备、工具、器具(包括车、船、飞机、勘探设备、施工机械等),不作为建设项目。

1. 按设计要求以及编制预算、制订计划、统计、会计核算的需要划分

1)单项工程

单项工程一般是指有独立设计文件,建成后能独立发挥效益或生产设计规定产品的车间(联合企业的分厂)、生产线或独立工程等。一个项目在全部建成投产以前,往往陆续建成若干个单项工程,所以单项工程也是考核投产计划完成情况和计算新增生产能力的基础。

2)单位工程

单位工程是单项工程中具有独立施工条件的工程,是单项工程的组成部分。通常按照不同性质的工程内容,根据组织施工和编制工程预算的要求,将一个单项工程划分为若干个单位工程。如工业建设中一个车间是一个单项工程,车间的厂房建筑是一个单位工程,车间的设备安装又是一个单位工程。

3)分部工程

分部工程是单位工程的组成部分,是按建筑安装工程的结构、部位或工序划分的,如一般房屋建筑可分为土方工程、打桩工程、砖石工程、混凝土工程、装饰工程等。

4)分项工程

分项工程是对分部工程的再分解,是指在分部工程中能用较简单的施工过程生产出来,并能适当计量和估价的基本构造。一般是按不同的施工方法、不同的材料、不同的规划划分的,如砖石工程就可以分解成砖基础、砖内墙、砖外墙等分项工程。分部、分项工程是编制施工预算,制订检查施工作业计划,核算工、料费的依据,也是计算施工产值和投资完成额的基础。

2. 按建设性质划分

1)新建项目

从无到有、"平地起家",新开始建设的项目。有的建设项目原有基础很小,经扩大建设规模后,其新增加的固定资产价值超过原有固定资产价值3倍以上的,也算新建项目。

2)扩建项目

原有企业、事业单位为扩大原有产品生产能力(或效益)或增加新的产品生产能力,而新建的主要车间或工程项目。

3)改建项目

原有企业为提高生产效率,改进产品质量,或改变产品研究方向,对原有设备或工程进行改造的项目。有的企业为了平衡生产能力,增建一些附属、辅助车间或非生产性工程,也算改建项目。

4）迁建项目

原有企业、事业单位等由于各种原因经上级批准搬迁到另地建设的项目。迁建项目中符合新建、扩建、改建条件的，应分别作为新建、扩建、改建项目。迁建项目不包括留在原址的部分。

5）恢复项目

企业、事业单位因自然灾害、战争等使原有固定资产全部或部分报废，以后又投资按原有规模重新恢复起来的项目。在恢复的同时进行扩建的，应作为扩建项目。

3. 按计划管理要求划分

1）基本建设项目

利用国家财政预算内投资、地方财政预算内投资、银行贷款、外资、自筹资金和各种专项资金安排的新建、扩建、迁建、复建项目和扩大再生产性质的改建项目。

2）更新改造项目

利用中央、地方政府补助的更新改造资金，企业的折旧基金和生产发展基金，银行贷款和外资安排的企业设备更新或技术改造项目。

3）商品房屋建设项目

由房屋开发公司综合开发，建成后出售或出租的住宅、商业用房以及其他建筑物的建设项目，包括新区开发和危旧房改造项目。

4）其他固定资产投资项目

国有单位纳入固定资产投资计划管理，但不属于基本建设、更新改造和商品房屋建设的项目。

4. 按施工情况划分

1）筹建项目

尚未开工，正在进行选址、规划、设计等施工前各项准备工作的建设项目。

2）施工项目

报告期内实际施工的建设项目，包括报告期内新开工的项目、上期跨入报告期续建的项目、以前停建而在本期复工的项目、报告期施工并在报告期建成投产或停建的项目。

3）投产项目

报告期内建成设计规定的内容，形成设计规定的生产能力（或效益）并投入使用的建设项目，包括部分投产项目和全部投产项目。

4）收尾项目

已经建成投产和已经组织验收，设计能力已全部建成，但还遗留少量尾工需继续进行扫尾的建设项目。

5. 按工作阶段划分

1）前期工作项目

已批项目建议书，正在做可行性研究或者进行初步设计（或扩大初步设计）的项目。

2）预备项目

已批准可行性研究报告和初步设计（或扩大初步设计），正在进行施工准备待转入正式计划的项目。按照现行固定资产投资管理办法，前期工作项目和预备项目总称为预备项目。

3）新开工项目

施工准备已经就绪,报告期内计划新开工建设的项目。

4）续建项目(包括报告期建成投产项目)

在报告期之前已开始建设,跨入报告期继续施工的项目。

6. 按隶属关系划分

1）中央项目

由中央及部队在京单位建设的项目。

2）地方项目

由地方单位投资建设的项目。

3）合建项目

中央及部队在京单位与地方单位或地方单位与外省(自治区、直辖市)单位共同投资建设的项目。

外商投资项目一般按合营中方的隶属关系来划分。

7. 按在国民经济中的用途划分

1）生产性项目

直接用于物质生产或直接为物质生产服务的项目,主要包括工业项目(含矿业)、建筑业和地区资源勘探事业项目、农林水利项目、运输邮电项目、商业和物资供应项目等。

2）非生产性项目

直接用于满足人民物质文化生活需要的项目,主要包括住宅、教育、文化、卫生、体育、社会福利及科学实验研究项目,金融保险项目,公用生活服务事业项目,行政机关和社会团体办公用房等。

8. 按建设规模大小划分

基本建设项目可分为大型项目、中型项目、小型项目,更新改造项目分为限额以上项目、限额以下项目。

基本建设大、中、小型项目是按项目的建设总规模或总投资来确定的。习惯上,将大型项目和中型项目合称为大中型项目。新建项目按项目的全部设计规模(能力)或所需投资(总概算)计算;扩建项目按新增的设计能力或扩建所需投资(扩建总概算)计算,不包括扩建以前原有的生产能力。但是,新建项目的规模是指经批准的可行性研究报告中规定的近期建设的总规模,而不是指远景规划所设想的长远发展规模。明确分期设计、分期建设的,应按分期规模来计算。

基本建设项目大、中、小型划分标准是由国家规定的。按总投资划分的项目,在下列标准以上为大中型项目,在标准以下的为小型项目。

铁路大中型项目:新建的干线、支线、地下铁道和总投资1500万元以上的原有干线、枢纽的重大技术改造工程。地方铁路长度100km以上、货运量50万t以上的项目。

公路大中型项目:新建、扩建长度200km以上的国防公路、边防公路和跨省区的重要干线以及长度1000m以上的独立公路大桥。

港口大中型项目:年吞吐量100万t以上的新建、扩建沿海港口;年吞吐量200万t以上的新建、扩建内河港口;总投资3000万元以上的修船厂(指有船坞、滑道的)。

邮电大中型项目:长度在 500km 以上的跨省区长途电信电缆;长度在 1000km 以上的跨省区长途通信微波或总投资 1000 万元以上的其他邮电建设。

民航大中型项目:总投资 2000 万元以上的新建、改建机场。

五、基本建设程序

基本建设程序是指建设项目在设想、选择、评估、决策、设计到竣工验收、投入生产的整个建设过程中,各项工作必须遵循的先后次序,它是人们在认识客观规律的基础上制订出来的,是建设项目科学决策和顺利进行的重要保证。

基本建设程序分为 6 个阶段,即项目建议书阶段、可行性研究阶段、设计工作阶段、建设准备阶段、建设实施阶段和竣工验收阶段。某项目基本建设程序如图 1-1 所示。其中项目建议书阶段和可行性研究阶段称为前期工作阶段或决策阶段。

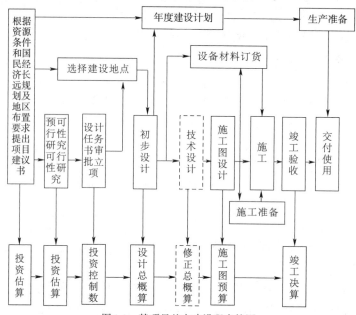

图 1-1　某项目基本建设程序简图

1. 项目建议书阶段

项目建议书是建设单位向国家提出的要求建设某一项建设项目的建议文件,是对建设项目的轮廓设想,是从拟建项目的必要性及大方面的可能性加以考虑的。在客观上,建设项目符合国民经济长远规划,符合部门、行业和地区规划的要求。

2. 可行性研究阶段

项目建议书经批准后,紧接着进行可行性研究。可行性研究是对建设项目在技术和经济上是否可行进行的科学分析和论证,是技术经济的深入论证阶段,为项目决策提供依据。

3. 设计工作阶段

一般项目进行两阶段设计,即初步设计和施工图设计。技术上比较复杂而又缺乏设计经验的项目,可在初步设计阶段后加技术设计。

1)初步设计

初步设计是根据可行性研究报告的要求所做的具体实施方案,目的是阐明在指定的地点、时间和投资控制数额内,拟建项目在技术上的可能性和经济上的合理性,并通过对工程项目所做出的基本技术经济规定,编制项目总概算。

初步设计不得随意改变被批准的可行性研究报告所确定的建设规模、产品方案、工程标准、建设地址、总投资等控制指标。如果初步设计提出的总概算超过可行性研究报告总投资的5%以上或其他主要指标需要变更时,应说明原因和计算依据,并报可行性研究报告原审批单位同意。

2)技术设计

技术设计根据初步设计和更详细的调查研究资料编制,进一步解决初步设计中的重大技术问题,如工艺流程、建筑结构、设备选型、数量确定等,以使建设项目的设计更具体、更完善,技术经济指标更好。

3)施工图设计

施工图设计要完整地表现建筑物外形、内部空间分割、结构体系、构造状况以及建筑群的组成和周围环境的配合,具有详细的构造尺寸。它还包括各种运输、通信、管道系统、建筑设备的设计。在工艺方面,应具体确定各种设备的型号、规格及各种非标准设备的制造加工图。在施工图设计阶段(或施工准备阶段)应编制施工图预算。

4. 建设准备阶段

1)预备项目

初步设计已经批准的项目,可列为预备项目。国家的预备项目计划,是对列入部门、地方政府编报的年度建设预备项目计划中的大中型项目和限额以上的项目,经过从建设总规模、生产力总布局、资源优化配置、外部协作条件等方面进行综合平衡后安排和下达的。预备项目在建设准备过程中的投资活动,不计入建设工期,统计上单独反映。

2)建设准备的内容

建设准备的主要工作内容:①征地、拆迁和场地平整;②完成施工用水、电、路等工程;③组织准备、材料订货;④准备必要的施工图纸;⑤组织施工招标,择优选定施工单位。

3)报批开工报告

按规定进行建设准备且具备了开工条件以后,建设单位应向建设行政主管部门申请开工,经国家发展和改革委员会统一审核后编制年度大中型项目和限额以上建设项目新开工计划,并报国务院批准。部门和地方政府无权自行审批大中型项目和限额以上建设项目的开工报告。年度大中型项目和限额以上新开工项目经国务院批准,国家发展和改革委员会下达项目计划。

5. 建设实施阶段

建设项目经批准新开工建设后,项目便进入建设实施阶段。新开工建设的时间,是指建设项目设计文件中规定的任何一项永久性工程第一次破土开槽开始施工的日期。不需要开槽的,正式开始打桩日期就是开工日期。铁路、公路、水库等需要进行大量土石方工程的,以开始进行土石方工程的日期作为正式开工日期。分期建设项目,分别按各期工程开工的日期计算。施工活动应按设计要求、合同条款、预算投资、施工程序和顺序、施工组织设计,在保证质量、工期、成本计划等目标的前提下进行,达到竣工标准要求,经过验收后,移交给建设单位。

在建设实施阶段还要进行生产准备。生产准备是项目投产前由建设单位进行的一项重要工作。它是连接建设和生产的桥梁,是建设阶段转入生产经营的必要条件。建设单位应适时组成专门班子或机构做好生产准备工作。

生产准备工作的内容根据企业的不同而异,总的来说,一般包括下列内容:
(1)组织管理机构,制订管理制度和有关规定。
(2)招收并培训生产人员,组织生产人员参加设备的安装、调试和验收。
(3)签订原料、材料、协作产品、燃料、水、电等供应及运输的协议。
(4)进行工具、器具、备品、备件等的制造或订货。
(5)其他必需的生产准备。

6. 竣工验收阶段

当建设项目按设计文件的规定内容全部施工完成并满足质量要求后,便可组织验收工作。它是建设全过程的最后一道程序,是投资成果转入生产或使用的标志,是建设单位、设计单位和施工单位向国家汇报建设项目生产能力或效益、质量、成本、收益等全面情况及交付新增固定资产的过程。竣工验收对促进建设项目及时投产、发挥投资效益及总结建设经验都有重要作用。竣工验收可以检查建设项目实际形成的生产能力或效益,也可避免项目建成后继续消耗建设费用。

第二节 城市轨道交通概述

一、城市轨道交通的概念

轨道交通很早就作为公共交通在大城市中出现,并且起着越来越重要的作用。经济发达国家城市的交通发展历史告诉我们,只有采用大运量的城市轨道交通系统,才是从根本上改善城市公共交通状况的有效途径。

城市轨道交通是指具有固定线路,铺设固定轨道,配备运输车辆、服务设施等的城市公共交通设施。"轨道交通"是一个包含范围较大的概念,在国际上没有统一的定义。城市轨道交通是城市公共客运交通系统中具有中等以上运量的轨道交通系统(有别于道路交通),主要为城市内(有别于城际铁路,但可涵盖郊区及城市圈范围)公共客运服务,是在城市公共客运交通中起骨干作用的现代化立体交通系统。

二、城市轨道交通的主要类型

城市轨道交通在世界范围内发展较快,而地区、国家、城市的不同,服务对象的不同等,使城市轨道交通发展成多种类型。目前尚无统一的分类标准,不同的分类方法可以分出不同的结果。

(1)按容量(运送能力)分类,可分为高容量、大容量、中容量和小容量。
(2)按导向方式分类,可分为轮轨导向和导向轨导向。
(3)按线路架设方式分类,可分为地下、高架和地面。
(4)按线路隔离程度分类,可分为全隔离、半隔离和不隔离。
(5)按轨道材料分类,可分为钢轮钢轨系统和橡胶轮混凝土轨道梁系统。

(6)按牵引方式分类,可分为旋转式直流、交流电机牵引和直线电机牵引。

(7)按运营组织方式分类,可分为传统城市轨道交通、区域快速轨道交通和城市(市郊)铁路。

(8)按运能范围、车辆类型及主要技术特征分类,可分为有轨电车、地铁、轻轨、市域快速轨道系统、单轨、自动导向轨道、磁浮系统7类。

三、城市轨道交通的主要作用

(1)城市轨道交通是城市公共交通的主干线,客流运送的大动脉,是城市的生命线工程。建成运营后,将直接关系到城市居民的出行、工作、购物和生活。

(2)城市轨道交通是世界公认的低能耗、少污染的"绿色交通",是解决"城市病"的一把金钥匙,对实现城市的可持续发展具有非常重要的意义。

(3)城市轨道交通是城市建设史上最大的公益性基础设施,对城市的全局布置和发展模式产生深远的影响。为了建设生态城市,应把"摊大饼式"的城市发展模式改变为"伸开的手掌形"模式,而"手掌状"城市发展的骨架就是城市轨道交通。城市轨道交通的建设可以带动城市沿轨道交通廊道的发展,促进城市繁荣,形成郊区卫星城和多个副中心,从而缓解城市中心人口密集、住房紧张、绿化面积小、空气污染严重等城市通病。

(4)城市轨道交通的建设与发展有利于提高市民出行的效率,节省时间,改善生活质量。国际知名的大都市由于轨道交通事业十分发达,人们出行很少依靠私人车辆,主要依靠地铁、轻轨等轨道交通,故城市交通秩序井然,市民出行方便、省时。

四、城市轨道交通的主要特点

(1)具有较大的运输能力。

城市轨道交通由于高密度运转,列车行车时间间隔短,行车速度高,列车编组辆数多而具有较大的运输能力。单向高峰每小时的运输能力最大可达到6万~8万人次(市郊铁路);地铁达到3万~6万人次,甚至达到8万人次;轻轨达到1万~3万人次;有轨电车能达到1万人次,轨道交通的运输能力远远超过公共汽车。

(2)具有较高的准时性。

城市轨道交通由于在专用行车道上运行,不受其他交通工具干扰,不产生线路堵塞现象并且不受气候影响,是全天候的交通工具。列车能按运行图运行,具有可信赖的准时性。

(3)具有较高的速达性。

与常规公共交通相比,城市轨道交通由于运行在专用行车道上,不受其他交通工具干扰,车辆有较高的运行速度,有较高的启、制动加速度,多数采用高站台,列车停站时间短,上下车迅速、方便,而且换乘方便,乘客可以较快地到达目的地,从而缩短了出行时间。

(4)具有较高的舒适性。

与常规公共交通相比,由于城市轨道交通运行在不受其他交通工具干扰的线路上,故城市轨道交通车辆具有较好的运行特性,且车辆、车站等装有空调、引导装置、自动售票等直接为乘客服务的设备,使城市轨道交通具有较好的乘车条件,其舒适性优于公共电车、公共汽车。

(5)具有较高的安全性。

城市轨道交通由于运行在专用轨道上,没有平交道口,不受其他交通工具干扰,并且有先进的通信信号设备,故极少发生交通事故。

(6)能充分利用地下和地上空间。

大城市地面拥挤、土地费用昂贵,城市轨道交通充分利用了地下和地上空间,占用地面街道少,能有效缓解由于汽车数量增多而造成道路拥挤、堵塞的状况,有利于城市空间合理利用,特别有利于缓解大城市中心区过于拥挤的交通状态,提高了土地利用价值,并能改善城市景观。

(7)系统运营费用较低。

城市轨道交通主要采用电气牵引,而且轮轨摩擦阻力较小,与公共电车、公共汽车相比,节省能源,运营费用较低。

(8)对环境污染小。

城市轨道交通采用电气牵引,与公共汽车相比,不产生废气污染;而且城市轨道交通的发展还能减少公共汽车的数量,进一步减少了汽车的废气污染。另外,由于在线路和车辆上采用了各种降噪措施,故一般不会对城市环境产生严重的噪声污染。

五、我国城市轨道交通的发展和现状

1843年,英国人查尔斯·皮尔逊提出在英国修建地下铁道的建议;1860年,英国伦敦开始修建世界上第一条地铁,该地铁于1863年1月10日通车,线路长6.4km。

我国城市轨道交通起步较晚。1965年7月,北京开始修建第一条地铁线。自20世纪90年代以来,我国城市轨道交通进入快速发展时期。截至2019年底,共有40个城市开通城市轨道交通,运营线路208条,运营线路总长度达6736.2km。新增温州、济南、常州、徐州、呼和浩特5市,新增运营线路25条,新增运营线路长度974.8km。按线路敷设方式来分,地下线4366.5km,占比64.8%;地面线920.3km,占比13.7%;高架线1449.4km,占比21.5%。2019年底我国主要城市轨道交通运营里程统计见表1-1。

2019年底我国主要城市轨道交通运营里程统计表　　　　表1-1

序号	城市	运营长度/km							
		地铁	轻轨	单轨	市域快轨	现代有轨电车	磁浮交通	APM	合计
1	北京	587.80			77.00	9.40		10.20	684.40
2	上海	636.37			56.00	9.00		30.00	731.37
3	天津	115.30	52.00			8.00			175.30
4	重庆	166.07		98.50					264.57
5	广州	346.23				7.70		4.00	357.93
6	深圳	286.50				11.72			298.22
7	武汉	200.90	33.40			16.86			251.16
8	南京	177.19			170.62	17.10			364.91
9	沈阳	54.00			71.00				125.00

续上表

序号	城市	轨道运营长度/km							
		地铁	轻轨	单轨	市域快轨	现代有轨电车	磁浮交通	APM	合计
10	长春	18.14	47.00			13.00			78.14
11	大连	56.27	101.00			24.00			181.27
12	成都	175.14			94.20				269.34
13	西安	89.00							89.00
14	哈尔滨	21.75							21.75
15	苏州	120.70				17.70			138.40
16	郑州	90.54			43.00				133.54
17	昆明	86.19							86.19
18	杭州	105.62							105.62
19	佛山	33.50							33.50
20	长沙	50.10					18.60		68.70
21	宁波	74.50							74.50
22	无锡	55.70							55.70
23	南昌	48.43							48.43
24	兰州				61.00				61.00
25	青岛	46.10				9.00			55.10
26	淮安					20.00			20.00
27	福州	24.60							24.60
28	东莞	37.80							37.80
29	南宁	53.30							53.30
30	合肥	52.40							52.40
31	石家庄	28.43							28.43
32	珠海					8.92			8.92
33	贵阳	12.90							12.90
34	厦门	30.30							30.30
合计		3881.77	233.40	98.50	501.82	243.40	58.80	4.00	5021.69

注：1.该表数据来源于中国城市轨道交通协会统计信息。

2.APM是英文词Automated People Mover systems的缩写，即旅客自动输送系统。APM是一种无人自动驾驶，立体交叉的大众运输系统。

 练习题

1.简述基本建设的特点。

2. 基本建设程序包含哪些阶段?
3. 城市轨道交通按运能范围、车辆类型及主要技术特征可分为哪些类型?
4. 简述城市轨道交通的特点。

实训项目

(一)调查本单位仪器设备,列举10项不属于固定资产的名称,并写出不属于固定资产的理由。

(二)根据下列工程概况和划分原则,对该项目进行单位工程、分部工程、分项工程划分。

1. 工程概况

(1)玉渊潭东门站。

玉渊潭东门站位于月坛南街与三里河路T字交叉路口处,跨月坛南街南北向布置在三里河路路中下方。现状三里河路是国宾道,南北向双向四车道两侧各有一条非机动车道,路边设置人行道。道路设置两道绿化隔离带,道路西侧为银杏景观大道,道路东侧为绿地。道路规划红线宽75m,已经基本实现规划,道路交通流量大。现状月坛南街东西向双向四车道,道路规划红线宽40m,已基本实现规划,道路交通流量大。

车站为双层三跨暗挖地下岛式车站。主体采用PBA暗挖法施工,总长256.66m,总宽21.2m,岛式站台宽12m,底板埋深2.86m,拱顶覆土约11.31m,车站主体共设置4个施工竖井,其中利用1、2号风井及安全口作为3个施工竖井,在车站中部设置1个临时施工竖井(L1)。

车站设2个风道、3个出入口及1个安全疏散口。其中北端1号风道为双层单跨拱顶直墙结构,采用交叉中隔墙法(CRD法)施工,南端2号风道为双层单跨拱顶直墙结构,采用CRD法施工,出入口跨路部分采用暗挖法施工,出地面部分采用明挖法施工。玉渊潭东门站起讫里程为K7+800.7—K8+057.3。

(2)甘家口站—玉渊潭东门站区间。

甘家口站—玉渊潭东门站区间起讫里程为右K7+095.1—右K7+800.7,区间北起甘家口站,出站后进入三里河路路东绿地内,然后转向至三里河路下方并向南至玉渊潭东门站止,区间双线全长为705.6m,区间隧道拱顶覆土厚度为20~25m,采用矿山法施工。区间在纵断面上为北低南高单向坡,右线整体坡度2‰,左线起点至K87+740.05坡度为1.994‰,K74+740.05至终点坡度为2‰。左线区间设1、2号风井及风道,利用风井及风道作为正线水平及竖向通道,同时设1处临时施工竖井及横通道,风井及临时施工竖井均位于三里河路东侧绿地内。

区间左线标准断面为单洞双线断面,右线标准断面为单洞单线断面,在区间两端紧邻车站各设有一段交叉渡线。靠近玉渊潭东门站渡线段长107.81m,靠近甘家口站渡线段长99.782m,渡线段断面大、净空高、形式多变。北侧渡线段内设L2临时横通道,南侧渡线段内设L3临时横通道。区间范围内共9种断面形式,分别采用台阶法、CRD法、双侧壁导坑法开挖支护。

2. 单位工程、分部工程、分项工程划分

(1)划分基本原则。

①具备独立施工条件并形成独立使用功能的建筑物及构筑物为一个单位工程,考虑该

工程车站、区间建筑规模较大,将其具有独立施工条件或能形成独立使用功能的部分划分为一个子单位工程。

②分部工程划分按专业性质、建筑物部位确定。当分部工程较大或较复杂时,可按照材料种类、施工特点、施工程序、专业系统及类别等划分为若干个子分部工程。

③分项工程按主要工种、材料、施工工艺设备类别等划分。

④分项工程可由一个或若干个检验批组成,检验批可根据施工及质量控制和验收需要按部位、施工段、变形缝等进行划分。

(2)划分具体方法。

①车站工程作为一个单位工程,车站主体作为一个子单位工程,车站附属工程可单个或多个作为一个子单位工程,其分部工程、分项工程和检验批划分与相应工法主体工程划分一致。

结合车站附属结构施工工期安排,考虑同期施工的附属结构施工时各种材料同时使用,为便于物资、试验等资料归档,此次划分暂将车站1号风井及1a风道、新风井及1b风道、2号风井及风道、安全口作为一个子单位工程,将B出入口、C出入口、D出入口作为一个子单位工程,后续施工时结合实际施工时间安排,可对其进行调整。

②区间工程作为一个单位工程,区间附属工程作为该单位工程中的一个分部工程,且其分项工程和检验批划分与相应工法主体工程划分一致。

③考虑车站风井、风道安全口竖井,通道作为附属结构的同时,兼作主体结构施工竖井及横通道,车站风井、风道安全口竖井、横通道等作为兼作部分时,划分至车站主体子单位,其余结构划分至附属结构。

④考虑车站主体小导洞及初期支护扣拱施工时间间隔较长,将开挖与支护按照小导洞及初期支护扣拱部位分为两个子分部工程。

(三)调查当地城市轨道交通,按不同的分类方法可以分成哪些种类?

第二章 流水施工技术

 教学目标

1. 了解施工组织的基本方式;
2. 熟悉流水施工的参数;
3. 掌握流水施工的表达方式;
4. 掌握固定节拍流水作业主要参数和工期的计算,以及进度计划图的绘制;
5. 掌握加快的成倍节拍流水作业流水步距和工期的计算,以及进度计划图的绘制;
6. 掌握非节奏流水作业流水步距和工期的计算,以及进度计划图的绘制。

第一节 概 述

所谓流水,就是由一定量的工人所组成的工作队、区域班、组,操作一定量的机具,在相关工程的各个施工阶段上,依次连续完成自己的工作,像流水一样的生产。流水施工是一种科学、有效的工程项目施工组织方法,它可以充分地利用工作时间和操作空间,减少非生产性劳动消耗,提高劳动生产率,保证工程施工连续、均衡、有节奏地进行,其对提高工程质量、降低工程造价、缩短工期有着显著的作用。

一、组织施工的方式

考虑工程项目的施工特点、工艺流程、资源利用、平面或空间布置等要求,多段多工序施工可以采用顺序施工、平行施工、流水施工等组织方式。

为了说明3种施工方式及其特点,现以某工地3个结构相同的基坑为例,其编号分别为Ⅰ、Ⅱ、Ⅲ,每个基坑工程均可分解为挖土方、浇筑混凝土和回填土3个施工过程,分别由相应的专业工作队按施工工艺要求依次完成,每个专业工作队在每个基坑的施工时间均为1周,各专业工作队的人数分别为10人、16人和8人。

1. 顺序施工

顺序施工方式是将拟建工程项目中的每一个施工对象分解为若干个施工过程,按施工工艺要求依次完成每一个施工过程;当一个施工对象完成后,再按照同样的顺序完成下一个施工对象,依次类推,直至完成所有施工对象。这种方式的施工进度安排、总工期及劳动力需求如图2-1所示。

顺序施工方式具有以下特点:

(1)没有充分地利用工作面进行施工,工期长。

(2)如果按专业成立工作队,则各专业工作队不能连续作业,有时间间歇,劳动力、施工机具等资源无法均衡使用。

基坑编号	施工过程	人数	施工周数	计划进度/周								
				1	2	3	4	5	6	7	8	9
Ⅰ	挖土方	10	1									
	浇筑混凝土	16	1									
	回填土	8	1									
Ⅱ	挖土方	10	1									
	浇筑混凝土	16	1									
	回填土	8	1									
Ⅲ	挖土方	10	1									
	浇筑混凝土	16	1									
	回填土	8	1									
资源需要量/人				10	16	8	10	16	8	10	16	8
工期/周				$T=3\times3\times1=9$								

图 2-1 顺序施工组织方式

（3）如果由一个工作队完成全部施工任务，则不能实现专业化施工，不利于提高劳动生产率和工程质量。

（4）单位时间内投入的劳动力、施工机具、材料等资源量较少，有利于资源供应的组织。

（5）施工现场的组织管理比较简单。

2．平行施工

平行施工方式是组织几个劳动组织相同的工作队，在同一时间、不同的空间，按施工工艺要求完成所有施工对象。这种方式的施工进度安排、总工期及劳动力需求如图 2-2 所示。

平行施工方式具有以下特点：

（1）充分地利用工作面进行施工，工期短。

（2）如果每一个施工对象均按专业成立工作队，则各专业工作队不能连续作业，有时间间歇，劳动力、施工机具等资源无法均衡使用。

（3）如果由一个工作队完成全部施工任务，则不能实现专业化施工，不利于提高劳动生产率和工程质量。

（4）单位时间内投入的劳动力、施工机具、材料等资源量成倍增加，不利于资源供应的组织。

（5）施工现场的组织管理比较复杂。

3．流水施工

流水施工方式是将拟建工程项目中的每一个施工对象分解为若干个施工过程，并按照施工过程成立相应的专业工作队，各专业工作队按照施工顺序完成各个施工对象的施工过程，同时保证施工在时间和空间上连续、均衡和有节奏地进行，使相邻两专业工作队能最大限度地搭接作业。这种方式的施工进度安排、总工期及劳动力需求如图 2-2 所示。

流水施工方式具有以下特点：

（1）尽可能地充分利用工作面进行施工，工期比较短。

（2）各工作队实现了专业化施工，有利于提高技术水平和劳动生产率，也有利于提高工程质量。

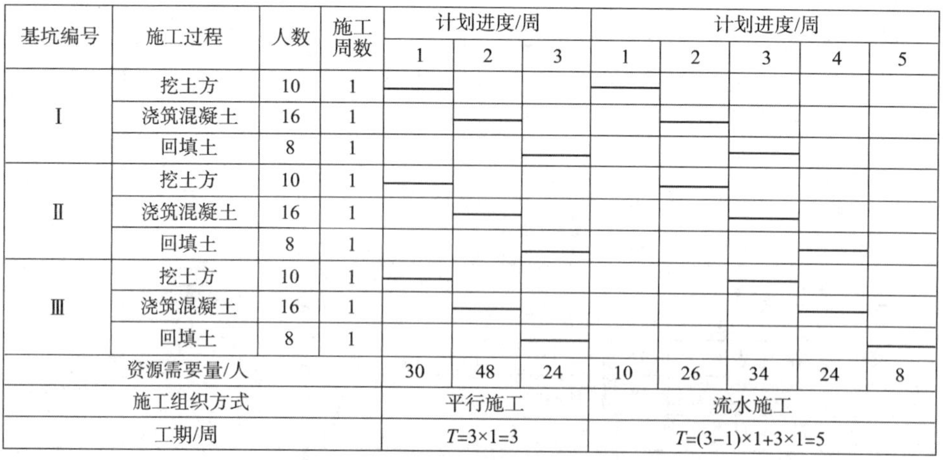

基坑编号	施工过程	人数	施工周数	计划进度/周 1	2	3	计划进度/周 1	2	3	4	5
Ⅰ	挖土方	10	1								
	浇筑混凝土	16	1								
	回填土	8	1								
Ⅱ	挖土方	10	1								
	浇筑混凝土	16	1								
	回填土	8	1								
Ⅲ	挖土方	10	1								
	浇筑混凝土	16	1								
	回填土	8	1								
资源需要量/人				30	48	24	10	26	34	24	8
施工组织方式				平行施工			流水施工				
工期/周				$T=3\times1=3$			$T=(3-1)\times1+3\times1=5$				

图 2-2 平行施工与流水施工组织方式

（3）专业工作队能够连续施工，同时使相邻专业工作队的开工时间能够最大限度地搭接。

（4）单位时间内投入的劳动力、施工机具、材料等资源量较为均衡，有利于资源供应的组织。

（5）为施工现场的文明施工和科学管理创造了有利条件。

二、流水施工

1. 流水施工的表达方式

流水施工的表达方式除网络图外，还有横道图和垂直图两种。

1）流水施工的横道图表示法

横坐标表示流水施工的持续时间；纵坐标表示施工过程的名称或编号；n 条带有编号的水平线段表示 n 个施工过程或专业工作队的施工进度安排，其编号①，②，③，…表示不同的施工段。某基础工程流水施工的横道图表示法如图 2-3 所示。

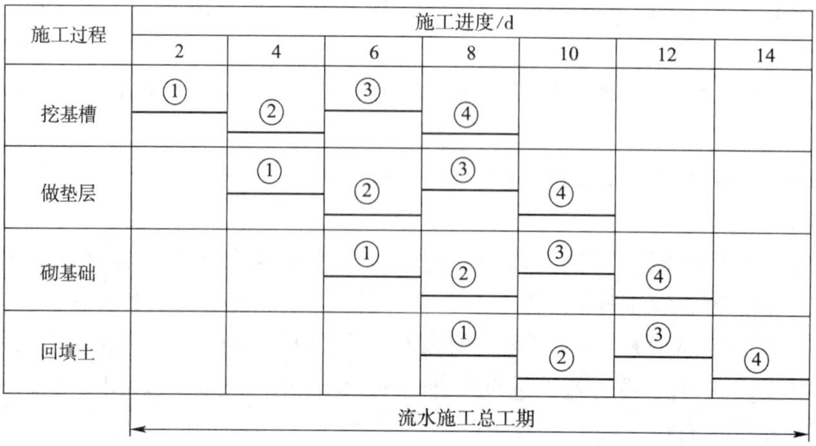

施工过程	施工进度/d
	2　　4　　6　　8　　10　　12　　14
挖基槽	①　②　③　④
做垫层	①　②　③　④
砌基础	①　②　③　④
回填土	①　②　③　④
	流水施工总工期

图 2-3 流水施工横道图表示法

横道图表示法的优点：绘图简单，施工过程及其先后顺序表达清楚，时间和空间状况形象、直观，使用方便，因而被广泛用来表达施工进度安排。

2）流水施工的垂直图表示法

横坐标表示流水施工的持续时间；纵坐标表示流水施工所处的空间位置，即施工段的编号；n 条斜向线段表示 n 个施工过程或专业工作队的施工进度。某基础工程流水施工的垂直图表示法如图 2-4 所示。

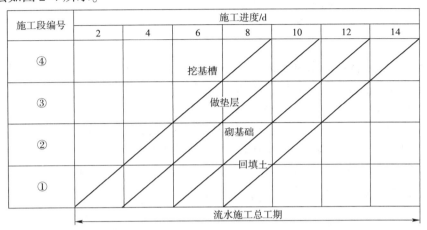

图 2-4　流水施工垂直图表示法

垂直图表示法的优点：施工过程及其先后顺序表达清楚，时间和空间状况形象、直观，斜向进度线的斜率可以直观地表示出各施工过程的进展、速度。但编制实际工程进度计划不如横道图方便。

2．流水施工参数

为了说明组织流水施工时，各施工过程在时间和空间上的开展情况及相互依存关系，这里引入一些描述工艺流程、空间布置、时间安排等方面的状态参数——流水施工参数，包括工艺参数、空间参数和时间参数。

1）工艺参数

工艺参数主要是指在组织流水施工时，用以表达流水施工在施工工艺方面进展状态的参数，通常包括施工过程和流水强度两个参数。

（1）施工过程。

组织建设工程流水施工时，根据施工组织及计划安排需要而将计划任务划分成的子项称为施工过程。施工过程划分的粗细程度由实际需要而定，当编制控制性施工进度计划时，组织流水施工的施工过程可以划分得粗一些，施工过程可以是单位工程，也可以是分部工程。当编制实施性施工进度计划时，施工过程可以划分得细一些，施工过程可以是分项工程，甚至是将分项工程按照专业工种不同分解而成的施工工序。

施工过程数目一般用 n 表示，它是流水施工的主要参数之一。

（2）流水强度。

流水强度是指流水施工的某施工过程（专业工作队）在单位时间内所完成的工作量，也称为流水能力或生产能力。例如，浇筑混凝土施工过程的流水强度是指每工作班浇筑的混凝土体积。

流水强度可用式（2-1）计算求得：

$$V = \sum_{i=1}^{x}(R_i \cdot S_i) \tag{2-1}$$

式中：V——某施工过程(队)的流水强度；

R_i——投入该施工过程中的第 i 种资源量(施工机械台数或工人数)；

S_i——投入该施工过程中的第 i 种资源的产量定额；

x——投入该施工过程中的资源种类数。

2)空间参数

空间参数是指在组织流水施工时，用以表达流水施工在空间布置上开展状态的参数。通常包括工作面和施工段。

(1)工作面。

工作面是指提供某专业工种的工人或某种施工机械进行施工的活动空间。工作面的大小，表明能安排施工人数或机械台数的多少。每个作业的工人或每台施工机械所需工作面的大小，取决于单位时间内其完成的工作量和安全施工的要求。工作面合理与否，直接影响专业工作队的生产效率高低。因此，必须合理确定工作面。

(2)施工段。

将施工对象在平面或空间上划分成若干个劳动量大致相等的施工段落，称为施工段或流水段。施工段的数目一般用 m 表示，它是流水施工的主要参数之一。

①划分施工段的目的。

划分施工段就是为了组织流水施工。由于建设工程体形庞大，故可以将其划分成若干个施工段，从而为组织流水施工提供足够的空间。在组织流水施工时，专业工作队完成一个施工段上的任务后，遵循施工组织顺序又到另一个施工段上作业，产生连续流动施工的效果。在一般情况下，一个施工段在同一时间内只安排一个专业工作队施工，各专业工作队遵循施工工艺顺序依次投入作业，同一时间内在不同的施工段上平行施工，使流水施工均衡地进行。组织流水施工时，可以划分足够数量的施工段，充分利用工作面，避免窝工，并尽可能缩短工期。

②划分施工段的原则。

由于施工段内的施工任务由专业工作队依次完成，因而在两个施工段之间容易形成一个施工缝。同时，施工段数量将直接影响流水施工的效果。为使施工段划分合理，一般应遵循下列原则：

a.同一专业工作队在各个施工段上的劳动量应大致相等，相差幅度不宜超过 10%~15%。

b.每个施工段内要有足够的工作面，以保证相应数量的工人、主导施工机械的生产效率，满足合理劳动组织的要求。

c.施工段的界限应尽可能与结构界限(如沉降缝、伸缩缝等)相吻合，或设在对建筑结构整体性影响小的部位，以保证建筑结构的整体性。

d.施工段的数目要满足合理组织流水施工的要求。施工段数目过多，会降低施工速度，延长工期；施工段数目过少，不利于充分利用工作面，可能造成窝工。

e.对于多层建筑物、构筑物或需要分层施工的工程，应既分施工段，又分施工层，各专业工作队依次完成第一施工层中各施工段任务后，再转入第二施工层的施工段上作业，依次类推。以确保相应专业工作队在施工段与施工层之间组织连续、均衡、有节奏的流水施工。

3) 时间参数

时间参数是指在组织流水施工时,用以表达流水施工在时间安排上所处状态的参数,主要包括流水节拍、流水步距、流水施工工期等。

(1) 流水节拍。

流水节拍是指在组织流水施工时,某个专业工作队在一个施工段上的施工时间。第 j 个专业工作队在第 i 个施工段的流水节拍一般用 $t_{j,i}$ 来表示($j=1,2,\cdots,n;i=1,2,\cdots,m$)。

流水节拍是流水施工的主要参数之一,它表明流水施工的速度和节奏性。流水节拍小,其流水速度快,节奏感强;反之则相反。流水节拍决定着单位时间的资源供应量,同时,也是区别流水施工组织方式的特征参数。

同一施工过程的流水节拍,主要由所采用的施工方法、施工机械以及在工作面允许的前提下投入施工的工人数、机械台数、采用的工作班次等因素确定。有时,为了均衡施工和减少转移施工段时消耗的工时,可以适当调整流水节拍,其数值最好为半个班的整数倍。

流水节拍可分别按下列方法确定:

① 定额计算法。

如果已有定额标准,则可按式(2-2)或式(2-3)确定流水节拍。

$$t_{j,i} = \frac{Q_{j,i}}{S_j \cdot R_j \cdot N_j} = \frac{P_{j,i}}{R_j \cdot N_j} \tag{2-2}$$

或

$$t_{j,i} = \frac{Q_{j,i} \cdot H_j}{R_j \cdot N_j} = \frac{P_{j,i}}{R_j \cdot N_j} \tag{2-3}$$

式中:$t_{j,i}$——第 j 个专业工作队在第 i 个施工段的流水节拍;

$Q_{j,i}$——第 j 个专业工作队在第 i 个施工段要完成的工作量或工程量;

S_j——第 j 个专业工作队的计划产量定额;

H_j——第 j 个专业工作队的计划时间定额;

$P_{j,i}$——第 j 个专业工作队在第 i 个施工段需要的劳动量或机械台班数量;

R_j——第 j 个专业工作队所投入的人工数或机械台班数;

N_j——第 j 个专业工作队的工作班次。

如果根据工期要求采用倒排进度的方法确定流水节拍,则可用式(2-2)或式(2-3)反算出所需要的人工数或机械台班数。但是必须同时检查劳动力、材料和施工机械供应的可能性,以及工作面是否足够等。

② 经验估算法。

对于采用新结构、新工艺、新方法、新材料等没有定额可循的工程项目,可以根据以往的施工经验估算流水节拍。

(2) 流水步距。

流水步距是指组织流水施工时,相邻两个施工过程(或专业工作队)相继开始施工的最小间隔时间。流水步距一般用 $K_{j,j+1}$ 来表示,其中,$j(j=1,2,\cdots,n-1)$ 为专业工作队或施工过程的编号。它是流水施工的主要参数之一。

流水步距的数目取决于参加流水的施工过程数。如果施工过程数为 n 个,则流水步距的总数为 $(n-1)$ 个。

流水步距的大小取决于相邻两个施工过程(或专业工作队)在各个施工段上的流水节拍及流水施工的组织方式。确定流水步距时,一般应满足以下基本要求:

①各施工过程按各自流水速度施工,始终保持工艺先后顺序。
②各施工过程的专业工作队投入施工后尽可能保持连续作业。
③相邻两个施工过程(或专业工作队)在满足连续施工的条件下,能最大限度地实现合理搭接。

根据以上基本要求,在不同的流水施工组织形式中,可以采用不同的方法确定流水步距。

(3)流水施工工期。

流水施工工期是指从第一个专业工作队投入流水施工开始,到最后一个专业工作队完成流水施工为止的整个持续时间。由于一项建设工程往往包含许多流水组,故流水施工工期一般不是整个工程的总工期。

三、流水施工的基本组织方式

在流水施工中,流水节拍的规律不同,决定了流水步距、流水施工工期的计算方法等也不同,甚至影响各个施工过程的专业工作队数目。因此,有必要按照流水节拍的特征将流水施工进行分类,其分类情况如图 2-5 所示。

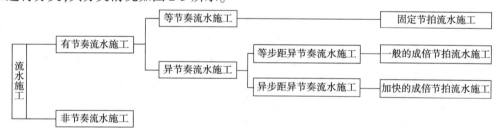

图 2-5 流水施工分类

1. 有节奏流水施工

有节奏流水施工是指在组织流水施工时,每一个施工过程在各个施工段上的流水节拍都各自相等的流水施工,它分为等节奏流水施工和异节奏流水施工。

1) 等节奏流水施工

等节奏流水施工是指在有节奏流水施工中,各施工过程的流水节拍都相等的流水施工,也称为固定节拍流水施工或全等节拍流水施工。

2) 异节奏流水施工

异节奏流水施工是指在有节奏流水施工中,各施工过程的流水节拍各自相等而不同施工过程之间的流水节拍不尽相等的流水施工。在组织异节奏流水施工时,又可以采用等步距和异步距两种方式。

(1)等步距异节奏流水施工。

等步距异节奏流水施工是指在组织异节奏流水施工时,按每个施工过程流水节拍之间的比例关系,成立相应数量的专业工作队而进行的流水施工,也称为加快的成倍节拍流水施工。

(2)异步距异节奏流水施工。

异步距异节奏流水施工是指在组织异节奏流水施工时,每个施工过程成立一个专业工作队,由其完成各施工段任务的流水施工,也称为一般的成倍节拍流水施工。

2. 非节奏流水施工

非节奏流水施工是指在组织流水施工时,全部或部分施工过程在各个施工段上的流水节拍不相等的流水施工。这种施工是流水施工中最常见的一种。

第二节　有节奏流水施工

一、固定节拍流水施工

1. 固定节拍流水施工的特点

固定节拍流水施工是一种最理想的流水施工方式,其特点如下:

(1)所有施工过程在各个施工段上的流水节拍均相等。

(2)相邻施工过程的流水步距相等,且等于流水节拍。

(3)专业工作队数等于施工过程数,即每一个施工过程成立一个专业工作队,由该队完成相应施工过程所有施工段上的任务。

(4)各个专业工作队在各施工段上能够连续作业,施工段之间没有空闲时间。

2. 固定节拍流水施工工期

1)有间歇时间的固定节拍流水施工

所谓间歇时间,是指相邻两个施工过程之间由于工艺或组织安排需要而增加的额外等待时间,包括工艺间歇时间($G_{j,j+1}$)和组织间歇时间($Z_{j,j+1}$)。对于有间歇时间的固定节拍流水施工,其流水施工工期 T 可按式(2-4)计算:

$$T = (n-1)t + \sum G + \sum Z + m \cdot t$$
$$= (m+n-1)t + \sum G + \sum Z \tag{2-4}$$

式中符号如前所述。

例如,某分部工程有间歇时间的固定节拍流水施工进度计划如图2-6所示。

在该计划中,施工过程数目 $n=4$;施工段数目 $m=4$;流水节拍 $t=2$;流水步距 $K_{Ⅰ,Ⅱ} = K_{Ⅱ,Ⅲ} = K_{Ⅲ,Ⅳ} = t = 2$;组织间歇时间 $Z_{Ⅰ,Ⅱ} = Z_{Ⅱ,Ⅲ} = Z_{Ⅲ,Ⅳ} = 0$;工艺间歇时间 $G_{Ⅰ,Ⅱ} = G_{Ⅲ,Ⅳ} = 0$,$G_{Ⅱ,Ⅲ} = 1$。因此,其流水施工工期为:

$$T = (n-1)t + \sum G + \sum Z + m \cdot t$$
$$= (4-1) \times 2 + 1 + 0 + 4 \times 2$$
$$= 15(d)$$

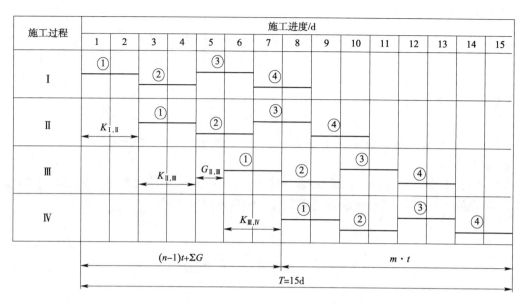

图 2-6 有间歇时间的固定节拍流水施工进度计划

2）有提前插入时间的固定节拍流水施工

所谓提前插入时间，是指相邻两个专业工作队在同一施工段上共同作业的时间。在工作面允许和资源有保证的前提下，专业工作队提前插入施工，可以缩短流水施工工期。对于有提前插入时间（$C_{j,j+1}$）的固定节拍流水施工，其流水施工工期 T 可按式（2-5）计算：

$$\begin{aligned} T &= (n-1)t + \sum G + \sum Z - \sum C + m \cdot t \\ &= (m+n-1)t + \sum G + \sum Z - \sum C \end{aligned} \quad (2\text{-}5)$$

式中符号如前所述。

例如，某分部工程有提前插入时间的固定节拍流水施工进度计划如图 2-7 所示。

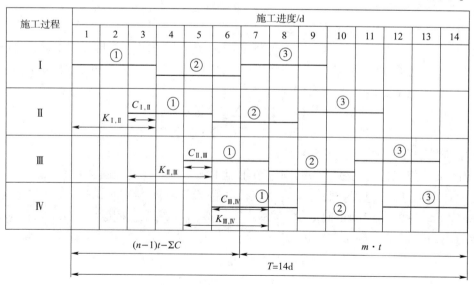

图 2-7 有提前插入时间的固定节拍流水施工进度计划

在该计划中,施工过程数目 $n=4$;施工段数目 $m=3$;流水节拍 $t=3$;流水步距 $K_{\text{I},\text{II}} = K_{\text{II},\text{III}} = K_{\text{III},\text{IV}} = t = 3$;组织间歇时间 $Z_{\text{I},\text{II}} = Z_{\text{II},\text{III}} = Z_{\text{III},\text{IV}} = 0$;工艺间歇时间 $G_{\text{I},\text{II}} = G_{\text{II},\text{III}} = G_{\text{III},\text{IV}} = 0$;$C_{\text{I},\text{II}} = C_{\text{II},\text{III}} = 1, C_{\text{III},\text{IV}} = 2$。因此,其流水施工工期为:

$$\begin{aligned} T &= (n-1)t + \sum G + \sum Z - \sum C + m \cdot t \\ &= (4-1) \times 3 + 0 + 0 - (1+1+2) + 3 \times 3 \\ &= 14(\text{d}) \end{aligned}$$

二、成倍节拍流水施工

在通常情况下,组织固定节拍的流水施工是比较困难的。因为在任一施工段上,不同的施工过程,其复杂程度不同,影响流水节拍的因素也各不相同,很难使得各个施工过程的流水节拍都彼此相等。但是,如果施工段划分得合适,保持同一施工过程各施工段的流水节拍相等是不难实现的。使某些施工过程的流水节拍成为其他施工过程流水节拍的倍数,即形成成倍节拍流水施工。成倍节拍流水施工包括一般的成倍节拍流水施工和加快的成倍节拍流水施工。为了缩短流水施工工期,一般采用加快的成倍节拍流水施工方式。

1. 加快的成倍节拍流水施工的特点

(1)同一施工过程在其各个施工段上的流水节拍均相等;不同施工过程的流水节拍不相等,但其值为倍数关系。

(2)相邻专业工作队的流水步距相等,且等于流水节拍的最大公约数。

(3)专业工作队数大于施工过程数,即有的施工过程只成立一个专业工作队,而对于流水节拍大的施工过程,可按其倍数增加相应专业工作队数目。

(4)各个专业工作队在施工段上能够连续作业,施工段之间没有空闲时间。

2. 加快的成倍节拍流水施工工期

加快的成倍节拍流水施工工期 T 可按式(2-6)计算:

$$\begin{aligned} T &= (n'-1)K + \sum G + \sum Z - \sum C + m \cdot K \\ &= (m+n'-1)K + \sum G + \sum Z - \sum C \end{aligned} \tag{2-6}$$

式中:n'——专业工作队数目;

其余符号如前所述。

例如,某分部工程加快的成倍节拍流水施工进度计划如图 2-8 所示。

在该计划中,施工过程数目 $n=3$;专业工作队数目 $n'=6$;施工段数目 $m=6$;流水步距 $K=1$;组织间歇时间 $Z=0$;工艺间歇时间 $G=0$;提前插入时间 $C=0$。因此,其流水施工工期为:

$$\begin{aligned} T &= (m+n'-1)K + \sum G + \sum Z - \sum C \\ &= (6+6-1) \times 1 + 0 + 0 - 0 \\ &= 11(\text{d}) \end{aligned}$$

3. 成倍节拍流水施工示例

某地铁建设工程有 4 个基坑工程,每个基坑一个施工段,施工过程划分为 4 项,分别是 I、II、III、IV,其一般的成倍节拍流水施工进度计划如图 2-9 所示。

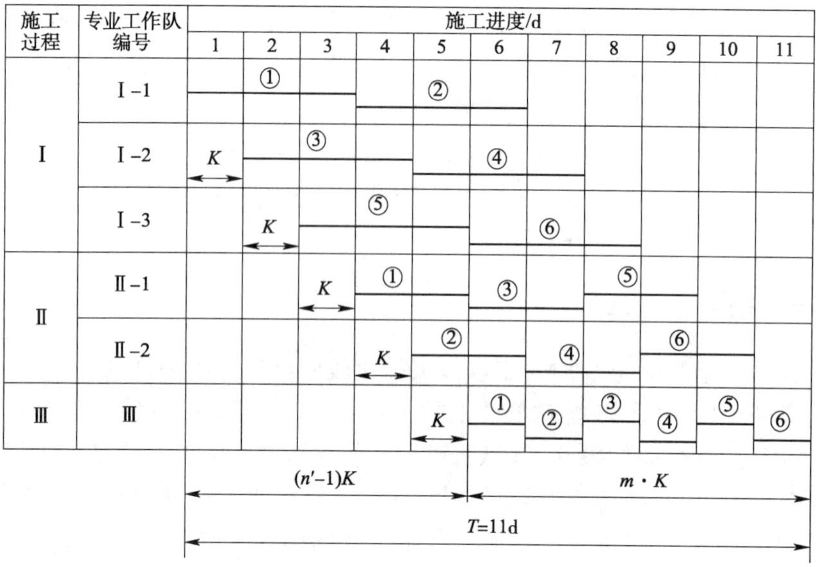

施工过程	专业工作队编号	施工进度/d										
		1	2	3	4	5	6	7	8	9	10	11
Ⅰ	Ⅰ-1		①			②						
	Ⅰ-2	K		③			④					
	Ⅰ-3		K		⑤			⑥				
Ⅱ	Ⅱ-1			K		①		③		⑤		
	Ⅱ-2				K		②		④		⑥	
Ⅲ	Ⅲ					K	①	②	③	④	⑤	⑥

图 2-8 加快的成倍节拍流水施工进度计划

施工过程	施工进度/d											
	5	10	15	20	25	30	35	40	45	50	55	60
Ⅰ	①	②	③	④								
Ⅱ	$K_{Ⅰ,Ⅱ}$	①		②		③		④				
Ⅲ		$K_{Ⅱ,Ⅲ}$		①		②		③		④		
Ⅳ					$K_{Ⅲ,Ⅳ}$				①	②	③	④

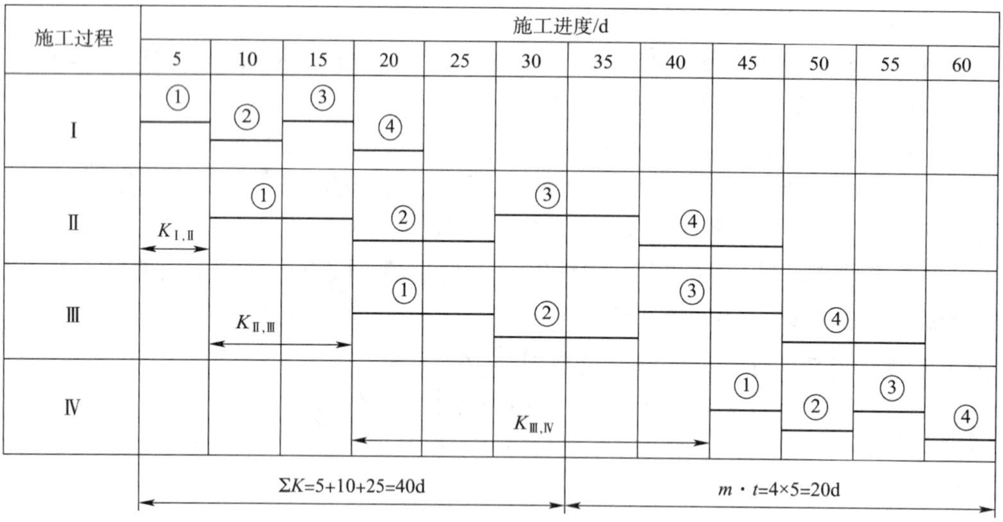

图 2-9 地铁基坑工程一般的成倍节拍流水施工进度计划

由图 2-9 可知,如果按 4 个施工过程成立 4 个专业工作队组织流水施工,其总工期为:

$$T = (5+10+25) + 4×5 = 60(d)$$

为加快施工进度,增加专业工作队,组织加快的成倍节拍流水施工,步骤如下:

1) 计算流水步距

流水步距等于流水节拍的最大公约数,即:

$$K = \min[5,10,10,5] = 5$$

2) 确定专业工作队数目

每个施工过程成立的专业工作队数目可按式(2-7)计算:

$$b_i = \frac{t_i}{K} \tag{2-7}$$

式中：b_i——第 i 个施工过程的专业工作队数目；

t_i——第 i 个施工过程的流水节拍；

K——流水步距。

在该例题中，各施工过程的专业工作队数目分别为：

施工过程Ⅰ　　　　　　　　$b_{\text{Ⅰ}} = \dfrac{t_{\text{Ⅰ}}}{K} = \dfrac{5}{5} = 1$

施工过程Ⅱ　　　　　　　　$b_{\text{Ⅱ}} = \dfrac{t_{\text{Ⅱ}}}{K} = \dfrac{10}{5} = 2$

施工过程Ⅲ　　　　　　　　$b_{\text{Ⅲ}} = \dfrac{t_{\text{Ⅲ}}}{K} = \dfrac{10}{5} = 2$

施工过程Ⅳ　　　　　　　　$b_{\text{Ⅳ}} = \dfrac{t_{\text{Ⅳ}}}{K} = \dfrac{5}{5} = 1$

于是，参与该工程流水施工的专业工作队总数 n' 为：

$$n' = \sum b_i = 1 + 2 + 2 + 1 = 6$$

3）绘制加快的成倍节拍流水施工进度计划图

在加快的成倍节拍流水施工进度计划图中，除标明施工过程的编号或名称外，还应标明专业工作队的编号。在标明各施工段的编号时，一定要注意有多个专业工作队的施工过程。各专业工作队连续作业的施工段编号不应该是连续的，否则，无法组织合理的流水施工。

根据图2-9所示的进度计划编制加快的成倍节拍流水施工进度计划，如图2-10所示。

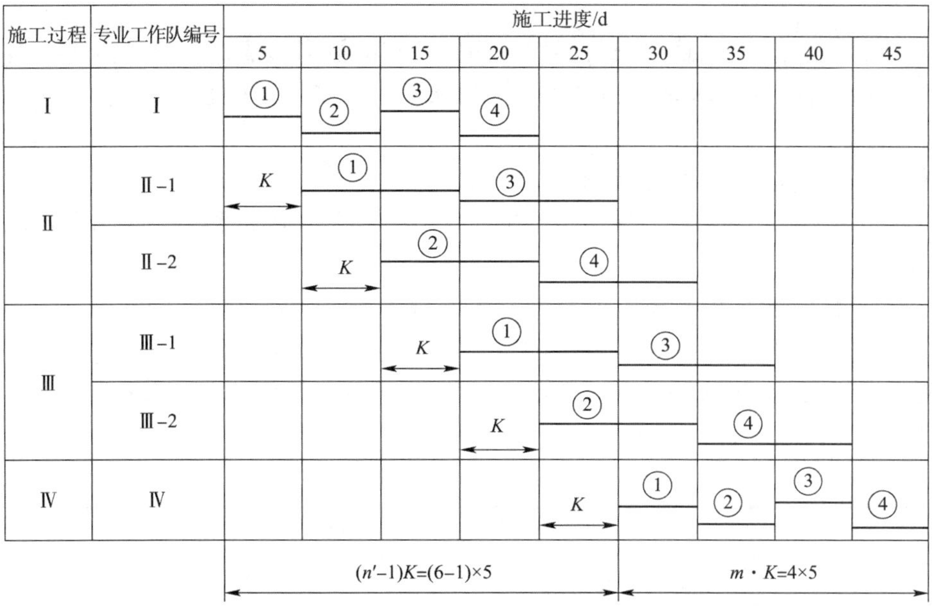

施工过程	专业工作队编号	施工进度/d								
		5	10	15	20	25	30	35	40	45
Ⅰ	Ⅰ	①	②	③	④					
Ⅱ	Ⅱ-1	←K→	①		③					
	Ⅱ-2		←K→	②		④				
Ⅲ	Ⅲ-1			←K→	①		③			
	Ⅲ-2				←K→	②		④		
Ⅳ	Ⅳ					←K→	①	②	③	④

$(n'-1)K=(6-1)\times 5$　　　　　$m\cdot K=4\times 5$

图2-10　地铁基坑工程加快的成倍节拍流水施工进度计划

4）确定流水施工工期

由图2-10可知，该计划中没有组织间歇、工艺间歇及提前插入，故根据式（2-6）计算得到流水施工工期为：

$$T = (m + n' - 1) \times K = (4 + 6 - 1) \times 5 = 45(d)$$

与一般的成倍节拍流水施工进度计划比较，该工程组织加快的成倍节拍流水施工使得总工期缩短了 15d。

第三节 非节奏流水施工

在组织流水施工时，经常由于工程结构形式、施工条件不同等，各施工过程在各施工段上的工程量有较大差异，或因专业工作队的生产效率相差较大，各施工过程的流水节拍随施工段的不同而不同，且不同施工过程之间的流水节拍又有很大差异。这时，流水节拍虽无任何规律，但仍可利用流水施工原理组织流水施工，使各专业工作队在满足连续施工的条件下，实现最大搭接。这种非节奏流水施工方式是建设工程流水施工的普遍方式。

一、非节奏流水施工的特点

（1）各施工过程在各施工段的流水节拍不全相等。
（2）相邻施工过程的流水步距不尽相等。
（3）专业工作队数等于施工过程数。
（4）各专业工作队能够在施工段上连续作业，但有的施工段之间可能有空闲时间。

二、流水步距的确定

在非节奏流水施工中，通常采用累加数列错位相减取大差法计算流水步距。由于这种方法是由潘特考夫斯基（译音）首先提出的，故又称为潘特考夫斯基法。这种方法简捷、准确，便于掌握。

累加数列错位相减取大差法的基本步骤如下：

（1）对每一个施工过程在各施工段上的流水节拍依次累加，求得各施工过程流水节拍的累加数列。
（2）将相邻施工过程流水节拍累加数列中的后者错后一位，相减求得一个差数列。
（3）在差数列中取最大值，即为这两个相邻施工过程的流水步距。

[例 2-1] 某工程由 3 个施工过程组成，分为 4 个施工段进行流水施工，其流水节拍（单位：d）见表 2-1，试确定流水步距。

某工程流水节拍表   表 2-1

施工过程	施工段			
	①	②	③	④
Ⅰ	2	3	2	1
Ⅱ	3	2	4	2
Ⅲ	3	4	2	2

解:(1)求各施工过程流水节拍的累加数列。

施工过程Ⅰ:2,5,7,8。

施工过程Ⅱ:3,5,9,11。

施工过程Ⅲ:3,7,9,11。

(2)错位相减求得差数列。

数列Ⅰ与数列Ⅱ:
$$\begin{array}{r}2,\ 5,\ 7,\ 8\\-)\ 3,\ 5,\ 9,\ 11\\ \hline 2,\ 2,\ 2,\ -1,\ -11\end{array}$$

数列Ⅱ与数列Ⅲ:
$$\begin{array}{r}3,\ 5,\ 9,\ 11\\-)\ 3,\ 7,\ 9,\ 11\\ \hline 3,\ 2,\ 2,\ 2,\ -11\end{array}$$

(3)在差数列中取最大值求得流水步距。

施工过程Ⅰ与Ⅱ之间的流水步距: $K_{Ⅰ,Ⅱ} = \max[2,2,2,-1,-11] = 2$。

施工过程Ⅱ与Ⅲ之间的流水步距: $K_{Ⅱ,Ⅲ} = \max[3,2,2,2,-11] = 3$。

三、流水施工工期的确定

流水施工工期可按式(2-8)计算:

$$T = \sum K + \sum t_n + \sum Z + \sum G - \sum C \tag{2-8}$$

式中: T——流水施工工期;

$\sum K$——各施工过程(或专业工作队)之间流水步距之和;

$\sum t_n$——各施工过程(或专业工作队)在各施工段流水节拍之和;

$\sum Z$——组织间歇时间之和;

$\sum G$——工艺间歇时间之和;

$\sum C$——提前插入时间之和。

[**例2-2**] 某合同段需要修建4台设备的基础工程,施工过程包括基础开挖、基础处理和浇筑混凝土。因设备型号、基础条件等不同,4台设备(施工段)的各施工过程有着不同的流水节拍(单位:周),见表2-2。

基础工程流水节拍表　　　表2-2

施工过程	施工段			
	设备A	设备B	设备C	设备D
基础开挖	2	3	2	2
基础处理	4	4	2	3
浇筑混凝土	2	3	2	3

解:从流水节拍的特点可以看出,本工程应按非节奏流水施工方式组织施工。

(1)确定施工流向由设备A→B→C→D,施工段数 $m=4$。

(2)确定施工过程数 $n=3$,包括基础开挖、基础处理和浇筑混凝土。

(3)采用"累加数列错位相减取大差法"求流水步距:

$$
\begin{array}{r}
2,\ 5,\ 7,\ 9 \\
-)\ \ 4,\ 8,\ 10,\ 13 \\
\hline
\end{array}
$$
$$K_{\mathrm{I},\mathrm{II}} = \max[\,2,\ 1,\ -1,\ -1,\ -13\,] = 2$$
$$
\begin{array}{r}
4,\ 8,\ 10,\ 13 \\
-)\ \ 2,\ 5,\ 7,\ 10 \\
\hline
\end{array}
$$
$$K_{\mathrm{II},\mathrm{III}} = \max[\,4,\ 6,\ 5,\ 6,\ -10\,] = 6$$

(4) 计算流水施工工期：
$$T = \sum K + \sum t_n = (2+6) + (2+3+2+3) = 18(周)$$

(5) 绘制非节奏流水施工进度计划，如图 2-11 所示。

图 2-11 设备基础工程流水施工进度计划

练习题

1. 某钢筋混凝土工程分为模板工程、钢筋工程、混凝土工程，分为 4 个施工段。其中，模板工程的流水节拍为 4d，钢筋工程 4d，混凝土工程 2d。试按加快成倍节拍计算流水工期，用横道图绘制进度计划表。

2. 某工程项目的流水节拍见表 2-3，按①→②→③→④组织施工，试确定其流水施工工期。

某工程流水节拍表　　表 2-3

施工过程	①	②	③	④
模板	4	3	4	3
钢筋	4	2	3	2
混凝土	2	1	2	1

3. 某工程组织固定节拍流水施工，已知施工过程 4 个，施工段 4 个，其中施工过程Ⅰ和施工过程Ⅱ之间有 2d 的时间间隔，流水节拍为 3d，确定流水施工工期并绘制施工进度计划图。

实训项目

1. 实训一

某工程有 A、B、C 三个施工过程,每个过程均划分为 4 个施工段,设 $t_A=2d, t_B=4d, t_C=3d$,试分别计算顺序施工、平行施工及流水施工的工期,并绘制各自的施工进度计划。

2. 实训二

某工程划分为 6 个施工段,有 3 个施工队进行流水作业。第一队在各个施工段所需的时间依次为 3d、3d、2d、2d、2d、2d;第二队在各个施工段所需的时间依次为 4d、2d、3d、2d、2d、3d;第三队在各个施工段所需的时间依次为 2d、2d、3d、3d、2d、2d。

试计算各施工队之间的流水步距、总工期,并画出施工进度计划图。

第三章 网络计划技术

教学目标

1. 熟悉双代号网络图的基本概念;
2. 熟悉双代号网络图的绘制规则;
3. 掌握双代号网络图的绘制方法;
4. 掌握双代号网络计划6个时间参数的含义;
5. 掌握双代号网络计划计算工期的计算方法;
6. 掌握双代号网络计划6个时间参数的计算方法;
7. 掌握时标网络计划的绘制;
8. 掌握时标网络计划时间参数和工期的计算方法,关键线路、关键工作的确定;
9. 掌握网络计划工期优化方法;
10. 熟悉前锋线比较法;
11. 掌握进度偏差对后续工作及总工期的影响。

第一节 概 述

在建设工程进度控制工作中,较多地采用确定型网络计划。确定型网络计划的基本原理:首先,利用网络图的形式表达一项工程计划方案中各项工作之间的相互关系和先后顺序;其次,通过计算找出影响工期的关键线路和关键工作;再次,通过不断调整网络计划,寻求最优方案并付诸实施;最后,在计划实施过程中采取有效措施对其进行控制,以合理使用资源,高效、优质、低耗地完成预定任务。由此可见,网络计划技术不仅是一种科学的计划方法,还是一种科学的动态控制方法。

一、网络图和工作

网络图是由箭线和节点组成,用来表示工作流程的有向、有序网状图形。一个网络图表示一项计划任务。网络图中的工作是计划任务按需要粗细程度划分而成的、消耗时间或同时也消耗资源的一个子项目或子任务。工作可以是单位工程,也可以是分部工程、分项工程;一个施工过程也可以作为一项工作。在一般情况下,完成一项工作既需要消耗时间,也需要消耗劳动力、原材料、施工机具等资源。但也有一些工作只消耗时间而不消耗资源,如混凝土浇筑后的养护过程、墙面抹灰后的干燥过程等。

网络图有双代号网络图和单代号网络图两种。双代号网络图又称箭线式网络图,它以箭线及其两端节点的编号表示工作;同时,节点表示工作的开始或结束以及工作之间的连接状态。单代号网络图又称节点式网络图,它以节点及其编号表示工作,箭线表示工作之间的

逻辑关系。网络图中工作的表示方法如图 3-1 和图 3-2 所示。

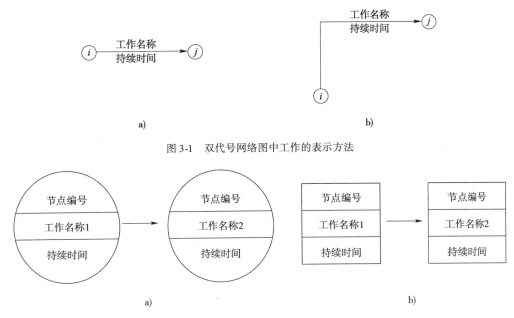

图 3-1 双代号网络图中工作的表示方法

图 3-2 单代号网络图中工作的表示方法

网络图中的节点必须都有编号，其编号严禁重复，并应使每一条箭线上箭尾节点编号小于箭头节点编号。

在双代号网络图中，一项工作必须有唯一的一条箭线和相应的一对不重复出现的箭尾、箭头节点编号。因此，一项工作的名称可以用其箭尾和箭头节点编号来表示。而在单代号网络图中，一项工作必须有唯一的一个节点及相应的一个代号，该工作的名称可以用其节点编号来表示。

在双代号网络图中，有时存在虚箭线，虚箭线不代表实际工作，我们称其为虚工作。虚工作既不消耗时间，也不消耗资源。虚工作主要用来表示相邻两项工作之间的逻辑关系。但有时为了避免两项同时开始、同时进行的工作具有相同的开始节点和完成节点，也需要用虚工作加以区分。

在单代号网络图中，虚拟工作只能出现在网络图的起点节点或终点节点处。

二、工艺关系和组织关系

工艺关系和组织关系是工作之间先后顺序关系-逻辑关系的组成部分。

生产性工作之间的工艺关系由工艺过程决定，非生产性工作之间由工作程序决定的先后顺序关系称为工艺关系。如图 3-3 所示，支模 1→扎筋 1→混凝土 1 为工艺关系。

组织关系是指为提高生产效率、缩短生产周期，对生产过程的各个工序从时间和空间上进行合理安排，使它们能够相互衔接配合密切。如图 3-3 所示，扎筋 1 和支模 2 两项工作之间没有工艺关系，工作场地不一样，可以先后进行，也可以同时进行。图中这两项工作安排为同时进行，缩短了网络图的总工期，这就是组织关系的作用。

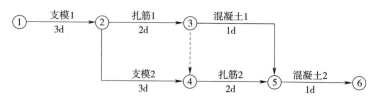

图 3-3　某混凝土工程双代号网络图

三、紧前工作、紧后工作和平行工作

1. 紧前工作

在网络图中,相对于某工作而言,紧排在该工作之前的工作称为该工作的紧前工作。在双代号网络图中,工作与其紧前工作之间可能有虚工作存在。如图 3-3 所示,支模 1 是支模 2 在组织关系上的紧前工作;扎筋 1 和扎筋 2 之间虽然存在虚工作,但扎筋 1 仍然是扎筋 2 在组织关系上的紧前工作。支模 1 则是扎筋 1 在工艺关系上的紧前工作。

2. 紧后工作

在网络图中,相对于某工作而言,紧排在该工作之后的工作称为该工作的紧后工作。在双代号网络图中,工作与其紧后工作之间也可能有虚工作存在。如图 3-3 所示,扎筋 2 是扎筋 1 在组织关系上的紧后工作;混凝土 1 是扎筋 1 在工艺关系上的紧后工作。

3. 平行工作

在网络图中,相对于某工作而言,可以与该工作同时进行的工作称为该工作的平行工作。如图 3-3 所示,扎筋 1 和支模 2 互为平行工作。

紧前工作、紧后工作及平行工作是工作之间逻辑关系的具体表现,只要能根据工作之间的工艺关系和组织关系明确其紧前、紧后或平行关系,即可据此绘出网络图。它是正确绘制网络图的前提条件。

四、先行工作和后续工作

1. 先行工作

相对于某工作而言,从网络图的第一个节点(起点节点)开始,顺箭头方向经过一系列箭线与节点到达该工作为止的各条通路上的所有工作,都称为该工作的先行工作。如图 3-3 所示,支模 1、扎筋 1、混凝土 1、支模 2、扎筋 2 均为混凝土 2 的先行工作。

2. 后续工作

相对于某工作而言,从该工作之后开始,顺箭头方向经过一系列箭线与节点到网络图最后一个节点(终点节点)的各条通路上的所有工作,都称为该工作的后续工作。如图 3-3 所示,扎筋 1 的后续工作有混凝土 1、扎筋 2 和混凝土 2。

在建设工程进度控制中,后续工作是一个非常重要的概念。因为在工程网络计划的实施过程中,若发现某项工作进度出现拖延,则受到影响的工作必然是该工作的后续工作。

五、线路、关键线路和关键工作

1. 线路

网络图中从起点节点开始,沿箭头方向通过一系列箭线与节点,最后到达终点节点的通路称为线路。线路既可依次用该线路上的节点编号来表示,也可依次用该线路上的工作名称来表示。如图 3-3 所示,该网络图中有 3 条线路,这 3 条线路既可表示为①—②—③—⑤—⑥、①—②—③—④—⑤—⑥和①—②—④—⑤—⑥,也可表示为支模 1→扎筋 1→混凝土 1→混凝土 2,支模 1→扎筋 1→扎筋 2→混凝土 2 和支模 1→支模 2→扎筋 2→混凝土 2。

2. 关键线路和关键工作

在关键线路法(CPM)中,线路上所有工作的持续时间总和称为该线路的总持续时间。总持续时间最长的线路称为关键线路,关键线路的长度就是网络计划的总工期。如图 3-3 所示,线路①—②—④—⑤—⑥或支模 1→支模 2→扎筋 2→混凝土 2 为关键线路。

在网络计划中,关键线路可能不止一条。而且在网络计划执行过程中,关键线路还会发生转移。

关键线路的工作称为关键工作。在网络计划的实施过程中,关键工作的实际进度提前或者拖后,均会对总工期产生影响。因此,关键工作的实际进度是建设工程进度控制工作中的重点。

六、网络计划的特点

应用网络计划对工程项目进行相关控制,具有以下特点:

(1)网络计划能明确表达各项工作之间的逻辑关系,这是网络计划比横道计划先进的主要特点。

(2)网络计划通过计算和分析,可以找出影响工期的关键工作,便于管理人员抓住主要矛盾,从而增强进度控制的效果。

(3)网络计划通过计算和分析,可以求出可以利用的机动时间,由此可以更好地调配和运用人力、设备,节约人力、物力,达到降低成本的目的。

(4)网络计划可以通过计算得到许多用于计划控制的时间信息,极大地提高计划的可控性。

(5)网络计划可以用电子计算机进行计算、调整和优化。计划的调整和优化,是进度控制中的一项重要内容。对于大型工程计划,若用手工完成似乎非常困难,而网络计划模型完全可由计算机进行计算、调整和优化。网络计划的这一特点,使其在现代化管理中成为最重要、最有效的方法,因此得到普遍重视。

网络计划的上述特点,使它成为工程控制尤其是进度控制的最有效工具。在国际上,网络计划经常是合同中承诺进行进度控制必须采用的模型;在国内,网络计划是工程投标文件必备内容之一,也是进行施工管理的必备工具。

第二节 双代号网络图的绘制

一、绘制规则

在绘制双代号网络图时,一般应遵循以下基本规则:

(1)网络图必须按照已定的逻辑关系绘制。由于网络图是有向、有序网状图形,所以其必须严格按照工作之间的逻辑关系绘制,这也是为保证工程质量和资源优化配置及合理使用所必需的。例如,已知工作之间的逻辑关系见表 3-1,若绘出网络图 3-4a)则是错误的,因为工作 A 不是工作 D 的紧前工作。此时,可用虚箭线将工作 A 和工作 D 的联系断开,如图 3-4b)所示。

逻 辑 关 系 表　　　　　　　　　表 3-1

工作	A	B	C	D
紧前工作	—	—	A、B	B

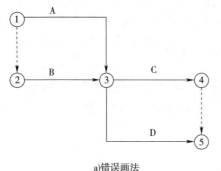
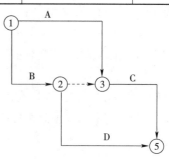

a)错误画法　　　　　　　　　　　　b)正确画法

图 3-4　按表 3-1 绘制的网络图

（2）网络图中严禁出现从一个节点出发,顺箭头方向又回到原出发点。如果出现循环回路,会造成逻辑关系混乱,使工作无法按顺序进行。如图 3-5 所示,网络图中存在不允许出现的循环回路 BCGF。当然,此时节点编号也发生错误。

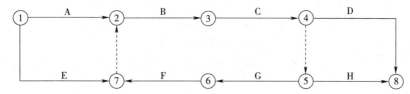

图 3-5　存在循环回路的错误网络图

（3）网络图中的箭线（包括虚箭线,下同）应保持自左向右的方向,不应出现箭头指向左方的水平箭线和箭头偏向左方的斜向箭线。若遵循该规则绘制网络图,就不会出现循环回路。

（4）网络图中严禁出现双向箭头和无箭头的连线。图 3-6 为错误的工作箭线画法,因为工作进行的方向不明确,未能达到网络图有一向的要求。

a)双向箭头　　　　　　　　　　　　b)无箭头

图 3-6　错误的工作箭线画法(1)

（5）网络图中严禁出现没有箭尾节点的箭线和没有箭头节点的箭线。图 3-7 为错误的工作箭线画法。

a)存在没有箭尾节点的箭线　　　　　　b)存在没有箭头节点的箭线

图 3-7　错误的工作箭线画法(2)

(6) 严禁在箭线上引入或引出箭线,图 3-8 为错误的工作箭线画法。

a)在箭线上引入箭线　　　　　　　b)在箭线上引出箭线

图 3-8　错误的工作箭线画法(3)

但当网络图的起点节点有多条箭线引出(外向箭线)或终点节点有多条箭线引入(内向箭线)时,为使图形简洁,可用母线法绘图。即将多条箭线经一条共用的垂直线段从起点节点引出,或将多条箭线经一条共用的垂直线段引入终点节点,如图 3-9 所示。对于特殊线型的箭线,如粗箭线、双箭线、虚箭线、彩色箭线等,可在从母线上引出的支线上标出。

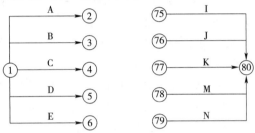

图 3-9　母线法

(7) 应尽量避免网络图中工作箭线的交叉。当交叉不可避免时,可以采用过桥法或指向法,如图 3-10 所示。

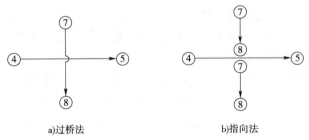

a)过桥法　　　　　　　　　b)指向法

图 3-10　箭线交叉的表示方法

(8) 网络图中应只有两个起点节点、一个终点节点(任务中部分工作需要分期完成的网络计划除外)。除网络图的起点节点和终点节点外,不允许出现没有外向箭线的节点和没有内向箭线的节点。图 3-11 所示网络图中有两个起点节点①和②,两个终点节点⑦和⑧。该网络图的正确画法如图 3-12 所示,即将节点①和②合并为一个起点节点,将节点⑦和⑧合并为一个终点节点。

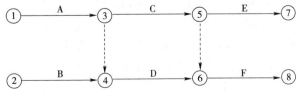

图 3-11　存在多个起点节点和多个终点节点的错误网络图

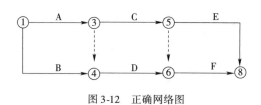

图 3-12 正确网络图

二、绘图步骤

当已知每一项工作的紧前工作时,可按下述步骤绘制双代号网络图:

(1)绘制没有紧前工作的工作箭线,使它们具有相同的开始节点,以保证网络图只有一个起点节点。

(2)依次绘制其他工作箭线,这些工作箭线的绘制条件是其所有紧前工作箭线都已经绘制出来。在绘制这些工作箭线时,应按下列原则进行:

①当所要绘制的工作只有一项紧前工作时,将该工作箭线直接画在其紧前工作箭线之后即可。

②当所要绘制的工作有多项紧前工作时,应按以下四种情况分别予以考虑:

a. 对于所要绘制的工作(本工作)而言,如果在其紧前工作之中存在一项只作为本工作紧前工作的工作(即在紧前工作栏目中,该紧前工作只出现一次),则应将本工作箭线直接画在该紧前工作箭线之后,然后用虚箭线将其他紧前工作箭线的箭头节点与本工作箭线的箭尾节点分别相连,以表达它们之间的逻辑关系。

b. 对于所要绘制的工作(本工作)而言,如果在其紧前工作之中存在多项只作为本工作紧前工作的工作,应先将这些紧前工作箭线的箭头节点合并,再从合并后的节点开始,画出本工作箭线,最后用虚箭线将其他紧前工作箭线的箭头节点与本工作箭线的箭尾节点分别相连,以表达它们之间的逻辑关系。

c. 对于所要绘制的工作(本工作)而言,如果不存在情况 a 和情况 b,应判断本工作的所有紧前工作是否都同时作为其他工作的紧前工作(即在紧前工作栏目中,这几项紧前工作是否同时出现若干次)。如果上述条件成立,应先将这些紧前工作箭线的箭头节点合并,再从合并后的节点画出本工作箭线。

d. 对于所要绘制的工作(本工作)而言,如果既不存在情况 a 和情况 b,也不存在情况 c,则应将本工作箭线单独画在其紧前工作箭线之后的中部,然后用虚箭线将其各紧前工作箭线的箭头节点与本工作箭线的箭尾节点分别相连,以表达它们之间的逻辑关系。

(3)当各项工作箭线都绘制出来之后,应合并那些没有紧后工作箭线的箭头节点,以保证网络图只有一个终点节点(多目标网络计划除外)。

(4)当确认所绘制的网络图正确后,即可进行节点编号。网络图的节点编号在满足前述要求的前提下,既可采用连续的编号方法,也可采用不连续的编号方法,如1,3,5,…或5,10,15,…以避免以后增加工作时改动整个网络图的节点编号。

以上所述是已知每一项工作的紧前工作时的绘图步骤,当已知每一项工作的紧后工作时,也可按类似的步骤进行网络图的绘制,只是其绘图顺序由前述的从左向右改为从右向左;或者可以根据其紧后工作判断出其紧前工作,然后按照上述步骤绘制。

三、绘图示例

现举例说明前述双代号网络图的绘制步骤。

[**例 3-1**] 已知各工作之间的逻辑关系见表 3-2,则可按下述步骤绘制其双代号网络图。

工作逻辑关系　　　　　　　　　　　　　　　　表 3-2

工作	A	B	C	D
紧前工作	—	—	A、B	B

(1) 绘制工作箭线 A 和工作箭线 B,如图 3-13a)所示。
(2) 按前述原则绘制工作箭线 C,如图 3-13b)所示。
(3) 按前述原则绘制工作箭线 D 后,将工作箭线 C 和 D 的箭头节点合并,以保证网络图只有一个终点节点。当确认给定的逻辑关系表达正确后,再进行节点编号。

表 3-2 给定逻辑关系所对应的双代号网络图如图 3-13c)所示。

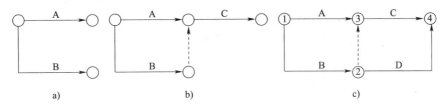

图 3-13　例 3-1 绘图过程

[**例 3-2**] 已知各工作之间的逻辑关系见表 3-3,则可按下述步骤绘制其双代号网络图。

工作逻辑关系　　　　　　　　　　　　　　　　表 3-3

工作	A	B	C	D	E	G
紧前工作	—	—	—	A、B	A、B、C	D、E

(1) 绘制工作箭线 A、工作箭线 B 和工作箭线 C,如图 3-14a)所示。
(2) 按前述原则绘制工作箭线 D,如图 3-14b)所示。
(3) 按前述原则绘制工作箭线 E,如图 3-14c)所示。
(4) 按前述原则绘制工作箭线 G。当确认给定的逻辑关系表达正确后,再进行节点编号。

表 3-3 给定逻辑关系所对应的双代号网络图如图 3-14d)所示。

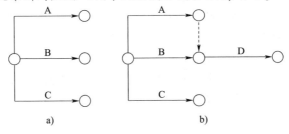

图　3-14

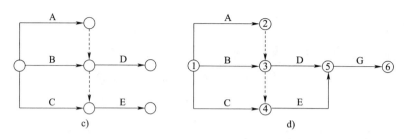

图 3-14 例 3-2 绘图过程

[**例 3-3**] 已知各工作之间的逻辑关系见表 3-4,则可按下述步骤绘制其双代号网络图。

工作逻辑关系   表 3-4

工作	A	B	C	D	E
紧前工作	—	—	A	A、B	B

(1) 绘制工作箭线 A 和工作箭线 B,如图 3-15a) 所示。

(2) 按前述原则分别绘制工作箭线 C 和工作箭线 E,如图 3-15b) 所示。

(3) 按前述原则绘制工作箭线 D,并将工作箭线 C、工作箭线 D 和工作箭线 E 的箭头节点合并,以保证网络图的终点节点只有一个。当确认给定的逻辑关系表达正确后,再进行节点编号。

表 3-4 给定逻辑关系所对应的双代号网络图如图 3-15c) 所示。

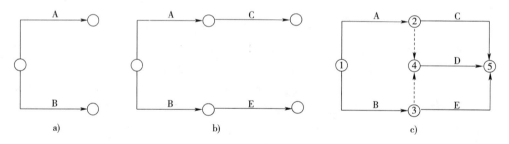

图 3-15 例 3-3 绘图过程

[**例 3-4**] 已知各工作之间的逻辑关系见表 3-5,则可按下述步骤绘制其双代号网络图。

工作逻辑关系   表 3-5

工作	A	B	C	D	E	G	H
紧前工作	—	—	—	—	A、B	B、C、D	C、D

(1) 绘制工作箭线 A、工作箭线 B、工作箭线 C 和工作箭线 D,如图 3-16a) 所示。

(2) 按前述原则绘制工作箭线 E,如图 3-16b) 所示。

(3) 按前述原则绘制工作箭线 H,如图 3-16c) 所示。

(4) 按前述原则绘制工作箭线 G,并将工作箭线 E、工作箭线 G 和工作箭线 H 的箭头节点合并,以保证网络图的终点节点只有一个。当确认给定的逻辑关系表达正确后,再进行节点编号。

表 3-5 给定逻辑关系所对应的双代号网络图如图 3-16d) 所示。

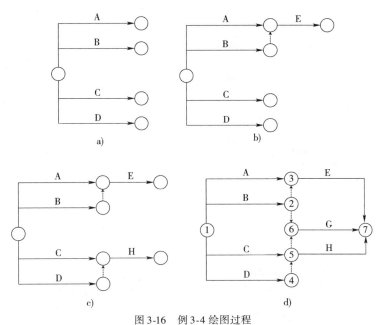

图 3-16 例 3-4 绘图过程

第三节 双代号网络计划时间参数的计算

所谓网络计划,是指在网络图上加注时间参数而编制的进度计划。网络计划时间参数的计算应在各项工作的持续时间确定之后进行。

一、网络计划时间参数的概念

所谓网络计划时间参数,是指网络计划、工作及节点所具有的各种时间值。

1. 常见时间参数符号

常见时间参数符号见表 3-6。

常见时间参数符号　　　　　　　表 3-6

符　号	名　称	说　明
D_{i-j}	Duration	表示工作 i—j 的作业持续时间
D_{h-i}	Duration	表示工作 h—i 的紧前工序作业持续时间
D_{j-k}	Duration	表示工作 j—k 的紧后工序作业持续时间
ES_{i-j}	Earlist start time	表示工作 i—j 的最早可能开始作业时间
EF_{i-j}	Earlist finish time	表示工作 i—j 的最早可能完成作业时间
LS_{i-j}	Latest start time	表示工作 i—j 的最迟必须开始作业时间
LF_{i-j}	Latest finish time	表示工作 i—j 的最迟必须完成作业时间
TF_{i-j}	Total float	表示工作 i—j 的总时差
FF_{i-j}	Free float	表示工作 i—j 的自由时差
LCP	Line of critical path	关键线路

续上表

符　号	名　称	说　明
ET_i	Earlist event time	节点 i 的最早时间
LT_i	Latest event time	节点 i 的最迟时间
T_p	Planned project duration	网络计划的计划工期
T_c	Calculated project duration	网络计划的计算工期
T_r	Required project duration	网络计划的要求工期

2．工作持续时间和工期

1）工作持续时间

工作持续时间是指一项工作从开始到完成的时间。在双代号网络计划中，工作 $i—j$ 的持续时间用 D_{i-j} 表示。

2）工期

工期泛指完成一项任务所需要的时间。在网络计划中，工期一般有以下三种：

（1）计算工期。计算工期是根据网络计划时间参数计算而得到的工期，用 T_c 表示。

（2）要求工期。要求工期是任务委托人提出的指令性工期，用 T_r 表示。

（3）计划工期。计划工期是指根据要求工期和计算工期所确定的作为实施目标的工期，用 T_p 表示。

①当已规定了要求工期时，计划工期不应超过要求工期，即：

$$T_p \leqslant T_r \tag{3-1}$$

②当未规定要求工期时，可令计划工期等于计算工期，即：

$$T_p = T_c \tag{3-2}$$

3．工作的 6 个时间参数

除工作持续时间外，网络计划中工作的 6 个时间参数是最早开始时间、最早完成时间、最迟完成时间、最迟开始时间、总时差和自由时差。

1）最早开始时间和最早完成时间

工作的最早开始时间是指在其所有紧前工作全部完成后，本工作有可能开始的最早时刻。工作的最早完成时间是指在其所有紧前工作全部完成后，本工作有可能完成的最早时刻。工作的最早完成时间等于本工作的最早开始时间与其持续时间之和。

在双代号网络计划中，工作 $i—j$ 的最早开始时间和最早完成时间分别用 ES_{i-j} 和 EF_{i-j} 表示。

2）最迟完成时间和最迟开始时间

工作的最迟完成时间是指在不影响整个任务按期完成的前提下，本工作必须完成的最迟时刻。工作的最迟开始时间是指在不影响整个任务按期完成的前提下，本工作必须开始的最迟时刻。工作的最迟开始时间等于本工作的最迟完成时间与其持续时间之差。

在双代号网络计划中，工作 $i—j$ 的最迟完成时间和最迟开始时间分别用 LF_{i-j} 和 LS_{i-j} 表示。

3）总时差和自由时差

工作的总时差是指在不影响总工期的前提下，本工作可以利用的机动时间。但是在网络计划的执行过程中，如果利用某项工作的总时差，则有可能使该工作后续工作的总时差减小。在双代号网络计划中，工作 $i—j$ 的总时差用 TF_{i-j} 表示。

工作的自由时差是指在不影响其紧后工作最早开始时间的前提下,本工作可以利用的机动时间。在网络计划的执行过程中,工作的自由时差是该工作可以自由使用的时间。在双代号网络计划中,工作 $i—j$ 的自由时差用 FF_{i-j} 表示。

从总时差和自由时差的定义可知,对于同一项工作而言,自由时差不会超过总时差。当工作的总时差为零时,其自由时差必然为零。

4. 节点最早时间和节点最迟时间

1) 节点最早时间

节点最早时间是指在双代号网络计划中,以该节点为开始节点的各项工作的最早时间。节点 i 的最早时间用 ET_i 表示。

2) 节点最迟时间

节点最迟时间是指在双代号网络计划中,以该节点为完成节点的各项工作的最迟时间。节点 i 的最迟时间用 LT_i 表示。

二、双代号网络计划时间参数的计算方法

双代号网络计划的时间参数既可以按工作计算,也可以按节点计算,下面分别以简例说明。

1. 按工作计算法

所谓按工作计算法,就是以网络计划中的工作为对象,直接计算各项工作的时间参数。这些时间参数包括工作的最早开始时间和最早完成时间、工作的最迟开始时间和最迟完成时间、工作的总时差和自由时差。此外,还应计算网络计划的计算工期。

为了简化计算,网络计划时间参数中的开始时间和完成时间都应以时间单位的终了时刻为标准,如第 3d 开始即指第 3d 终了(下班)时刻开始,实际上是第 4d 上班时刻才开始;第 5d 完成即指第 5d 终了(下班)时刻完成。

下面以图 3-17 所示双代号网络计划为例,说明按工作计算时间参数的过程。其计算结果如图 3-18 所示。

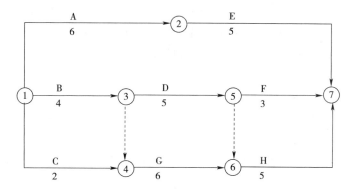

图 3-17 双代号网络计划

1) 计算工作的最早开始时间和最早完成时间

工作最早开始时间和最早完成时间的计算应从网络计划的起点节点开始,顺着箭线方向依次进行。其计算步骤如下:

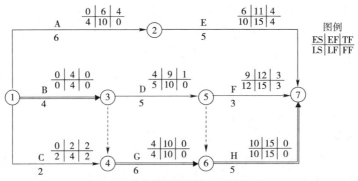

图 3-18 双代号网络计划（六时标注法）

（1）以网络计划起点节点为开始节点的工作，当未规定其最早开始时间时，其最早开始时间为零。例如在该例中，工作 1—2、工作 1—3 和工作 1—4 的最早开始时间为零，即：

$$ES_{1-2} = ES_{1-3} = ES_{1-4} = 0$$

（2）工作的最早完成时间可利用式（3-3）进行计算：

$$EF_{i-j} = ES_{i-j} + D_{i-j} \tag{3-3}$$

式中：EF_{i-j}——工作 i—j 的最早完成时间；

ES_{i-j}——工作 i—j 的最早开始时间；

D_{i-j}——工作 i—j 的持续时间。

例如在该例中，工作 1—2、工作 1—3 和工作 1—4 的最早完成时间分别为：

工作 1—2：$EF_{1-2} = ES_{1-2} + D_{1-2} = 0 + 6 = 6$。

工作 1—3：$EF_{1-3} = ES_{1-3} + D_{1-3} = 0 + 4 = 4$。

工作 1—4：$EF_{1-4} = ES_{1-4} + D_{1-4} = 0 + 2 = 2$。

（3）其他工作的最早开始时间应等于其紧前工作最早完成时间的最大值，即：

$$ES_{i-j} = \max\{EF_{h-i}\} = \max\{ES_{h-i} + D_{h-i}\} \tag{3-4}$$

式中：ES_{i-j}——工作 i—j 的最早开始时间；

EF_{h-i}——工作 i—j 的紧前工作 h—i（非虚工作）的最早完成时间；

ES_{h-i}——工作 i—j 的紧前工作 h—i（非虚工作）的最早开始时间；

D_{h-i}——工作 i—j 的紧前工作 h—i（非虚工作）的持续时间。

例如在该例中，工作 3—5 和工作 4—6 的最早开始时间分别为：

$$ES_{3-5} = EF_{1-3} = 4$$

$$ES_{4-6} = \max\{EF_{1-3}, EF_{1-4}\} = \max\{4, 2\} = 4$$

（4）网络计划的计算工期应等于以网络计划终点节点为完成节点的工作的最早完成时间的最大值，即：

$$T_c = \max\{EF_{i-n}\} = \max\{ES_{i-n} + D_{i-n}\} \tag{3-5}$$

式中：T_c——网络计划的计算工期；

EF_{i-n}——以网络计划终点节点 n 为完成节点的工作的最早完成时间；

ES_{i-n}——以网络计划终点节点 n 为完成节点的工作的最早开始时间；

D_{i-n}——以网络计划终点节点 n 为完成节点的工作的持续时间。

例如在该例中，网络计划的计算工期为：

$$T_c = \max\{EF_{2-7}, EF_{5-7}, EF_{6-7}\} = \max\{11, 12, 15\} = 15$$

2)确定网络计划的计划工期

网络计划的计划工期应按式(3-1)或式(3-2)确定。在该例中,假设未规定要求工期,其计划工期就等于计算工期,即:

$$T_p = T_c = 15$$

3)计算工作的最迟完成时间和最迟开始时间

工作最迟完成时间和最迟开始时间的计算应从网络计划的重点节点开始,逆着箭线方向依次进行。其计算步骤如下:

(1)以网络计划终点节点为完成节点的工作,其最迟完成时间等于网络计划的计划工期,即:

$$LF_{i-n} = T_p \tag{3-6}$$

式中:LF_{i-n}——以网络计划终点节点 n 为完成节点的工作的最迟完成时间;

T_p——网络计划的计划工期。

例如在该例中,工作 2—7、工作 5—7 和工作 6—7 的最迟完成时间为:

$$LF_{2-7} = LF_{5-7} = LF_{6-7} = T_p = 15$$

(2)工作的最迟开始时间可利用式(3-7)进行计算:

$$LS_{i-j} = LF_{i-j} - D_{i-j} \tag{3-7}$$

式中:LS_{i-j}——工作 $i—j$ 的最迟开始时间;

LF_{i-j}——工作 $i—j$ 的最迟完成时间;

D_{i-j}——工作 $i—j$ 的持续时间。

例如在该例中,工作 2—7、工作 5—7 和工作 6—7 的最迟开始时间分别为:

$$LS_{2-7} = LF_{2-7} - D_{2-7} = 15 - 5 = 10$$
$$LS_{5-7} = LF_{5-7} - D_{5-7} = 15 - 3 = 12$$
$$LS_{6-7} = LF_{6-7} - D_{6-7} = 15 - 5 = 10$$

(3)其他工作的最迟完成时间应等于其紧后工作最迟开始时间的最小值,即:

$$LF_{i-j} = \min\{LS_{j-k}\} = \min\{LF_{j-k} - D_{j-k}\} \tag{3-8}$$

式中:LF_{i-j}——工作 $i—j$ 的最迟完成时间;

LS_{j-k}——工作 $i—j$ 的紧后工作 $j—k$(非虚工作)的最迟开始时间;

LF_{j-k}——工作 $i—j$ 的紧后工作 $j—k$(非虚工作)的最迟完成时间;

D_{j-k}——工作 $i—j$ 的紧后工作 $j—k$(非虚工作)的持续时间。

例如在该例中,工作 3—5 和工作 4—6 的最迟完成时间分别为:

$$LF_{3-5} = \min\{LS_{5-7}, LS_{6-7}\} = \min\{12, 10\} = 10$$
$$LF_{4-6} = LS_{6-7} = 10$$

4)计算工作的总时差

工作的总时差等于该工作最迟完成时间与最早完成时间之差,或该工作最迟开始时间与最早开始时间之差,即:

$$TF_{i-j} = LF_{i-j} - EF_{i-j} = LS_{i-j} - ES_{i-j} \tag{3-9}$$

式中:TF_{i-j}——工作 $i—j$ 的总时差;

其余符号同前。

例如在该例中,工作 3—5 的总时差为:
$$TF_{3-5} = LF_{3-5} - EF_{3-5} = 10 - 9 = 1$$
或
$$TF_{3-5} = LS_{3-5} - ES_{3-5} = 5 - 4 = 1$$

5)计算工作的自由时差

工作自由时差的计算应按以下两种情况分别考虑:

(1)对于有紧后工作的工作,其自由时差等于本工作之紧后工作最早开始时间减去本工作最早完成时间所得之差的最小值,即:

$$\begin{aligned} FF_{i-j} &= \min\{ES_{i-j} - EF_{i-j}\} \\ &= \min\{ES_{j-k} - ES_{i-j} - D_{i-j}\} \end{aligned} \tag{3-10}$$

式中:FF_{i-j}——工作 i—j 的自由时差;

ES_{j-k}——工作 i—j 的紧后工作的 j—k(非虚工作)的最早开始时间;

EF_{i-j}——工作 i—j 的最早完成时间;

ES_{i-j}——工作 i—j 的最早开始时间;

D_{i-j}——工作 i—j 的持续时间。

例如在该例中,工作 1—4 和工作 3—5 的自由时差分别为:

$$FF_{1-4} = ES_{4-6} - EF_{1-4} = 4 - 2 = 2$$
$$\begin{aligned} FF_{3-5} &= \min\{ES_{5-7} - EF_{3-5}, ES_{6-7} - EF_{3-5}\} \\ &= \min\{9 - 9, 10 - 9\} \\ &= 0 \end{aligned}$$

(2)对于无紧后工作的工作,也就是以网络计划终点节点为完成节点的工作,其自由时差等于计划工期与本工作最早完成时间之差,即:

$$FF_{i-n} = T_p - EF_{i-n} = T_p - ES_{i-n} - D_{i-n} \tag{3-11}$$

式中:FF_{i-n}——以网络计划终点节点 n 为完成节点的工作 i—n 的自由时差;

T_p——网络计划的计划工期;

EF_{i-n}——以网络计划终点节点 n 为完成节点的工作 i—n 的最早完成时间;

ES_{i-n}——以网络计划终点节点 n 为完成节点的工作 i—n 的最早开始时间;

D_{i-n}——以网络计划终点节点 n 为完成节点的工作 i—n 的持续时间。

需要指出的是,对于网络计划中以终点节点为完成节点的工作,其自由时差与总时差相等。此外,由于工作的自由时差是其总时差的构成部分,所以,当工作的总时差为零时,其自由时差必然为零,可不必进行专门计算。例如在该例中,工作 1—3、工作 4—6 和工作 6—7 的总时差全部为零,故其自由时差也全部为零。

6)确定关键工作和关键线路

在网络计划中,总时差最小的工作为关键工作。特别地,当网络计划的计划工期等于计算工期时,总时差为零的工作就是关键工作。例如在该例中,工作 1—3、工作 4—6 和工作 6—7 的总时差均为零,故它们都是关键工作。

找出关键工作之后,将这些关键工作首尾相连,便至少构成一条从起点节点到终点节点的通路,通路上各项工作的持续时间总和最大的就是关键线路。在关键线路上可能有虚工作存在。

关键线路一般用粗箭线或双箭线标出,也可以用彩色箭线标出。例如在该例中,线路①—③—④—⑥—⑦为关键线路。关键线路上各项工作的持续时间总和应等于网络计划的计算工期,这一特点也是判别关键线路是否正确的准则。

在上述计算过程中,是将每项工作的 6 个时间参数均标注在图中,故称为六时标注法,如图 3-18 所示。为使网络计划的图面更加简洁,在双代号网络计划中,除各项工作的持续时间以外,通常只需标注 2 个最基本的时间参数——各项工作的最早开始时间和最迟开始时间,而工作的其他 4 个时间参数(最早完成时间、最迟完成时间、总时差和自由时差)均可根据工作的最早开始时间、最迟开始时间及持续时间导出。这种方法称为二时标注法,如图 3-19 所示。

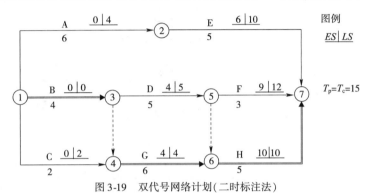

图 3-19 双代号网络计划(二时标注法)

2. 按节点计算法

所谓按节点计算法,就是先计算网络计划中各个节点的最早时间和最迟时间,然后据此计算各项工作的时间参数和网络计划的计算工期。

1)计算节点的最早时间和最迟时间

(1)计算节点的最早时间。

节点最早时间的计算应从网络计划的起点节点开始,顺着箭线方向依次进行。其计算步骤如下:

①网络计划起点节点,如未规定最早时间,其值等于零。例如在该例中,起点节点①的最早时间为零,即:

$$ET_1 = 0$$

②其他节点的最早时间应按式(3-12)进行计算:

$$ET_j = \max\{ET_i + D_{i-j}\} \tag{3-12}$$

式中:ET_j——工作 i—j 的完成节点 j 的最早时间;

ET_i——工作 i—j 的开始节点 i 的最早时间;

D_{i-j}——工作 i—j 的持续时间。

例如在该例中,节点③和节点④的最早时间分别为:

$$ET_3 = ET_1 + D_{1-3} = 0 + 4 = 4$$
$$ET_4 = \max\{ET_1 + D_{1-4}, ET_3 + D_{3-4}\}$$
$$= \max\{0+2, 4+0\}$$
$$= 4$$

(2)确定网络计划的计划工期。

网络计划的计算工期等于网络计划终点节点的最早时间,即:

$$T_c = ET_n \tag{3-13}$$

式中:T_c——网络计划的计算工期;

ET_n——网络计划终点节点 n 的最早时间。

例如在该例中,其计算工期为:

$$T_c = ET_7 = 15$$

网络计划的计划工期应按式(3-1)或式(3-2)确定。例如在该例中,假设未规定要求工期,其计划工期就等于计算工期,即:

$$T_p = T_c = 15 \tag{3-14}$$

计划工期应标注在终点节点的右上方,如图3-20所示。

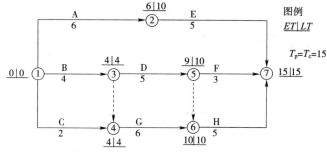

图 3-20 双代号网络计划(按节点计算法)

(3)计算节点的最迟时间。

节点最迟时间的计算应从网络计划的终点节点开始,逆着箭线方向依次进行。其计算步骤如下:

①网络计划终点节点的最迟时间等于网络计划的计划工期,即:

$$LT_n = T_p \tag{3-15}$$

式中:LT_n——网络计划终点节点 n 的最迟时间;

T_p——网络计划的计划工期。

例如在该例中,终点节点⑦的最迟时间为:

$$LT_7 = T_p = 15$$

②其他节点的最迟时间应按式(3-16)进行计算:

$$LT_i = \min\{LT_j - D_{i-j}\} \tag{3-16}$$

式中:LT_i——工作 i—j 的开始节点 i 的最迟时间;

LT_j——工作 i—j 的开始节点 j 的最迟时间;

D_{i-j}——工作 i—j 的持续时间。

例如在该例中,节点⑥和节点⑤的最迟时间分别为:

$$LT_6 = LT_7 - D_{6-7} = 15 - 5 = 10$$
$$LT_5 = \min\{LT_6 - D_{5-6}, LT_7 - D_{5-7}\}$$
$$= \min\{10 - 0, 15 - 3\}$$
$$= 10$$

2) 根据节点的最早时间和最迟时间判定工作的 6 个时间参数

(1) 工作的最早开始时间等于该工作开始节点的最早时间,即:
$$ES_{i-j} = ET_i \tag{3-17}$$
例如在该例中,工作 1—2 和工作 2—7 的最早开始时间分别为:
$$ES_{1-2} = ET_1 = 0$$
$$ES_{2-7} = ET_2 = 6$$

(2) 工作的最早完成时间等于该工作开始节点的最早时间与其持续时间之和,即:
$$EF_{i-j} = ET_i + D_{i-j} \tag{3-18}$$
例如在该例中,工作 1—2 和工作 2—7 的最早完成时间分别为:
$$EF_{1-2} = ET_1 + D_{1-2} = 0 + 6 = 6$$
$$EF_{2-7} = ET_2 + D_{2-7} = 6 + 5 = 11$$

(3) 工作的最迟完成时间等于该工作完成节点的最迟时间,即:
$$LF_{i-j} = LT_j \tag{3-19}$$
例如在该例中,工作 1—2 和工作 2—7 的最迟完成时间分别为:
$$LF_{1-2} = LT_2 = 10$$
$$LF_{2-7} = LT_7 = 15$$

(4) 工作的最迟开始时间等于该工作完成节点的最迟时间与其持续时间之差,即:
$$LS_{i-j} = LT_j - D_{i-j} \tag{3-20}$$
例如在该例中,工作 1—2 和工作 2—7 的最迟开始时间分别为:
$$LS_{1-2} = LT_2 - D_{1-2} = 10 - 6 = 4$$
$$LS_{2-7} = LT_7 - D_{2-7} = 15 - 5 = 10$$

(5) 工作的总时差可根据式(3-9)、式(3-18)和式(3-19)得到:
$$\begin{aligned} TF_{i-j} &= LF_{i-j} - EF_{i-j} \\ &= LT_j - (ET_i + D_{i-j}) \\ &= LT_j - ET_i - D_{i-j} \end{aligned} \tag{3-21}$$

由式(3-21)可知,工作的总时差等于该工作完成节点的最迟时间减去该工作开始节点的最早时间所得差值再减去其持续时间。例如在该例中,工作 1—2 和工作 3—5 的总时差分别为:
$$TF_{1-2} = LT_2 - ET_1 - D_{1-2} = 10 - 0 - 6 = 4$$
$$TF_{3-5} = LT_5 - ET_3 - D_{3-5} = 10 - 4 - 5 = 1$$

(6) 工作的自由时差可根据式(3-10)和式(3-17)得到:
$$\begin{aligned} FF_{i-j} &= \min\{ES_{j-k} - ES_{i-j} - D_{i-j}\} \\ &= \min\{ES_{j-k}\} - ES_{i-j} - D_{i-j} \\ &= \min\{ET_j\} - ET_i - D_{i-j} \end{aligned} \tag{3-22}$$

由式(3-22)可知,工作的自由时差等于该工作完成节点的最早时间减去该工作开始节点的最早时间所得差值再减去其持续时间。例如在该例中,工作 1—2 和 3—5 的自由时差分别为:
$$FF_{1-2} = ET_2 - ET_1 - D_{1-2} = 6 - 0 - 6 = 0$$

$$FF_{3-5} = ET_5 - ET_3 - D_{3-5} = 9 - 4 - 5 = 0$$

特别需要注意的是,如果本工作与其各紧后工作之间存在虚工作,其中的 ET_j 成为本工作紧后工作开始节点的最早时间,而不是本工作完成节点的最早时间。

3) 确定关键线路和关键工作

在双代号网络计划中,关键线路上的节点称为关键节点。关键工作两端的节点必为关键节点,但两端为关键节点的工作不一定是关键工作。关键节点的最迟时间与最早时间的差值最小。特别地,当网络计划的计划工期等于计算工期时,关键节点的最早时间与最迟时间必然相等。例如在该例中,节点①、③、④、⑥、⑦就是关键节点。关键节点必然处在关键线路上,但由关键节点组成的线路不一定是关键线路。例如在该例中,由关键节点①、④、⑥、⑦组成的线路不是关键线路。

当利用关键节点判别关键线路和关键工作时,还要满足下列判别式:

$$ET_i + D_{i-j} = ET_j \tag{3-23}$$

或

$$LT_i + D_{i-j} = LT_j \tag{3-24}$$

式中:ET_i——工作 i—j 的开始节点(关键节点)i 的最早时间;

D_{i-j}——工作 i—j 的持续时间;

ET_j——工作 i—j 的完成节点(关键节点)j 的最早时间;

LT_i——工作 i—j 的开始节点(关键节点)i 的最迟时间;

LT_j——工作 i—j 的完成节点(关键节点)j 的最迟时间。

如果两个关键节点之间的工作符合上述判别式,则该工作必然为关键工作,它应该在关键线路上。否则,该工作就不是关键工作,关键线路也就不会从此处通过。例如在该例中,工作 1—3、虚工作 3—4、工作 4—6 和工作 6—7 均符合上述判别式,故线路 ①—③—④—⑥—⑦ 为关键线路。

4) 关键节点的特性

在双代号网络计划中,当计划工期等于计算工期时,关键节点具有以下特性,掌握好这些特性,有助于确定工作时间参数。

(1) 开始节点和完成节点均为关键节点的工作,不一定是关键工作。例如在图 3-20 所示网络计划中,节点①和节点④为关键节点,但工作 1—4 为非关键工作。由于其两端为关键节点,机动时间不可能为其他工作所利用,故其总时差和自由时差均为 2。

(2) 以关键节点为完成节点的工作,其总时差和自由时差必然相等。例如在图 3-20 所示网络计划中,工作 1—4 的总时差和自由时差均为 2;工作 2—7 的总时差和自由时差均为 4;工作 5—7 的总时差和自由时差均为 3。

(3) 当两个关键节点间有多项工作,且工作间的非关键节点无其他内向箭线和外向箭线时,两个关键节点间各项工作的总时差均相等。在这些工作中,除以关键节点为完成节点的工作自由时差等于总时差外,其余工作的自由时差均为零。例如在图 3-20 所示网络计划中,工作 1—2 和工作 2—7 的总时差均为 4。工作 2—7 的自由时差等于总时差,而工作 1—2 的自由时差为零。

(4) 当两个关键节点间有多项工作,且工作间的非关键节点有外向箭线而无其他内向箭线时,两个关键节点间各项工作的总时差不一定相等。在这些工作中,除以关键节点为完成节点的工作自由时差等于总时差外,其余工作的自由时差均为零。例如在图 3-20 所示网络计划中,工作 3—5 和工作 5—7 的总时差分别为 1 和 3。工作 5—7 的自由时差等于总时差,而工作 3—5 的自由时差为零。

3. 标号法

标号法是一种快速寻求网络计划计算工期和关键线路的方法。它利用按节点计算法的基本原理,对网络计划中的每一个节点进行标号,然后利用标号值确定网络计划的计算工期和关键线路。

下面仍以图 3-17 所示网络计划为例,说明标号法的计算过程。其计算结果如图 3-21 所示。

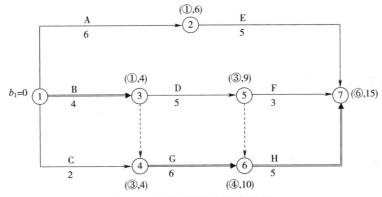

图 3-21 双代号网络计划(标号法)

(1)网络计划起点节点的标号值为零。例如在该例中,节点 1 的标号值为零,即:
$$b_1 = 0$$

(2)其他节点的标号值应根据式(3-25)按节点标号从小到大的顺序逐个进行计算:
$$b_j = \max\{b_i + D_{i-j}\} \tag{3-25}$$

式中:b_j——工作 i—j 的完成节点 j 的标号值;

b_i——工作 i—j 的开始节点 i 的标号值;

D_{i-j}——工作 i—j 的持续时间。

例如在该例中,节点③和节点④的标号值分别为:
$$b_3 = b_1 + D_{1-3} = 0 + 4 = 4$$
$$b_4 = \max\{b_1 + D_{1-4}, b_3 + D_{3-4}\}$$
$$= \max\{0 + 2, 4 + 0\}$$
$$= 4$$

当计算出节点的标号值后,应该用其标号值及其源节点对该节点进行双标号。所谓源节点,就是用来确定本节点标号值的节点。例如在该例中,节点④的标号值 4 是由节点③所确定的,故节点④的源节点就是节点③。如果源节点有多个,应将所有源节点标出。

(3)网络计划的计算工期就是网络计划终点节点的标号值。例如在该例中,其计算工期就等于终点节点⑦的标号值 15。

(4)关键线路应从网络计划的终点节点开始,逆着箭线方向按源节点确定。例如在该例中,从终点节点⑦开始,逆着箭线方向按源节点可以找出关键线路为①—③—④—⑥—⑦。

第四节 双代号时标网络计划

双代号时标网络计划(简称时标网络计划)必须以水平时间坐标为尺度表示工作时间。时标的时间单位应根据需要在编制网络计划之前确定,可以是小时、天、周、月或季度等。

在时标网络计划中,以实箭线表示工作,实箭线的水平投影长度表示该工作的持续时间;以虚箭线表示虚工作,由于虚工作的持续时间为零,故虚箭线只能垂直画;以波形线表示工作与其紧后工作之间的时间间隔(以终点节点为完成节点的工作除外,当计划工期等于计算工期时,这些工作箭线中波形线的水平投影长度表示其自由时差)。

时标网络计划既具有网络计划的优点,又具有横道计划直观易懂的优点,它将网络计划的时间参数直观地表达出来。

一、时标网络计划的编制方法

时标网络计划宜按各项工作的最早开始时间编制。为此,在编制时标网络计划时应使每一个节点和每一项工作(包括虚工作)尽量向左靠,直至不出现从右向左的逆向箭线为止。

在编制时标网络计划之前,应先按已经确定的时间单位绘制时标网络计划表。时间坐标可以标注在时标网络计划表的顶部或底部。当网络计划的规模比较大且比较复杂时,可以在时标网络计划表的顶部和底部同时标注时间坐标。必要时,还可以在顶部时间坐标之上或底部时间坐标之下同时加注日历时间。时标网络计划表见表 3-7。表中部的刻度线宜为细线。为使图面清晰、简洁,此线也可不画或少画。

时标网络计划表 表 3-7

日历																
(时间单位)	1	2	3	4	5	6	7	8	9	10	11	12	13	14	15	16
网络计划																
(时间单位)	1	2	3	4	5	6	7	8	9	10	11	12	13	14	15	16

编制时标网络计划应先绘制无时标的网络计划草图,然后按间接绘制法或直接绘制法进行绘制。

1. 间接绘制法

所谓间接绘制法,是指先根据无时标的网络计划草图计算其时间参数,并确定关键线路,然后在时标网络计划表中进行绘制。在绘制时应先将所有节点按其最早时间定位在时标网络计划表中的相应位置,然后用规定线(实箭线和虚箭线)按比例绘出工作和虚工作。当某些工作箭线的长度不足以到达该工作的完成节点时,须用波形线补足,箭头应画在该工作完成节点的连接处。

2. 直接绘制法

所谓直接绘制法,是指不计算时间参数而直接按无网络计划草图绘制时标网络计划。现以图 3-22 所示网络计划为例,说明时标网络计划的绘制过程。

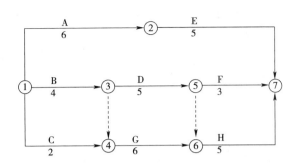

图 3-22 双代号时标网络计划

(1)将网络计划的起点节点定位在时标网络计划表的起始刻度线上。如图 3-23 所示,节点 1 就是定位在时标网络计划表的起始刻度线"0"位置上。

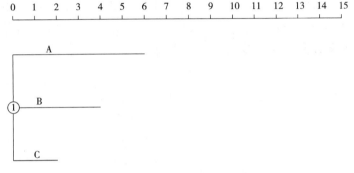

图 3-23 直接绘制法(第一步)

(2)按工作的持续时间绘制以网络计划起点节点为开始节点的工作箭线。如图 3-23 所示,分别绘出工作箭线 A、工作箭线 B 和工作箭线 C。

(3)除网络计划的起点外,其他节点必须在所有以该节点为完成节点的工作箭线均绘出后,定位在这些工作箭线中最迟的箭线末端。当某些工作箭线的长度不足以到达该节点时,须用波形线补足,箭头画在与该节点的连接处。例如在该例中,节点②直接定位在工作箭线 A 的末端;节点③直接定位在工作箭线 B 的末端;节点④的位置需要在给出虚箭线 3—4 之后,定位在工作箭线 C 和虚箭线 3—4 中最迟的箭线末端,即坐标"4"的位置上。此时,工作箭线 C 的长度不足以到达节点④,因而用波形线补足,如图 3-24 所示。

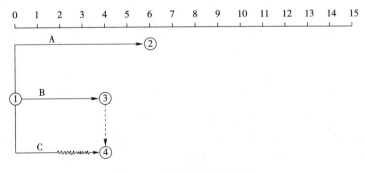

图 3-24 直接绘制法(第二步)

(4)当某个节点的位置确定之后,即可绘制以该节点为开始节点的工作箭线。例如在该例中,在图 3-24 基础之上,可以分别以节点②、节点③和节点④为开始节点绘制工作箭线 G、工作箭线 D 和工作箭线 E,如图 3-25 所示。

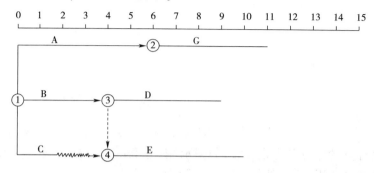

图 3-25　直接绘制法(第三步)

(5)利用上述方法从左至右依次确定其他各个节点的位置,直至绘出网络计划的终点节点。例如在该例中,在图 3-25 基础之上,可以分别确定节点⑤和节点⑥的位置,并在它们之后分别绘制工作箭线 H 和工作箭线 I,如图 3-26 所示。

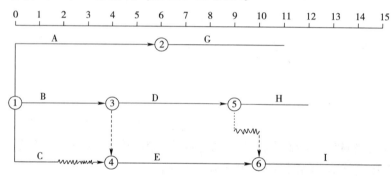

图 3-26　直接绘制法(第四步)

(6)根据工作箭线 G、工作箭线 H 和工作箭线 I 确定出终点节点的位置。该例所对应的时标网络计划如图 3-27 所示,图中双箭线表示的线路为关键线路。

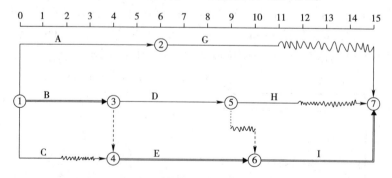

图 3-27　直接绘制法(最后一步)

在绘制时标网络计划时,特别需要注意的问题是处理好虚箭线。首先,应将虚箭线与实箭线等同看待,只是其对应工作的持续时间为零;其次,尽管它本身没有持续时间,但可能存在波形线,因此,要按规定画出波形线。在画波形线时,其垂直部分仍应画为虚线(如图3-27所示时标网络计划中的虚箭线 5—6)。

二、时标网络计划中时间参数的判定

1. 关键线路和计算工期的判定

1)关键线路的判定

时标网络计划中的关键线路可从网络计划的终点节点开始,逆着箭线方向进行判定。凡自始至终不出现波形线的线路为关键线路。因为不出现波形线,所以在这条线路上相邻两项工作之间的时间间隔全部为零,也就是在计算工期等于计划工期的前提下,这些工作的总时差和自由时差全部为零。例如图 3-27 所示时标网络计划中,线路①—③—④—⑥—⑦为关键线路。

2)计算工期的判定

网络计划的计算工期应等于终点节点所对应的时标值与起点节点所对应的时标值之差。例如,图 3-27 所示时标网络计划的计算工期为:

$$T_c = 15 - 0 = 15$$

2. 相邻两项工作之间时间间隔的判定

除以终点节点为完成节点的工作外,工作箭线中波形线的水平投影长度表示工作与其紧后工作之间的时间间隔。例如,在图 3-27 所示的时标网络计划中,工作 1—4 和工作 4—6 之间的时间间隔为 2;工作 3—5 和工作 6—7 之间的时间间隔为 1;其他工作之间的时间间隔均为零。

3. 工作 6 个时间参数的判定

1)工作最早开始时间和最早完成时间的判定

工作箭线左端节点中心所对应的时标值为该工作的最早开始时间。当工作箭线中不存在波形线时,其右端节点中心所对应的时标值为该工作的最早完成时间;当工作箭线中存在波形线时,工作箭线实线部分右端节点中心所对应的时标值为该工作的最早完成时间。例如,在图 3-27 所示的时标网络计划中,工作 1—2 和工作 5—7 的最早开始时间分别为 0 和 9,而它们的最早完成时间分别为 6 和 12。

2)工作总时差的判定

工作总时差的判定应从网络计划的终点节点开始,逆着箭线方向依次进行。

(1)以终点节点为完成节点的工作,其总时差应等于计划工期与本工作最早完成时间之差,即:

$$TF_{i-n} = T_p - EF_{i-n} \tag{3-26}$$

式中:TF_{i-n}——以网络计划终点节点 n 为完成节点的工作的总时差;

T_p——网络计划的计划工期;

EF_{i-n}——以网络计划终点节点 n 为完成节点的工作的最早完成时间。

例如,在图 3-27 所示的时标网络计划中,假设计划工期为 15,则工作 2—7、工作 5—7 和工作 6—7 的总时差分别为:

$$TF_{2-7} = T_p - EF_{2-7} = 15 - 11 = 4$$
$$TF_{5-7} = T_p - EF_{5-7} = 15 - 12 = 3$$

$$TF_{6-7} = T_p - EF_{6-7} = 15 - 15 = 0$$

(2)其他工作的总时差等于其紧后工作的总时差加本工作与该紧后工作之间的时间间隔所得之和的最小值,即:

$$TF_{i-j} = \min\{TF_{j-k} + LAG_{i-j,j-k}\} \tag{3-27}$$

式中:TF_{i-j}——工作 i—j 的总时差;

TF_{j-k}——工作 i—j 的紧后工作 j—k(非虚工作)的总时差;

$LAG_{i-j,j-k}$——工作 i—j 与其紧后工作 j—k(非虚工作)之间的时间间隔。

例如,在图 3-27 所示的时标网络计划中,工作 1—2、工作 1—4 和工作 3—5 的总时差分别为:

$$TF_{1-2} = TF_{2-7} + LAG_{1-2,2-7} = 4 + 0 = 4$$
$$TF_{1-4} = TF_{4-6} + LAG_{1-4,4-6} = 0 + 2 = 2$$
$$TF_{3-5} = \min\{TF_{5-7} + LAG_{3-5,5-7}, TF_{6-7} + LAG_{3-5,6-7}\}$$
$$= \min\{3 + 0, 0 + 1\}$$
$$= 1$$

3)工作自由时差的判定

(1)以终点节点为完成节点的工作,其自由时差应等于计划工期与本工作最早完成时间之差,即:

$$FF_{i-n} = T_p - EF_{i-n} \tag{3-28}$$

式中:FF_{i-n}——以网络计划终点节点 n 为完成节点的工作的总时差;

T_p——网络计划的计划工期;

EF_{i-n}——以网络计划终点节点 n 为完成节点的工作的最早完成时间。

例如,在图 3-27 所示的时标网络计划中,工作 2—7、工作 5—7 和工作 6—7 的自由时差分别为:

$$FF_{2-7} = T_p - EF_{2-7} = 15 - 11 = 4$$
$$FF_{5-7} = T_p - EF_{5-7} = 15 - 12 = 3$$
$$FF_{6-7} = T_p - EF_{6-7} = 15 - 15 = 0$$

事实上,以终点节点为完成节点的工作,其自由时差与总时差必然相等。

(2)其他工作的自由时差就是该工作箭线中波形线的水平投影长度。但当工作之后只紧接虚工作时,该工作箭线上一定不存在波形线,而其紧接的虚箭线中波形线水平投影长度的最小者为该工作的自由时差。

4)工作最迟开始时间和最迟完成时间的判定

(1)工作的最迟开始时间等于本工作的最早开始时间与其总时差之和,即:

$$LS_{i-j} = ES_{i-j} + TF_{i-j} \tag{3-29}$$

式中:LS_{i-j}——工作 i—j 的最迟开始时间;

ES_{i-j}——工作 i—j 的最早开始时间;

TF_{i-j}——工作 i—j 的总时差。

例如,在图 3-27 所示的时标网络计划中,工作 1—2、工作 1—4、工作 3—5、工作 2—7 和工作 5—7 的最迟开始时间分别为:

$$LS_{1-2} = ES_{1-2} + TF_{1-2} = 0 + 4 = 4$$
$$LS_{1-4} = ES_{1-4} + TF_{1-4} = 0 + 2 = 2$$
$$LS_{3-5} = ES_{3-5} + TF_{3-5} = 4 + 1 = 5$$
$$LS_{2-7} = ES_{2-7} + TF_{2-7} = 6 + 4 = 10$$
$$LS_{5-7} = ES_{5-7} + TF_{5-7} = 9 + 3 = 12$$

（2）工作的最迟完成时间等于本工作的最早完成时间与其总时差之和，即：

$$LF_{i-j} = EF_{i-j} + TF_{i-j} \tag{3-30}$$

式中：LF_{i-j}——工作 i—j 的最迟完成时间；

EF_{i-j}——工作 i—j 的最早完成时间；

TF_{i-j}——工作 i—j 的总时差。

例如，在图 3-27 所示的时标网络计划中，工作 1—2、工作 1—4、工作 3—5、工作 2—7 和工作 5—7 的最迟完成时间分别为：

$$LF_{1-2} = EF_{1-2} + TF_{1-2} = 6 + 4 = 10$$
$$LF_{1-4} = EF_{1-4} + TF_{1-4} = 2 + 2 = 4$$
$$LF_{3-5} = EF_{3-5} + TF_{3-5} = 9 + 1 = 10$$
$$LF_{2-7} = EF_{2-7} + TF_{2-7} = 11 + 4 = 15$$
$$LF_{5-7} = EF_{5-7} + TF_{5-7} = 12 + 3 = 15$$

图 3-27 所示的时标网络计划中时间参数的判定结果应与图 3-18 所示网络计划时间参数的计算结果完全一致。

第五节 网络计划的优化

网络计划的优化是指在一定约束条件下，按既定目标对网络计划进行不断改进，以寻求满意方案的过程。

网络计划的优化目标应按计划任务的需要和条件选定，包括工期目标、费用目标和资源目标。根据优化目标的不同，网络计划的优化可分为工期优化、费用优化和资源优化 3 种。

一、工期优化

所谓工期优化，是指网络计划的计算工期不满足要求工期时，通过压缩关键工作的持续时间以满足要求工期目标的过程。

1. 工期优化方法

网络计划工期优化的基本方法是在不改变网络计划中各项工作之间逻辑关系的前提下，通过压缩关键工作的持续时间来达到优化目标。在工期优化过程中，按照经济合理的原则，不能将关键工作压缩成非关键工作。此外，当工期优化过程中出现多条关键线路时，必须将各条关键线路的总持续时间压缩相同数值；否则，不能有效地缩短工期。

网络计划的工期优化可按下列步骤进行：

（1）确定初始网络计划的计算工期和关键线路。

（2）按要求工期计算应缩短的时间 ΔT：

$$\Delta T = T_c - T_r \tag{3-31}$$

式中：T_c——网络计划的计算工期；

T_r——要求工期。

(3)选择应缩短持续时间的关键工作。选择压缩对象时宜在关键工作中考虑下列因素：

①缩短持续时间对质量和安全影响不大的工作。

②有充足备用资源的工作。

③缩短持续时间所需增加的费用最少的工作。

(4)将选定的关键工作的持续时间压缩至最短，并重新确定计算工期和关键线路。若被压缩的工作变成非关键工作，则应延长其持续时间，使之仍为关键工作。

(5)当计算工期仍超过要求工期时，则重复步骤(2)~(4)，直至计算工期满足要求工期或计算工期已不能再缩短为止。

(6)当所有关键工作的持续时间都已达到其能缩短的极限而寻求不到继续缩短工期的方案，但网络计划的计算工期仍不能满足要求工期时，应对网络计划的原技术方案、组织方案进行调整，或对要求工期重新审定。

2. 工期优化示例

[**例3-5**] 已知某工程双代号网络计划如图3-28所示，图中箭线下方括号外数字为工作的正常持续时间，括号内数字为最短持续时间；箭线上方括号内数字为优选系数，该系数综合考虑质量、安全和费用增加情况而确定。选择关键工作压缩其持续时间时，应选择优选系数最小的关键工作。若需要同时压缩多个关键工作的持续时间，则它们的优选系数之和（组合优选系数）最小者应优先作为压缩对象。现假设要求工期为15d，试对其进行工期优化。

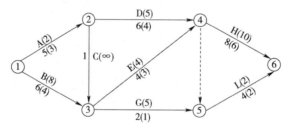

图3-28 初始网络计划

解：该网络计划的工期优化可按以下步骤进行：

(1)根据各项工作的正常持续时间，用标号法确定网络计划的计算工期和关键线路，如图3-29所示。此时关键线路为①—②—④—⑥。

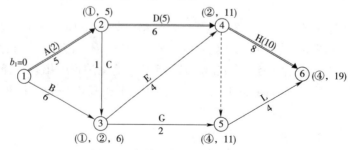

图3-29 初始网络计划中的关键线路

(2)计算应缩短的时间:
$$\Delta T = T_c - T_r = 19 - 15 = 4(d)$$

(3)由于此时关键工作为工作 A、工作 D 和工作 H,而其中工作 A 的优选系数最小,故应将工作 A 作为优先压缩对象。

(4)将关键工作 A 的持续时间压缩至最短持续时间 3d,利用标号法确定新的计算工期和关键线路,如图 3-30 所示。此时关键工作 A 被压缩成非关键工作,故将其持续时间 3d 延长为 4d,使之成为关键工作。工作 A 恢复为关键工作之后,网络计划中出现两条关键线路,即①—②—④—⑥和①—③—④—⑥,如图 3-31 所示。

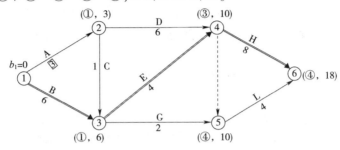

图 3-30 工作压缩最短时的关键线路

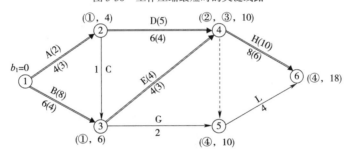

图 3-31 第一次压缩后的网络计划

(5)由于此时计算工期为 18d,仍大于要求工期,故需继续压缩。需要缩短的时间:$\Delta T_1 = 18 - 15 = 3(d)$。

第一次压缩后的网络计划中有以下 5 个压缩方案:
①同时压缩工作 A 和工作 B,组合优选系数为:2 + 8 = 10。
②同时压缩工作 A 和工作 E,组合优选系数为:2 + 4 = 6。
③同时压缩工作 B 和工作 D,组合优选系数为:8 + 5 = 13。
④同时压缩工作 D 和工作 E,组合优选系数为:5 + 4 = 9。
⑤压缩工作 H,优选系数为 10。

在上述压缩方案中,由于工作 A 和工作 E 的组合优选系数最小,故应选择同时压缩工作 A 和工作 E 的方案。将这两项工作的持续时间各压缩 1d(压缩至最短),再用标号法确定计算工期和关键线路,如图 3-32 所示。此时,关键线路仍为两条,即①—②—④—⑥和①—③—④—⑥。

在图 3-32 中,关键工作 A 和关键工作 E 的持续时间已达最短,不能再压缩,它们的优选系数变为无穷大。

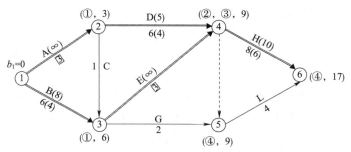

图 3-32 第二次压缩后的网络计划

（6）由于此时计算结果为 17d，仍大于要求工期，故需继续压缩。需要缩短的时间：$\Delta T_2 = 17 - 15 = 2(d)$。在图 3-32 所示网络计划中，由于关键工作 A 和关键工作 E 已不能再压缩，故此时只有两个压缩方案：

①同时压缩工作 B 和工作 D，组合优选系数为：$8 + 5 = 13$。

②压缩工作 H，优选系数为 10。

在上述压缩方案中，由于工作 H 的优选系数最小，故应选择压缩工作 H 的方案。将工作 H 的持续时间缩短 2d，再用标号法确定计算工期和关键线路，如图 3-33 所示。此时，计算工期为 15d，已等于要求工期，故图 3-33 所示网络计划为优化方案。

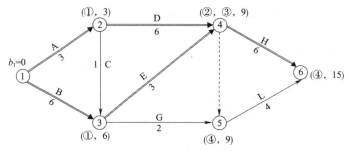

图 3-33 工期优化后的网络计划

二、费用优化

费用优化又称工期成本优化，是指寻求工程总成本最低时的工期安排，或按要求工期寻找最低成本的计划安排的过程。

1. 费用和时间的关系

在建设工程施工过程中，完成一项工作通常可以采用多种施工方法和组织方法，而不同的施工方法和组织方法，又会有不同的持续时间和费用。由于一项建设工程往往包含许多工作，所以在安排建设工程进度计划时，就会出现许多方案。进度方案不同，所对应的总工期和总费用也就不同。为了能从多种方案中找出总成本最低的方案，必须先分析费用和时间之间的关系。

1）工程费用与工期的关系

工程总费用由直接费和其他费用组成。直接费由人工费、材料费、机械使用费等组成。施工方案不同，直接费也就不同；如果施工方案一定，工期不同，直接费也不同。直接费会随着工期的缩短而增加。其他费用包括企业经营管理的全部费用，它一般会随工期的缩短而减少。在考虑工程总费用时,还应考虑工期变化带来的其他损益,包括效益增量、资金的时间价值等。工程费用与工期的关系如图3-34所示。

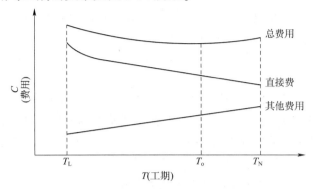

图3-34 费用-工期曲线

T_L-最短工期;T_o-最优工期;T_N-正常工期

2）工作直接费与持续时间的关系

由于网络计划的工期取决于关键工作的持续时间,为了进行工期成本优化,必须分析网络计划中各项工作的直接费与持续时间之间的关系,它是网络计划工期成本优化的基础。

工作直接费与持续时间之间的关系类似于工程直接费与工期之间的关系,工作直接费随着持续时间的缩短而增加,如图3-35所示。为简化计算,工作直接费与持续时间之间的关系被近似地认为是一条直线关系。当工作划分不是很粗时,其计算结果还是比较精确的。

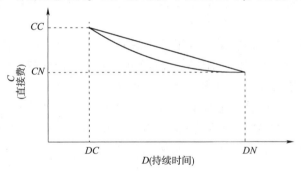

图3-35 直接费-持续时间曲线

DN-工作的正常持续时间;CN-按正常持续时间完成工作所需的直接费;DC-工作的最短持续时间;CC-按最短持续时间完成工作所需的直接费

工作的持续时间每缩短单位时间而增加的直接费称为直接费用率。直接费用率可按式(3-32)计算：

$$\Delta C_{i-j} = \frac{CC_{i-j} - CN_{i-j}}{DN_{i-j} - DC_{i-j}} \tag{3-32}$$

式中：ΔC_{i-j}——工作 i—j 的直接费用率;

CC_{i-j}——按最短持续时间完成工作 i—j 时所需的直接费;

CN_{i-j}——按正常持续时间完成工作 i—j 时所需的直接费;

DN_{i-j}——工作 i—j 的正常持续时间;

DC_{i-j}——工作 i—j 的最短持续时间。

从式(3-32)可以看出,工作直接费用率越大,说明将该工作的持续时间缩短一个时间单位,所需增加的直接费就越多;反之,将该工作的持续时间缩短一个时间单位,所需增加的直接费就越少。因此,在压缩关键工作持续时间以达到缩短工期的目的时,应将直接费用率最小的关键工作作为压缩对象。当有多条关键线路出现而需要同时压缩多个关键工作的持续时间时,应将它们的直接费用率之和(组合直接费用率)最小者作为压缩对象。

2. 费用优化方法

费用优化的基本思路,即不断地在网络计划中找出直接费用率(或组合直接费用率)最小的关键工作,缩短其持续时间,同时考虑其他费用随工期缩短而减少的数值,最后求得工程总成本最低时的最优工期安排或按要求工期求得最低成本的计划安排。

按照上述基本思路,费用优化可按以下步骤进行:

(1) 按工作的正常持续时间确定计算工期和关键线路。

(2) 计算各项工作的直接费用率。直接费用率的计算按式(3-32)进行。

(3) 当只有一条关键线路时,应找出直接费用率最小的一项关键工作,作为缩短持续时间的对象;当有多条关键线路时,应找出组合直接费用率最小的一组关键工作,作为缩短持续时间的对象。

(4) 对于选定的压缩对象(一项关键工作或一组关键工作),首先比较其直接费用率或组合直接费用率与工程其他费用率的大小:

① 如果被压缩对象的直接费用率或组合直接费用率大于工程其他费用率,说明压缩关键工作的持续时间会使工程总费用增加,此时应停止缩短关键工作的持续时间,在此之前的方案为优化方案。

② 如果被压缩对象的直接费用率或组合直接费用率等于工程其他费用率,说明压缩关键工作的持续时间不会使工程总费用增加,故应缩短关键工作的持续时间。

③ 如果被压缩对象的直接费用率或组合直接费用率小于工程其他费用率,说明压缩关键工作的持续时间会使工程总费用减少,故应缩短关键工作的持续时间。

(5) 当需要缩短关键工作的持续时间时,其缩短值的确定必须符合下列两条原则:

① 缩短后工作的持续时间不能小于最短持续时间。

② 缩短持续时间的工作不能变成非关键工作。

(6) 计算关键工作持续时间缩短后相应增加的总费用。

(7) 重复步骤(3)~(6),直至计算工期满足要求工期或被压缩对象的直接费用率或组合直接费用率大于工程间接费用率为止。

(8) 计算优化后的工程总费用。

3. 费用优化示例

[例3-6] 已知某工程双代号网络计划如图3-36所示,图中箭线下方括号外数字为工作的正常时间,括号内数字为最短持续时间;箭线上方括号外数字为工作按正常持续时间完成时所需的直接费,括号内数字为工作按最短持续时间完成时所需的直接费。该工程的其他费用率为0.8万元/d,试对其进行费用优化。

解:该网络计划的费用优化可按以下步骤进行:

(1) 根据各项工作的正常持续时间,用标号法确定网络计划的计算工期和关键线路,如

图 3-37 所示。计算工期为 19d,关键线路有 2 条,即①—③—④—⑥和①—③—④—⑤—⑥。

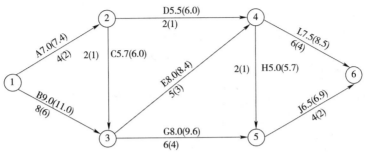

图 3-36 初始网络计划
(费用单位:万元;时间单位:d)

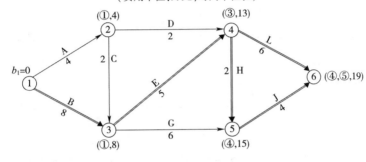

图 3-37 初始网络计划中的关键线路

(2)计算各项工作的直接费用率:

$$\Delta C_{1-2} = \frac{CC_{1-2} - CN_{1-2}}{DN_{1-2} - DC_{1-2}} = \frac{7.4 - 7.0}{4 - 2} = 0.2(万元/d)$$

$$\Delta C_{1-3} = \frac{CC_{1-3} - CN_{1-3}}{DN_{1-3} - DC_{1-3}} = \frac{11.0 - 9.0}{8 - 6} = 1.0(万元/d)$$

$$\Delta C_{2-3} = \frac{CC_{2-3} - CN_{2-3}}{DN_{2-3} - DC_{2-3}} = \frac{6.0 - 5.7}{2 - 1} = 0.3(万元/d)$$

$$\Delta C_{2-4} = \frac{CC_{2-4} - CN_{2-4}}{DN_{2-4} - DC_{2-4}} = \frac{6.0 - 5.5}{2 - 1} = 0.5(万元/d)$$

$$\Delta C_{3-4} = \frac{CC_{3-4} - CN_{3-4}}{DN_{3-4} - DC_{3-4}} = \frac{8.4 - 8.0}{5 - 3} = 0.2(万元/d)$$

$$\Delta C_{3-5} = \frac{CC_{3-5} - CN_{3-5}}{DN_{3-5} - DC_{3-5}} = \frac{9.6 - 8.0}{6 - 4} = 0.8(万元/d)$$

$$\Delta C_{4-5} = \frac{CC_{4-5} - CN_{4-5}}{DN_{4-5} - DC_{4-5}} = \frac{5.7 - 5.0}{2 - 1} = 0.7(万元/d)$$

$$\Delta C_{4-6} = \frac{CC_{4-6} - CN_{4-6}}{DN_{4-6} - DC_{4-6}} = \frac{8.5 - 7.5}{6 - 4} = 0.5(万元/d)$$

$$\Delta C_{5-6} = \frac{CC_{5-6} - CN_{5-6}}{DN_{5-6} - DC_{5-6}} = \frac{6.9 - 6.5}{4 - 2} = 0.2(万元/d)$$

(3)计算工程总费用:

①直接费总和：$C_d = 7.0 + 9.0 + 5.7 + 5.5 + 8.0 + 8.0 + 5.0 + 7.5 + 6.5 = 62.2$（万元）。

②其他费用总和：$C_i = 0.8 \times 19 = 15.2$（万元）。

③工程总费用：$C_t = C_d + C_i = 62.2 + 15.2 = 77.4$（万元）。

（4）通过压缩关键工作的持续时间进行费用优化（优化过程见表3-8）。

费用优化表　　　　　　　　　　　　　　　　　表3-8

压缩次数	被压缩的工作代号	被压缩的工作名称	直接费用率或组合直接费用率/（万元/d）	费率差/（万元/d）	缩短时间	费用增加值/万元	总工期/d	总费用/万元
0							19	77.4
1	3—4	E	0.2	-0.6	1	-0.6	18	76.8
2	3—4 5—6	E、J	0.4	-0.4	1	-0.4	17	76.4
3	4—6 5—6	L、J	0.7	-0.1	1	-0.1	16	76.3
4	1—3	B	1.0	+0.2				

注：费率差是指工作的直接费用率与工程间接费用率之差，它表示工期缩短单位时间时工程总费用增加的数值。

①第一次压缩。

由图3-37可知，该网络计划中有两条关键线路，为了同时缩短两条关键线路的时间，有以下4个压缩方案：

a. 压缩工作B，直接费用率为1.0万元/d。

b. 压缩工作E，直接费用率为0.2万元/d。

c. 同时压缩工作H和工作L，组合直接费用率为：$0.7 + 0.5 = 1.2$（万元/d）。

d. 同时压缩工作L和工作J，组合直接费用率为：$0.5 + 0.2 = 0.7$（万元/d）。

在上述压缩方案中，由于工作E的直接费用率最小，故应选择工作E作为压缩对象。工作E的直接费用率为0.2万元/d，小于其他费用率0.8万元/d，说明压缩工作E可使工程总费用降低。将工作E的持续时间压缩至最短持续时间3d，利用标号法重新确定计算工期和关键线路，如图3-38所示。此时，关键工作E被压缩成非关键工作，故将其持续时间延长为4d，成为关键工作。第一次压缩后的网络计划如图3-39所示。图中箭线上方括号内数字为工作的直接费用率。

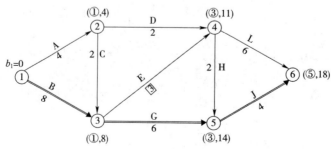

图3-38　工作E压缩至最短时的关键线路

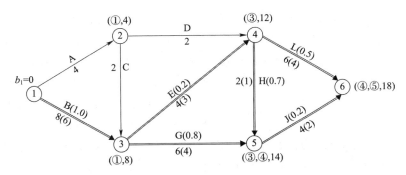

图3-39 第一次压缩后的网络计划

② 第二次压缩。

由图3-39可知,该网络计划中有3条关键线路。即①—③—④—⑥,①—③—④—⑤—⑥和①—③—⑤—⑥。为了同时缩短3条关键线路的总持续时间,有以下5个压缩方案:

a. 压缩工作B,直接费用率为1.0万元/d。

b. 同时压缩工作E和工作G,组合直接费用率为:0.2 + 0.8 = 1.0(万元/d)。

c. 同时压缩工作E和工作J,组合直接费用率为:0.2 + 0.2 = 0.4(万元/d)。

d. 同时压缩工作G、工作H和工作L,组合直接费用率为:0.8 + 0.7 + 0.5 = 2.0(万元/d)。

e. 同时压缩工作L和工作J,组合直接费用率为:0.5 + 0.2 = 0.7(万元/d)。

在上述压缩方案中,由于工作E和工作J的组合直接费用率最小,故应选择工作E和工作J作为压缩对象。工作E和工作J的组合直接费用率为0.4万元/d,小于其他费用率0.8万元/d,说明同时压缩工作E和工作J可使工程总费用降低。由于工作E的持续时间只能压缩1d,工作J的持续时间也只能随之压缩1d。工作E和工作J的持续时间同时压缩1d后,利用标号法重新确定计算工期和关键线路。此时,关键线路由压缩前的3条变为2条,即①—③—④—⑥和①—③—⑤—⑥。原来的关键工作H未经压缩而被动地变成了非关键工作。第二次压缩后的网络计划如图3-40所示。此时,关键工作E的持续时间已达最短,不能再压缩,故其直接费用率变为无穷大。

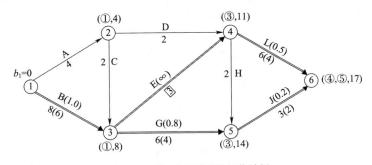

图3-40 第二次压缩后的网络计划

③ 第三次压缩。

由图3-40可知,工作E不能再压缩,而为了同时缩短2条关键线路①—③—④—⑥和①—③—⑤—⑥的总持续时间,只有以下3个压缩方案:

a. 压缩工作B,直接费用率为1.0万元/d。

b. 同时压缩工作G和工作J,组合直接费用率为:0.8 + 0.5 = 1.3(万元/d)。

c. 同时压缩工作 L 和工作 J,组合直接费用率为:0.5 + 0.2 = 0.7(万元/d)。

在上述压缩方案中,由于工作 L 和工作 J 的组合直接费用率最小,故应选择工作 L 和工作 J 作为压缩对象。工作 L 和工作 J 的组合直接费用率为 0.7 万元/d,小于其他费用率 0.8 万元/d,说明同时压缩工作 L 和工作 J 可使工程总费用降低。由于工作 J 的持续时间只能压缩 1d,工作 L 的持续时间随之压缩 1d。工作 L 和工作 J 的持续时间同时压缩 1d 后,利用标号法重新确定计算工期和关键线路。此时,关键线路仍然为 2 条,即①—③—④—⑥和①—③—⑤—⑥。第三次压缩后的网络计划如图 3-41 所示。此时,关键工作 J 的持续时间已达最短,不能再压缩,故其直接费用率变为无穷大。

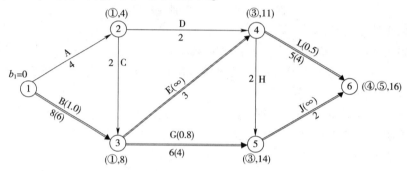

图 3-41 第二次压缩后的网络计划

④第四次压缩。

由图 3-41 可知,工作 E 和工作 J 不能再压缩,而为了同时缩短 2 条关键线路①—③—④—⑥和①—③—⑤—⑥的总持续时间,只有以下 2 个压缩方案:

a. 压缩工作 B,直接费用率为 1.0 万元/d。

b. 同时压缩工作 G 和工作 J,组合直接费用率为:0.8 + 0.5 = 1.3(万元/d)。

在上述压缩方案中,由于工作 B 的直接费用率最小,故应选择工作 B 作为压缩对象。但是,工作 B 的直接费用率为 1.0 万元/d,大于其他费用率 0.8 万元/d,说明压缩工作 B 会使工程总费用增加。因此,不需要压缩工作 B,优化方案已得到,优化后的网络计划如图 3-42 所示。图中箭线上方括号内数字为工作的直接费。

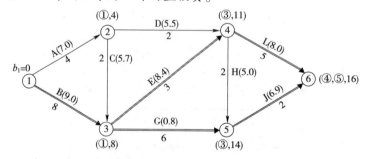

图 3-42 费用优化后的网络计划

(5)计算优化后的工程总费用:

①直接费总和:$C_d = 7.0 + 9.0 + 5.7 + 5.5 + 8.4 + 8.0 + 5.0 + 8.0 + 6.9 = 63.5$(万元)。

②间接费总和:$C_i = 0.8 \times 16 = 12.8$(万元)。

③工程总费用:$C_{t0} = C_{d0} + C_{i0} = 63.5 + 12.8 = 76.3$(万元)。

三、资源优化

资源是指为完成一项计划任务所需投入的人力、材料、机械设备、资金等。完成一项工程任务所需要的资源量基本上是不变的,不可能通过资源优化将其减少。资源优化的目的是通过改变工作的开始时间和完成时间,使资源按照时间的分布符合优化目标。

在通常情况下,网络计划的资源优化分为两种,即"资源有限,工期最短"的优化和"工期固定,资源均衡"的优化。前者是通过调整计划安排,在满足资源限制条件下,使工期延长最少的过程;而后者是通过调整计划安排,在工期保持不变的条件下,使资源需用量尽可能均衡的过程。

(1)在优化过程中,不改变网络计划中各项工作之间的逻辑关系。
(2)在优化过程中,不改变网络计划中各项工作的持续时间。
(3)网络计划中各项工作的资源强度(单位时间所需资源数量)为常数,而且是合理的。
(4)除规定可中断的工作外,一般不允许中断工作,应保持其连续性。

为简化问题,这里假定网络计划中的所有工作需要同一种资源。

1."资源有限,工期最短"的优化

1)优化步骤

"资源有限,工期最短"的优化一般可按以下步骤进行:

(1)按照各项工作的最早开始时间安排进度计划,并计算网络计划每个时间单位的资源需用量。

(2)从计划开始日期起,逐个检查每个时段(每个时间单位资源需用量相同的时间段)资源需用量是否超过所能供应的资源限量。若在整个工期范围内每个时段的资源需用量均能满足资源限量的要求,则可行优化方案编制完成;否则,必须转入下一步进行计划的调整。

(3)分析超过资源限量的时段。若在该时段内有几项工作平行作业,则采取将一项工作安排在与之平行的另一项工作之后进行的方法,以降低该时段的资源需用量。

对于两项平行作业的工作 m 和工作 n 来说,为了降低相应的资源需用量,现将工作 n 安排在工作 m 之后进行,如图 3-43 所示。

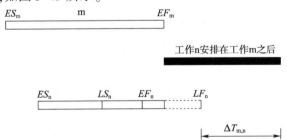

图 3-43 m、n 两项工作的排序

若将工作 n 安排在工作 m 之后进行,则网络计划的工期延长值为:

$$\Delta T_{m,n} = EF_m + D_n - LF_n \\ = EF_m - (LF_n - D_n) \\ = EF_m - LS_n$$

式中：$\Delta T_{m,n}$——将工作 n 安排在工作 m 之后进行网络计划的工期延长值；

EF_m——工作 m 的最早完成时间；

D_n——工作 n 的持续时间；

LF_m——工作 n 的最迟完成时间；

LS_n——工作 n 的最迟开始时间。

这样，在有资源冲突的时段中，对平行作业的工作进行两两排序，即可得出若干个 $\Delta T_{m,n}$，选择其中最小的 $\Delta T_{m,n}$，将相应的工作 n 安排在工作 m 之后进行，既可降低该时段的资源需用量，又使网络计划的工期延长最短。

（4）对调整后的网络计划安排重新计算每个时间单位的资源需用量。

（5）重复步骤（2）～（4），直至网络计划整个工期范围内每个时间单位的资源需用量均满足资源限量为止。

2）优化示例

[**例 3-7**] 已知某工程双代号网络计划如图 3-44 所示，图中箭线上方数字为工作的资源强度，箭线下方数字为工作的持续时间。假定资源限量 $R_a = 12$，试对其进行"资源有限，工期最短"的优化。

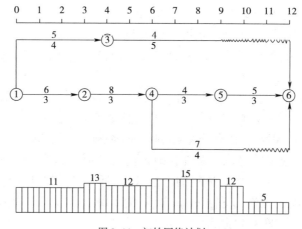

图 3-44 初始网络计划

解：该网络计划"资源有限，工期最短"的优化可按以下步骤进行：

（1）计算网络计划每个时间单位的资源需用量，绘出资源需用量动态曲线，如图 3-44 所示。

（2）从计划开始日期起，经检查发现第二个时段[3,4]存在资源冲突，即资源需用量超过资源限量，故应首先调整该时段。

（3）在时段[3,4]有工作 1—3 和工作 2—4 两项工作平行作业，利用式（3-31）计算 ΔT 值，其结果见表 3-9。

ΔT 值 计 算 表 表 3-9

工作序号	工作代号	最早完成时间	最早开始时间	$\Delta T_{1,2}$	$\Delta T_{2,1}$
1	1—3	4	3	1	
2	2—4	6	3		3

由表 3-9 可知,$\Delta T_{1,2}=1$ 最小,说明将第 2 号工作(工作 2—4)安排在第 1 号工作(工作 1—3)之后进行,工期延长最短,只延长 1。因此,将工作 2—4 安排在工作 1—3 之后进行,调整后的网络计划如图 3-45 所示。

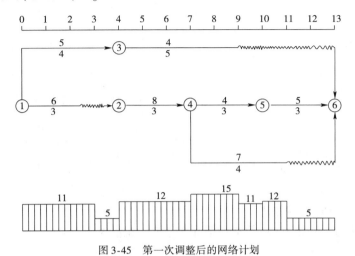

图 3-45 第一次调整后的网络计划

(4)重新计算调整后的网络计划每个时间单位的资源需用量,绘出资源需用量动态曲线,如图 3-45 所示。从图中可知,在第四时段[7,9]存在资源冲突,故应调整该时段。

(5)在时段[7,9]有工作 3—6、工作 4—5 和工作 4—6 三项工作平行作业,利用式(3-31)计算 ΔT 值,其结果见表 3-10。

ΔT 值 计 算 表　　　　　　　　表 3-10

工作序号	工作代号	最早完成时间	最早开始时间	$\Delta T_{1,2}$	$\Delta T_{1,3}$	$\Delta T_{2,1}$	$\Delta T_{2,3}$	$\Delta T_{3,1}$	$\Delta T_{3,2}$
1	3—6	9	8	2	0				
2	4—5	10	7			2	1		3
3	4—6	11	9					3	4

由表 3-10 可知,$\Delta T_{1,3}=0$ 最小,说明将第 3 号工作(工作 4—6)安排在第 1 号工作(工作 3—6)之后进行,工期不延长。因此,将工作 4—6 安排在工作 3—6 之后进行,调整后的网络计划如图 3-46 所示。

(6)重新计算调整后的网络计划每个时间单位的资源需用量,绘出资源需用量动态曲线,如图 3-46 所示。由于此时整个工期范围内的资源需用量均未超过资源限量,故图 3-46 所示方案为最优方案,其最短工期为 13。

2."工期固定,资源均衡"的优化

安排建设工程进度计划时,需要使资源需用量尽可能地均衡,使整个工程每个时间单位的资源需用量不出现高峰和低谷,这样不仅有利于工程建设的组织与管理,而且有利于降低工程费用。

"工期固定,资源均衡"的优化方法有多种,如方差值最小法、极差值最小法、消高峰法等。这里仅介绍方差值最小法。

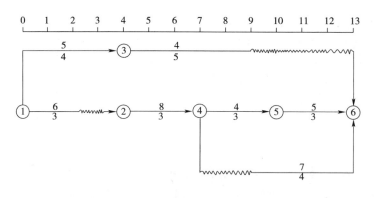

图 3-46 优化后的网络计划

1) 方差值最小法的基本原理

现假设已知某工程网络计划的资源需用量,则其方差为:

$$\sigma^2 = \frac{1}{T}\sum_{t=1}^{T}(R_t - R_m)^2 \tag{3-33}$$

式中:σ^2——资源需用量方差;

T——网络计划的计算工期;

R_t——第 t 个时间单位的资源需用量;

R_m——资源需用量的平均值。

式(3-33)可以简化为:

$$\sigma^2 = \frac{1}{T}\sum_{t=1}^{T}R_t^2 - 2R_m \times \frac{\sum_{t=1}^{T}R_t}{T} + \frac{1}{T}\sum_{t=1}^{T}R_m^2$$

$$= \frac{1}{T}\sum_{t=1}^{T}R_t^2 - 2R_m \times R_m + \frac{1}{T} \times T \times R_m^2$$

$$= \frac{1}{T}\sum_{t=1}^{T}R_t^2 - R_m^2 \tag{3-34}$$

由式(3-34)可知,由于工期 T 和资源需用量的平均值 R_m 均为常数,为使方差 σ^2 最小,必须使资源需用量的平方和最小。

对于网络计划中某项工作 K 而言,其资源强度为 γ_K。在调整计划前,工作 K 从第 i 个时间单位开始,到第 j 个时间单位完成,则此时网络计划资源需用量的平方和为:

$$\sum_{t=1}^{T}R_{t0}^2 = R_1^2 + R_2^2 + \cdots + R_i^2 + R_{i+1}^2 + \cdots + R_j^2 + R_{j+1}^2 + \cdots + R_T^2 \tag{3-35}$$

若将工作 K 的开始时间右移一个时间单位,即工作 K 从第 $i+1$ 个时间单位开始,到第 $j+1$ 个时间单位完成,则此时网络计划资源需用量的平方和为:

$$\sum_{t=1}^{T}R_{t1}^2 = R_1^2 + R_2^2 + \cdots + (R_i - \gamma_K)^2 + R_{i+1}^2 + \cdots + R_j^2 + (R_{j+1} + \gamma_K)^2 + \cdots + R_T^2 \tag{3-36}$$

比较式(3-36)和式(3-35)可以得到,当工作 K 的开始时间右移一个时间单位时,网络计划资源需用量平方和的增量 Δ 为:

$$\Delta = (R_i - \gamma_K)^2 - R_i^2 + (R_{j+1} + \gamma_K)^2 - R_{j+1}^2$$

即:
$$\Delta = 2\gamma_K(R_{j+i} + \gamma_K - R_i) \tag{3-37}$$

如果资源需用量平方和的增量 Δ 为负值,说明工作 K 的开始时间右移一个时间单位能使资源需用量的平方和减小,也就使资源需用量的方差减小,从而使资源需用量更均衡。因此,工作 K 的开始时间能够右移的判别式是:
$$\Delta = 2\gamma_K(R_{j+i} + \gamma_K - R_i) \leq 0 \tag{3-38}$$

由于工作 K 的资源强度 γ_K 不可能为负值,故判别式(3-38)可以简化为:
$$R_{j+i} + \gamma_K - R_i \leq 0$$

即:
$$R_{j+i} + \gamma_K \leq R_i \tag{3-39}$$

判别式(3-39)表明,当网络计划中工作 K 完成时间之后的每个时间单位所对应的资源需用量 R_{j+i} 与工作 K 的资源强度 γ_K 之和不超过工作 K 开始时所对应的资源需用量 R_i 时,将工作 K 右移一个时间单位能使资源需用量更加均衡。这时,就应将工作 K 右移一个时间单位。

同理,如果判别式(3-40)成立,说明将工作 K 左移一个时间单位能使资源需用量更加均衡。这时,就应将工作 K 左移一个时间单位:
$$R_{i-1} + \gamma_K \leq R_j \tag{3-40}$$

如果工作 K 不满足判别式(3-39)或判别式(3-40),说明工作右移或左移一个时间单位不能使资源需用量更加均衡,这时可以考虑在其总时差允许的范围内,将工作 K 右移或左移数个时间单位。

向右移时,判别式为:
$$[(R_{j+1} + \gamma_K) + (R_{j+2} + \gamma_K) + (R_{j+3} + \gamma_K) + \cdots] \leq [R_i + R_{i+1} + R_{i+2} + \cdots] \tag{3-41}$$

向左移时,判别式为:
$$[(R_{i-1} + \gamma_K) + (R_{i-2} + \gamma_K) + (R_{i-3} + \gamma_K) + \cdots] \leq [R_j + R_{j-1} + R_{j-3} + \cdots] \tag{3-42}$$

2) 优化步骤

按方差值最小法的优化原理,"工期固定,资源均衡"的优化一般可按以下步骤进行:

(1) 按照各项工作的最早开始时间安排进度计划,并计算网络计划每个时间单位的资源需用量。

(2) 从网络计划的终点节点开始,按工作完成节点编号值从大到小的顺序依次进行调整。当某一节点同时作为多项工作的完成节点时,应先调整开始时间较迟的工作。

在调整工作时,一项工作能够右移或左移的条件是:

① 工作具有机动时间,在不影响工期的前提下能够右移或左移;

② 工作满足判别式(3-39)或判别式(3-40),或者满足判别式(3-41)或判别式(3-42)。

只有同时满足以上两个条件,才能调整该工作,将其右移或左移至相应位置。

(3) 当所有工作均按上述顺序自左向右调整了一次之后,为使资源需用量更加均衡,再按上述顺序自右向左进行多次调整,直至所有工作既不能右移也不能左移为止。

3) 优化示例

[**例 3-8**] 已知某工程代号网络计划如图 3-47 所示,图中箭线上方数字为工作的资源

强度,箭线下方数字为工作的持续时间。对其进行"工期固定,资源均衡"的优化。

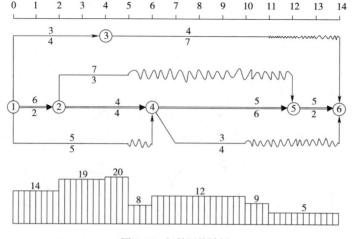

图 3-47 初始网络计划

解:该网络计划"工期固定,资源均衡"的优化可按以下步骤进行:

(1) 计算网络计划每个时间单位的资源需用量,绘出资源需用量动态曲线,如图 3-47 所示。由于总工期为 14d,故资源需用量的平均值为:

$$R_\mathrm{m} = \frac{2 \times 14 + 2 \times 19 + 20 + 8 + 4 \times 12 + 9 + 3 \times 5}{14} = \frac{166}{14} = 11.86$$

(2) 第一次调整:

① 以终点节点⑥为完成节点的工作有 3 项,即工作 3—6、工作 5—6 和工作 4—6。其中工作 5—6 为关键工作。由于工作 5—6 工期固定而不能调整,只能考虑工作 3—6 和工作 4—6。

由于工作 4—6 的开始时间晚于工作 3—6 的开始时间,应先调整工作 4—6。在图 3-47 中,按照判别式(3-39):

a. 由于 $R_{11} + \gamma_{4-6} = 9 + 3 = 12$,$R_7 = 12$,二者相等,故工作 4—6 可右移一个时间单位,改为第 8 个时间单位开始。

b. 由于 $R_{12} + \gamma_{4-6} = 5 + 3 = 8$,小于 $R_8 = 12$,故工作 4—6 再右移一个时间单位,改为第 9 个时间单位开始。

c. 由于 $R_{13} + \gamma_{4-6} = 5 + 3 = 8$,小于 $R_9 = 12$,故工作 4—6 可再右移一个时间单位,改为第 10 个时间单位开始。

d. 由于 $R_{14} + \gamma_{4-6} = 5 + 3 = 8$,小于 $R_{10} = 12$,故工作 4—6 可再右移一个时间单位,改为第 11 个时间单位开始。

至此,工作 4—6 的总时差已全部用完,不能再右移。工作 4—6 调整后的网络计划如图 3-48 所示。

工作 4—6 调整后,就应对工作 3—6 进行调整。在图 3-48 中,按照判别式(3-39):

a. 由于 $R_{12} + \gamma_{3-6} = 8 + 4 = 12$,小于 $R_5 = 20$,故工作 3—6 可右移一个时间单位,改为第 6 个时间单位开始。

b. 由于 $R_{13} + \gamma_{3-6} = 8 + 4 = 12$,大于 $R_6 = 8$,故工作 3—6 不能右移一个时间单位。

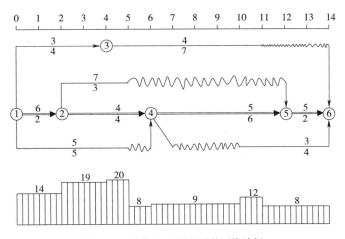

图 3-48 工作 4—6 调整后的网络计划

c. 由于 $R_{14}+\gamma_{3-6}=8+4=12$，大于 $R_7=9$，故工作 3—6 也不能右移两个时间单位。

由于工作 3—6 的总时差只有 3，故该工作此时只能右移一个时间单位，改为第 6 个时间单位开始。工作 3—6 调整后的网络计划如图 3-49 所示。

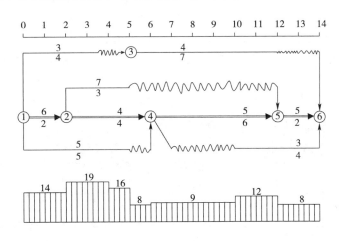

图 3-49 工作 3—6 调整后的网络计划

②以节点⑥为完成节点的工作有两项，即工作 2—5 和工作 4—5。其中工作 4—5 为关键工作，不能移动，故只能调整工作 2—5。在图 3-49 中，按照判别式(3-39)：

a. 由于 $R_6+\gamma_{2-5}=8+7=15$，小于 $R_3=19$，故工作 2—5 可右移一个时间单位，改为第 4 个时间单位开始。

b. 由于 $R_7+\gamma_{2-5}=9+7=16$，小于 $R_4=19$，故工作 2—5 再右移一个时间单位，改为第 5 个时间单位开始。

c. 由于 $R_8+\gamma_{2-5}=9+7=16$，$R_5=16$，二者相等，故工作 2—5 可再右移一个时间单位，改为第 6 个时间单位开始。

d. 由于 $R_9+\gamma_{2-5}=9+7=16$，大于 $R_6=8$，故工作 2—5 不可右移一个时间单位。

此时，工作 2—5 虽然还有总时差，但不能满足判别式(3-39)或判别式(3-41)，故工作 2—5 不能再右移。至此，工作 2—5 只能右移 3 个时间单位，改为第 6 个时间单位开始。工作 2—5 调整后的网络计划如图 3-50 所示。

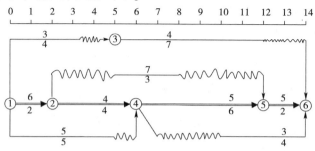

图 3-50 工作 2—5 调整后的网络计划

③ 以节点④为完成节点的工作有两项,即工作 1—4 和工作 2—4。其中工作 2—4 为关键工作,不能移动,故只能考虑调整工作 1—4。

在图 3-50 中,由于 $R_6 + \gamma_{1-4} = 15 + 5 = 20$,大于 $R_6 = 14$,不能满足判别式(3-39),故工作 1—4 不可右移。

④ 以节点③为完成节点的工作只有工作 1—3,在图 3-50 中,由于 $R_5 + \gamma_{1-3} = 9 + 3 = 12$,小于 $R_1 = 14$,故工作 1—3 可右移一个时间单位。工作 1—3 调整后的网络计划如图 3-51 所示。

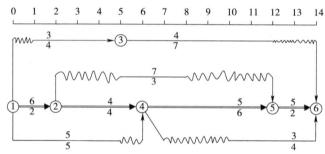
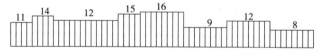

图 3-51 工作 1—3 调整后的网络计划

⑤ 以节点②为完成节点的工作只有工作 1—2,由于该工作为关键工作,不能移动。至此,第一次调整结束。

(3) 第二次调整:

由图 3-51 可知,在以终点节点⑥为完成节点的工作中,只有工作 3—6 有机动时间,有可能右移。按照判别式(3-39):

① 由于 $R_{13} + \gamma_{3-6} = 8 + 4 = 12$,小于 $R_6 = 15$,故工作 3—6 可右移一个时间单位,改为第 7 个时间单位开始。

② 由于 $R_{14} + \gamma_{3-6} = 8 + 4 = 12$,小于 $R_7 = 16$,故工作 3—6 可再右移一个时间单位,改为第

8个时间单位开始。

至此,工作3—6的总时差已全部用完,不能再右移。工作3—6调整后的网络计划如图3-52所示。

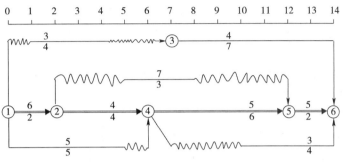

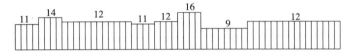

图3-52 优化后的网络计划

由图3-52可知,此时所有工作右移或左移均不能使资源需用量更加均衡。因此,图3-52所示网络计划为最优方案。

(4)比较优化前后的方案值。

①根据图3-52可知,优化方案的方差值由式(3-34)得:

$$\sigma_0^2 = \frac{1}{14} \times (11^2 \times 2 + 14^2 + 12^2 \times 8 + 16^2 + 9^2 \times 2) - 11.86^2$$

$$= \frac{1}{14} \times 2008 - 11.86^2 = 2.77$$

②根据图3-47可知,初始方案的方差值由式(3-34)得:

$$\sigma_0^2 = \frac{1}{14} \times (14^2 \times 2 + 19^2 \times 2 + 20^2 + 8^2 + 12^2 \times 4 + 9^2 + 5^2 \times 3) - 11.86^2$$

$$= \frac{1}{14} \times 2310 - 11.86^2 = 24.34$$

③方差降低率为:

$$\frac{24.34 - 2.77}{24.34} \times 100\% = 88.62\%$$

第六节　网络图的检查与调整

一、实际进度与计划进度的比较方法

实际进度与计划进度的比较是建设工程进行进度监测的主要环节。常用的进度比较方法有横道图、S曲线、香蕉曲线、前锋线和列表比较法。在此主要介绍前锋线比较法。

前锋线比较法是通过绘制某检查时刻工程项目实际进度前锋线,进行工程实际进度与

计划进度比较的方法,它主要适用于时标网络计划。所谓前锋线,是指在原时标网络计划上从检查时刻的时标点出发,用点画线依次将各项工作实际进展位置点连接而成的折线。前锋线比较法就是通过实际进度前锋线与原进度计划中各工作箭线交点的位置来判断工作实际进度与计划进度的偏差,进而判定该偏差对后续工作及总工期影响程度的一种方法。

采用前锋线比较法进行实际进度与计划进度的比较,其步骤如下。

1. 绘制时标网络计划图

工程项目实际进度前锋线在时标网络计划图上标示,为清楚起见,可在时标网络计划图的上方和下方各设一时间坐标。

2. 绘制实际进度前锋线

一般从时标网络计划图上方时间坐标的检查日期开始绘制,依次连接相邻工作的实际进展位置点,最后与时标网络计划图下方坐标的检查日期相连接。

工作实际进展位置点的标定方法有 2 种:

1)按该工作已完任务量比例进行标定

假设工程项目中各项工作均为匀速进展,根据实际进度检查时刻该工作已完任务量占其计划完成总任务量的比例,在工作箭线上从左至右按相同的比例标定其实际进展位置点。

2)按尚需作业时间进行标定

当某些工作的持续时间难以按实物工程量来计算而只能凭经验估算时,可以先估算出检查时刻到该工作全部完成尚需作业的时间,然后在该工作箭线上从右向左逆向标定其实际进展位置点。

3. 进行实际进度与计划进度的比较

前锋线可以直观地反映出检查日期有关工作实际进度与计划进度之间的关系。对某项工作来说,其实际进度与计划进度之间的关系可能存在以下 3 种情况:

(1)工作实际进展位置点落在检查日期的左侧,表明该工作实际进度拖后,拖后的时间为二者之差。

(2)工作实际进展位置点与检查日期重合,表明该工作实际进度与计划进度一致。

(3)工作实际进展位置点落在检查日期的右侧,表明该工作实际进度超前,超前的时间为二者之差。

4. 预测进度偏差对后续工作及总工期的影响

通过实际进度与计划进度的比较确定进度偏差后,还可根据工作的自由时差和总时差预测该进度偏差对后续工作及项目总工期的影响。由此可见,前锋线比较法既适用于工作实际进度与计划进度之间的局部比较,又可用来分析和预测工程项目整体进度状况。

值得注意的是,以上比较是针对匀速进展的工作。对于非匀速进展的工作,比较方法较复杂,在此不做介绍。

[例3-9] 某工程项目时标网络计划如图3-53所示。该计划执行到第 6 周末检查实际进度时,发现工作 A 和工作 B 已经全部完成,工作 D、工作 E 分别完成计划任务量的 20% 和 50%,工作 C 尚需 3 周完成,试用前锋线比较法进行实际进度与计划进度的比较。

解:根据第 6 周末实际进度的检查结果绘制前锋线,如图3-53中点画线所示。通过比较可以看出:

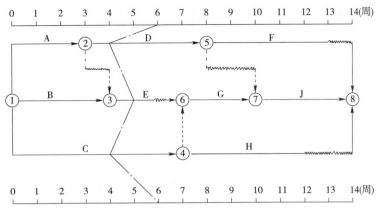

图 3-53 某工程前锋线比较图

(1) 工作 D 实际进度拖后 2 周,将使其后续工作 F 的最早时间推迟 2 周,并使总工期延长 1 周。

(2) 工作 E 实际进度拖后 1 周,既不影响总工期,也不影响其后续工作的正常进行。

(3) 工作 C 实际进度拖后 2 周,将使其后续工作 G、工作 H、工作 J 的最早时间推迟 2 周。由于工作 G、工作 H、工作 J 开始时间的推迟,故总工期延长 1 周。

综上所述,如果不采取措施加快进度,该工程项目的总工期将延长 2 周。

二、分析进度偏差对后续工作及总工期的影响

在工程项目实施过程中,当通过实际进度与计划进度的比较,发现有进度偏差时,需要分析偏差对后续工作及总工期的影响,从而采取相应的调整措施对原进度计划进行调整,以确保工期目标的顺利实现。进度偏差的大小及其所处的位置不同,对后续工作和总工期的影响程度也不同,分析时需要利用网络计划中工作总时差和自由时差的概念进行判断。分析步骤如下。

1. 分析出现进度偏差的工作是否为关键工作

如果出现进度偏差的工作位于关键线路上,即该工作为关键工作,则无论其偏差有多大,都将对后续工作和总工期产生影响,因此必须采取相应的调整措施;如果出现偏差的工作是非关键工作,则需要根据进度偏差值与总时差和自由时差的关系做进一步分析。

2. 分析进度偏差是否超过总时差

如果工作的进度偏差大于该工作的总时差,则此进度偏差必将影响其后续工期和总工期,因此必须采取相应的调整措施;如果工作的进度偏差未超过该工作的总时差,则此进度偏差不影响总工期。至于对后续工作的影响程度,还需要根据偏差值与其自由时差的关系做进一步分析。

3. 分析进度偏差是否超过自由时差

如果工作的进度偏差大于该工作的自由时差,则此进度偏差将对其后续工作产生影响,此时应根据后续工作的限制条件确定调整方法;如果工作的进度偏差未超过该工作的自由时差,则此进度偏差不影响后续工作,因此,原进度计划可以不做调整。

进度偏差对后续工作和总工期影响分析过程如图 3-54 所示。通过分析,进度控制人员

可以根据进度偏差的影响程度制订相应的纠偏措施并进行调整,以获得符合实际进度情况和计划目标的新进度计划。

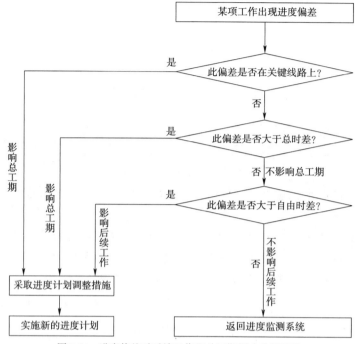

图3-54 进度偏差对后续工作和总工期影响分析过程

三、进度计划的调整方法

当实际进度偏差影响到后续工作、总工期而需要调整进度计划时,其调整方法主要有两种。

1. 改变某些工作间的逻辑关系

当工程项目实施中产生的进度偏差影响到总工期,且有关工作的逻辑关系允许改变时,可以改变关键线路和超过计划工期的非关键线路上的有关工作之间的逻辑关系,达到缩短工期的目的。例如,将顺序进行的工作改为平行作业、搭接作业、分段组织流水作业等,都可以有效地缩短工期。

[例3-10] 该基础工程流水作业网络计划如图3-55所示。通过组织流水作业,该基础工程的计算工期由63d缩短为35d。

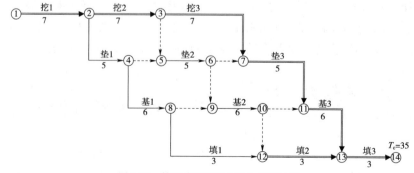

图3-55 某基础工程流水作业网络计划

2. 缩短某些工作的持续时间

这种方法是不改变工程项目中各项工作之间的逻辑关系,而通过采取增加资源投入、提高劳动效率等措施来缩短某些工作的持续时间,使工程进度加快,以保证按计划工期完成该工程项目。这些被压缩持续时间的工作是位于关键线路和超过计划工期的非关键线路上的工作。同时,这些工作又是其持续时间可被压缩的工作。这种调整方法通常可以在网络图上直接进行。其调整方法视限制条件及对其后续工作的影响程度的不同而有所区别,一般可分为以下两种情况:

1)网络计划中某项工作进度拖延的时间已超过其自由时差,但未超过其总时差

如前所述,此时该工作的实际进度不会影响总工期,而只对其后续工作产生影响。因此,在进行调整前,需要确定其后续工作允许拖延的时间限制,并以此作为进度调整的限制条件。该限制条件的确定常常较复杂,尤其是当后续工作由多个平行的承包单位负责实施时更是如此。后续工作如不能按原计划进行,在时间上产生的任何变化都可能使合同不能正常履行,而导致蒙受损失的一方提出索赔。因此,寻求合理的调整方案,把进度拖延对后续工作的影响减少到最低程度,是一项重要工作。

[**例 3-11**] 某工程项目双代号时标网络计划如图 3-56 所示,该计划执行到第 35d 下班时刻检查时,其实际进度如图中前锋线所示。试分析目前实际进度对后续工作和总工期的影响,并提出相应的进度调整措施。

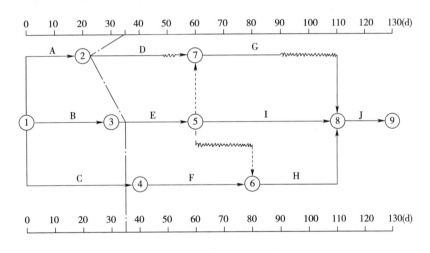

图 3-56 某工程项目时标网络计划

解: 从图中可以看出,目前只有工作 D 的开始时间拖后 15d,从而影响其后续工作 G 的最早开始时间,其他工作的实际进度均正常。由于工作 D 的总时差为 30d,故此时工作 D 的实际进度不影响总工期。

该进度计划是否需要调整,取决于工作 D 和工作 G 的限制条件。

(1) 后续工作拖延的时间无限制。

如果后续工作拖延的时间完全被允许,可将拖延后的时间参数代入原计划,并简化网络图(即去掉已执行部分,以进度检查日期为起点,将实际数据代入,绘制出未实施部分的进度计划),即可得调整方案。例如在该例中,以检查时刻第 35d 为起点,将工作 D 的实际进度数

据及工作 G 被拖延后的时间参数代入原计划(此时工作 D、工作 G 的开始时间分别为 35d 和 65d),可得如图 3-57 所示调整方案。

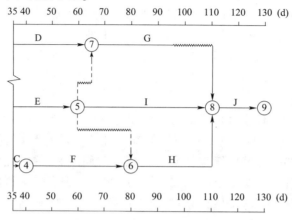

图 3-57　后续工作拖延时间无限制时的网络计划

(2)后续工作拖延的时间有限制。

如果后续工作不允许拖延或拖延的时间有限制,需要根据限制条件对网络计划进行调整,寻求最优方案。如果工作 G 的开始时间不允许超过第 60d,则只能将其紧前工作 D 的持续时间压缩为 25d,调整后的网络计划如图 3-58 所示。如果在工作 D、工作 G 之间还有多项工作,则可以利用工期优化的原理确定应压缩的工作,得到满足工作 G 限制条件的最优调整方案。

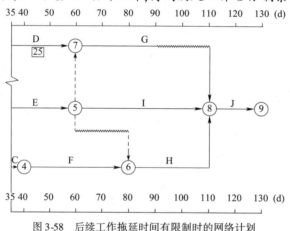

图 3-58　后续工作拖延时间有限制时的网络计划

2)网络计划中某项工作进度拖延的时间超过其总时差

如果网络计划中某项工作进度拖延的时间超过其总时差,则无论该工作是否为关键工作,其实际进度都将对后续工作和总工期产生影响。此时,进度计划的调整方法又可分为以下 3 种情况:

(1)项目总工期不允许拖延。

如果工程项目必须按照原计划工期完成,则只能采取缩短关键线路上后续工作持续时间的方法来达到调整计划的目的。这种方法实质上就是前面所述工期优化的方法。

[例 3-12]　仍以图 3-56 所示网络计划为例,如果在计划执行到 40d 下班时刻检查,其实际进度如图 3-59 中前锋线所示,试分析目前实际进度对后续工作和总工期的影响,并提

出相应的进度调整措施。

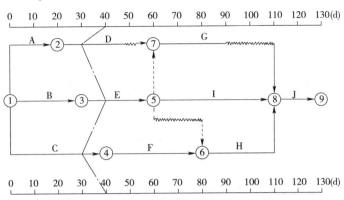

图 3-59 某工程实际进度前锋线

解：从图 3-59 中可看出：

（1）工作 D 实际进度拖后 10d，但不影响后续工作，也不影响总工期。

（2）工作 E 实际进度正常，既不影响后续工作，也不影响总工期。

（3）工作 C 实际进度拖后 10d，由于其为关键工作，故其实际进度将使总工期延长 10d，并且其后续工作 F、工作 H 和工作 J 的开始时间推迟 10d。

如果该工程项目总工期不允许拖延，则为了保证其按原计划工期 130d 完成，必须采用工期优化的方法，缩短关键线路上后续工作的持续时间。现假设工作 C 的后续工作 F、工作 H 和工作 J 均可以压缩 10d，通过比较，压缩工作 H 的持续时间所需付出的代价最小，故将工作 H 的持续时间由 30d 缩短为 20d。调整后的网络计划如图 3-60 所示。

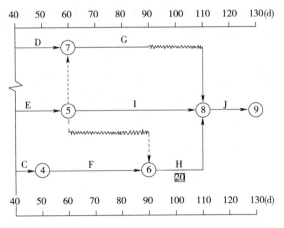

图 3-60 调整后工期不拖延的网络计划

（2）项目总工期允许拖延。

如果项目总工期允许拖延，则此时只需以实际数据取代原计划数据，重新绘制实际进度检查日期之后的简化网络计划。

仍以图 3-59 所示前锋线为例，如果项目总工期允许拖延，此时只需以检查日期第 40d 为起点，用其后各项工作尚需作业时间取代相应的原计划数据，绘制出网络计划如图 3-61 所示。方案调整后，项目总工期为 140d。

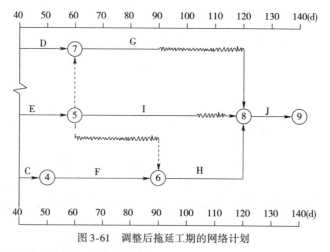

图 3-61 调整后拖延工期的网络计划

(3) 项目总工期允许拖延的时间有限制。

如果项目总工期允许拖延,但允许拖延的时间有限制,则当实际进度拖延的时间超过此限制时,也需要对网络计划进行调整,以满足要求。

具体的调整方法是以总工期的限制时间作为规定工期,对检查日期之后尚未实施的网络计划进行工期优化,即通过缩短关键线路上后续工作持续时间的方法来使总工期满足规定工期的要求。

仍以图 3-59 所示前锋线为例,如果项目总工期只允许拖延至 135d,则可按以下步骤进行调整:

① 绘制简化的网络计划,如图 3-61 所示。

② 确定需要压缩的时间。从图 3-61 中可以看出,在第 40d 检查实际进度时发现总工期将延长 10d,该项目至少需要 140d 才能完成。而总工期只允许延长至 135d,故需将总工期压缩 5d。

③ 对网络计划进行工期优化。从图 3-61 中可以看出,此时关键线路上的工作为 C、F、H 和 J。现假设通过比较,压缩关键工作 H 的持续时间所需付出的代价最小,故将其持续时间由原来的 30d 压缩为 25d,调整后的网络计划如图 3-62 所示。

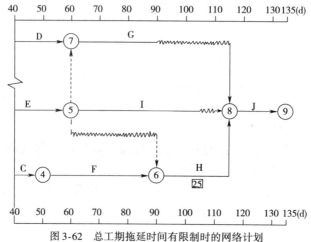

图 3-62 总工期拖延时间有限制时的网络计划

以上2种情况均是以总工期为限制条件调整进度计划的。值得注意的是,当某项工作实际进度拖延的时间超过其总时差而需要对进度计划进行调整时,除需考虑总工期的限制条件外,还应考虑网络计划中后续工作的限制条件,特别是对总进度计划的控制更应注意这一点。因为在这类网络计划中,后续工作也许就是一些独立的合同段。时间上的任何变化都会带来协调上的麻烦或者引起索赔。因此,当网络计划中某些后续工作对时间的拖延有限制时,同样需要以此为条件按前述方法进行调整。

第七节　单代号网络计划

单代号网络图是以节点及其编号表示工作,以箭线表示工作之间逻辑关系的网络图,并在节点中加注工作代号、工作名称和持续时间。单代号网络图中工作的表示方法如图3-2所示。

一、单代号网络图的主要特点

(1)单代号网络图用节点及其编号表示工作,而箭线仅表示工作间的逻辑关系。
(2)单代号网络图作图简便,图面简洁,由于没有虚箭线,产生逻辑错误的可能性较小。
(3)单代号网络图用节点表示工作,没有长度概念,不够形象,不便于绘制时标网络图。
(4)单代号网络图更适合用计算机进行绘制、计算、优化和调整。

二、单代号网络图的绘制

1. 绘图规则

单代号网络图的绘图规则与双代号网络图的绘图规则基本相同,主要区别在于:当网络图中有多项开始工作时,应增设一项虚拟的工作(S),作为该网络图的起点节点;当网络图中有多项结束工作时,应增设一项虚拟的工作(F),作为该网络图的终点节点。如图3-63所示,其中S和F为虚拟工作。

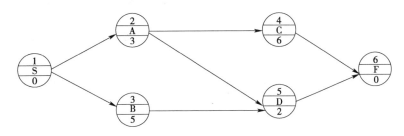

图3-63　具有虚拟起点节点和终点节点的单代号网络图

2. 绘图示例

绘制单代号网络图比绘制双代号网络图容易得多,这里仅举一例说明单代号网络图的绘制方法。

[例3-13]　已知各工作之间的逻辑关系见表3-11,绘制单代号网络图的过程如图3-64所示。

工作逻辑关系表　　　　　　　　　表3-11

工作	A	B	C	D	E	G	H	I
紧前工作					A、B	B、C、D	C、D	E、G、H

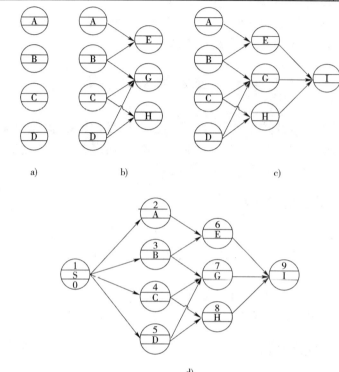

图3-64　例3-13绘图过程

三、单代号网络计划时间参数的计算

单代号网络计划与双代号网络计划只是表现形式不同，它们所表达的内容完全一样。下面以图3-65所示单代号网络计划为例，说明其时间参数的计算过程。计算结果如图3-66所示。

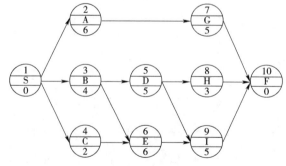

图3-65　单代号网络计划

1. 计算工作的最早开始时间和最早完成时间

工作的最早开始时间和最早完成时间的计算应从网络计划的起点节点开始，顺着箭线方向按节点编号从小到大的顺序依次进行。其计算步骤如下：

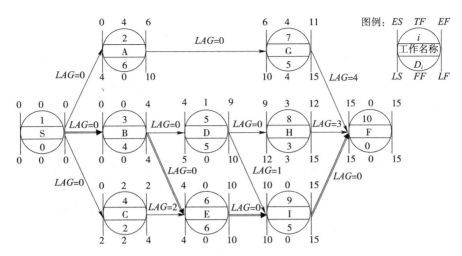

图 3-66 单代号网络计划时间参数计算结果

（1）网络计划起点节点所代表的工作，其最早开始时间未规定时取值为零。例如在该例中，起点节点 S 所代表的工作（虚拟工作）的最早开始时间为零，即：

$$ES_1 = 0 \tag{3-43}$$

（2）工作的最早完成时间应等于本工作的最早开始时间与其持续时间之和，即：

$$EF_i = ES_i + D_i \tag{3-44}$$

式中：ES_i——工作 i 的最早开始时间；

EF_i——工作 i 的最早完成时间；

D_i——工作 i 的持续时间。

例如在该例中，虚拟工作 S 和工作 A 的最早完成时间分别为：

$$EF_1 = ES_1 + D_1 = 0 + 0 = 0$$
$$EF_2 = ES_2 + D_2 = 0 + 6 = 6$$

（3）其他工作的最早开始时间应等于其紧前工作最早完成时间的最大值，即：

$$ES_j = \max\{EF_i\} \tag{3-45}$$

式中：ES_j——工作 j 的最早开始时间；

EF_i——工作 j 的紧前工作 i 的最早完成时间。

（4）网络计划的计算工期等于其终点节点所代表的工作的最早完成时间。例如在该例中，其计算工期为：

$$T_c = EF_{10} = 15$$

2. 计算相邻两项工作之间的时间间隔

相邻两项工作之间的时间间隔是指其紧后工作的最早开始时间与本工作最早完成时间的差值，即：

$$LAG_{i,j} = ES_j - EF_i \tag{3-46}$$

式中：$LAG_{i,j}$——工作 i 与其紧后工作 j 之间的时间间隔；

ES_j——工作 i 的紧后工作 j 的最早开始时间；

EF_i——工作 i 的最早完成时间。

例如在该例中，工作 A 与工作 G、工作 C 与工作 E 的时间间隔分别为：

$$LAG_{2,7} = ES_7 - EF_2 = 6 - 6 = 0$$
$$LAG_{4,6} = ES_6 - EF_4 = 4 - 2 = 2$$

3. 确定网络计划的计划工期

网络计划的计划工期仍按式(3-1)和式(3-2)确定。例如在该例中,假设未规定要求工期,则其计划工期就等于计算工期,即:

$$T_p = T_c = 15$$

4. 计算工作的总时差

工作总时差的计算应从网络计划的终点节点开始,逆着箭线方向按节点编号从大到小的顺序依次进行。

(1)网络计划终点节点 n 所代表的工作的总时差应等于计划工期与计算工期之差,即:

$$TF_n = T_p - T_c \qquad (3-47)$$

当计划工期等于计算工期时,该工作的总时差为零。例如在该例中,终点节点⑩所代表的工作 F(虚拟工作)的总时差为:

$$TF_{10} = T_p - T_c = 15 - 15 = 0$$

(2)其他工作的总时差应等于本工作与其各紧后工作之间的时间间隔加该紧后工作的总时差所得之和的最小值,即:

$$TF_i = \min\{LAG_{i,j} + TF_j\} \qquad (3-48)$$

式中:TF_j——工作 i 的紧后工作 j 的总时差;

$LAG_{i,j}$——工作 i 与其紧后工作 j 之间的时间间隔;

TF_i——工作 i 的总时差。

例如在该例中,工作 H 和工作 D 的总时差分别为:

$$TF_8 = LAG_{8,10} + TF_{10} = 3 + 0 = 3$$
$$TF_5 = \min\{LAG_{5,8} + TF_8, LAG_{5,9} + TF_9\}$$
$$= \min\{0 + 3, 1 + 0\}$$
$$= 1$$

5. 计算工作的自由时差

(1)网络计划终点节点 n 所代表的工作的自由时差等于计划工期与本工作的最早完成时间之差,即:

$$FF_n = T_p - EF_n \qquad (3-49)$$

式中:FF_n——终点节点 n 所代表的工作的自由时差;

T_p——网络计划的计划工期;

EF_n——终点节点 n 所代表的工作的最早完成时间(计算工期)。

(2)其他工作的自由时差等于本工作与其紧后工作之间时间间隔的最小值,即:

$$FF_i = \min\{LAG_{i,j}\} \qquad (3-50)$$

例如在该例中,工作 D 和工作 G 的自由时差分别为:

$$FF_5 = \min\{LAG_{5,8}, LAG_{5,9}\} = \min\{0, 1\} = 0$$
$$FF_7 = LAG_{7,10} = 4$$

6. 计算工作的最迟完成时间和最迟开始时间

工作的最迟完成时间和最迟开始时间的计算可按以下两种方法进行：

1）根据总时差计算

(1) 工作的最迟完成时间等于本工作的最早完成时间与其总时差之和，即：

$$LF_i = EF_i + TF_i \tag{3-51}$$

例如在该例中，工作 D 和工作 G 的最迟完成时间分别为：

$$LF_5 = EF_5 + TF_5 = 9 + 1 = 10$$
$$LF_7 = EF_7 + TF_7 = 11 + 4 = 15$$

(2) 工作的最迟开始时间等于本工作的最早开始时间与其总时差之和，即：

$$LS_i = ES_i + TF_i \tag{3-52}$$

例如在该例中，工作 D 和工作 G 的最迟开始时间分别为：

$$LS_5 = ES_5 + TF_5 = 4 + 1 = 5$$
$$LS_7 = ES_7 + TF_7 = 6 + 4 = 10$$

2）根据计划工期计算

工作最迟完成时间和最迟开始时间的计算应从网络计划的终点节点开始，逆着箭线方向按节点编号从大到小的顺序依次进行。

(1) 网络计划终点节点 n 所代表的工作的最迟完成时间等于该网络计划的计划工期，即：

$$LF_n = T_p \tag{3-53}$$

例如在该例中，终点节点⑩所代表的工作 F（虚拟工作）的最迟完成时间为：

$$LF_{10} = T_p = 15$$

(2) 工作的最迟开始时间等于本工作的最迟完成时间与其持续时间之差，即：

$$LS_i = LF_i - D_i \tag{3-54}$$

例如在该例中，工作 F 和工作 G 的最迟开始时间分别为：

$$LS_{10} = LF_{10} - D_{10} = 15 - 0 = 15$$
$$LS_7 = LF_7 - D_7 = 15 - 5 = 10$$

(3) 其他工作的最迟完成时间等于该工作各紧后工作最迟开始时间的最小值，即：

$$LF_i = \min\{LS_j\} \tag{3-55}$$

式中：LF_i——工作 i 的最迟完成时间；

LS_j——工作 i 的紧后工作 j 的最迟开始时间。

例如在该例中，工作 H 和工作 D 的最迟完成时间分别为：

$$LF_8 = LS_{10} = 15$$
$$LF_5 = \min\{LS_8, LS_9\}$$
$$= \min\{12, 10\}$$
$$= 10$$

7. 确定网络计划的关键线路

1）利用关键工作确定关键线路

如前所述，总时差最小的工作为关键工作。将这些关键工作相连，并保证相邻两项关键工作之间的时间间隔为零而构成的线路就是关键线路。

例如在该例中，由于工作 B、工作 E 和工作 I 的总时差均为零，故它们为关键工作。由网络计划的起点节点①和终点节点⑩与上述三项关键工作组成的线路上，相邻两项工作之间的时间间隔全部为零，故线路①—③—⑥—⑨—⑩为关键线路。

2）利用相邻两项工作之间的时间间隔确定关键线路

以网络计划的终点节点开始，逆着箭线方向依次找出相邻两项工作之间时间间隔为零的线路就是关键线路。例如在该例中，逆着箭线方向可以直接找出关键线路①—③—⑥—⑨—⑩，因为在这条线路上，相邻两项工作之间的时间间隔均为零。

在网络计划中，关键线路可以用粗箭线或双箭线标出，也可以用彩色箭线标出。

练习题

1. 根据下列工序的逻辑关系（表3-12）绘制出一个双代号网络图并进行节点编号。

工序逻辑关系表　　　　　　　　　　　　　表3-12

工序	A	B	C	D	E	F	G	H	I	J
紧后工序	D	C	E、F	G、H	H、I	—	J	J	—	—

2. 根据下列工序的逻辑关系（表3-13）绘制出一个双代号网络图，进行节点编号，计算时间参数：ES、EF、LS、LF、TF、FF，并标出关键线路。

工序逻辑关系表　　　　　　　　　　　　　表3-13

工作	A	B	C	D	E	F
紧前工作	—	A	A	B	B、C	D、E
时间	2	5	3	4	8	5

3. 某项目的双代号时标网络如图3-67所示，试回答以下问题：

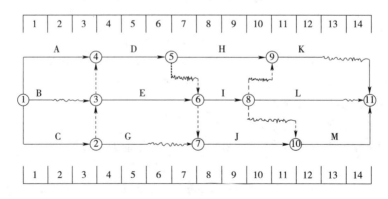

图3-67　双代号网络图

(1) 该计划的工期为多少？

(2) 该计划中的关键工序有哪些？

(3) 确定 TF_A、TF_B、TF_G、TF_H、TF_K、FF_B、FF_G、FF_H、FF_K。

4. 图3-68所示双代号网络图要求工期为100d，根据实际情况并考虑选择应缩短持续时间的关键工作宜考虑的因素，缩短顺序为 B、C、E、G、H、I、A。试对该网络计划进行优化。

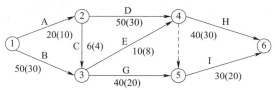

图 3-68 双代号网络图

 实训项目

某桥梁工程项目总价 500 万元，承包人提供给监理工程师的施工网络计划如图 3-69 所示。监理工程师审核中发现该施工计划安排不能满足施工总进度计划对该桥施工工期的要求（施工总进度计划要求 $T_r = 60d$）。监理工程师向承包商提出质疑时，承包商解释说，由于该计划中的每项工作作业时间均不能够压缩，且工地施工桥台的钢模板只有一套，两个桥台只能顺序施工，若一定要压缩工作时间，可将西侧桥台基础的扩孔桩改为预制桩，但要修改设计，需增加 12 万元的费用。请监理工程师据此提出不同的看法。

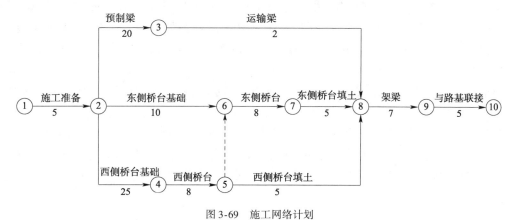

图 3-69 施工网络计划

第四章 工程施工进度计划的编制

教学目标

1. 了解施工进度计划编制的原则、依据、作用;
2. 掌握施工进度计划编制的内容;
3. 掌握施工进度计划的形式以及各自优缺点;
4. 掌握施工进度计划的编制步骤。

第一节 概　　述

建设单位应依据国家相关标准和项目工程可行性研究报告批复意见为依据,组织项目工程进度总体筹划并确定总工期。

建设单位应明确各参建单位的进度管理职责,指定专门负责工程进度管理的部门和人员进行进度控制,负责进度计划的审核、协调、实施并跟踪检查动态监测,当出现进度偏差时,应及时组织进行原因分析并提出纠偏措施。各参建单位应根据建设单位下达的进度控制目标编制本单位实施性进度计划。

当项目实际进度与计划进度偏差过大,采取纠偏措施后原进度计划仍难以实现时,应考虑修正、更新原进度计划。

施工单位应根据项目总体筹划和合同工期要求,综合考虑管线、交通、征地拆迁等前期工程和外部接口进度控制关键因素,编制项目总体计划和年度计划,对总体计划和年度计划进行分解细化,编制严谨、与合同工期一致、便于操控的季度和月度生产计划,并应经建设单位审批后执行。

一、施工进度计划编制的原则

(1)符合合同文件中有关进度的要求。
(2)编制的施工进度计划应先进、可行。
(3)切合实际,与项目经理部的施工能力相协调。
(4)满足企业对工程项目要求的施工进度目标。
(5)保证施工过程的均衡性和连续性。
(6)有利于节约施工成本,保证施工质量和施工安全。
(7)采用科学的方法编制施工进度计划,如采用网络计划技术等方法。

二、施工进度计划的编制依据

(1)上级合同规定的开工、竣工日期。

(2)设计图纸、定额资料等。
(3)工程项目所在地的水文、地质、气象等自然情况。
(4)工程项目所在地资源可利用情况。
(5)项目部可能投入的施工力量、机械设备和主要材料的供应及到货情况。
(6)影响施工的经济条件和技术条件。
(7)主要工程的施工方案。
(8)工程项目的外部条件等。

三、施工进度计划的作用

(1)有助于领导部门抓住关键,统筹全局。
(2)有利于施工企业合理布置人力、物力,正确指导施工生产活动的顺利进行。
(3)有利于工人群众明确目标,更好地发挥主动精神。
(4)有利于施工企业内部及时配合,协同作战。

四、施工进度计划的编制内容

施工进度计划编制的成果通过施工进度图体现,施工进度图是施工组织文件的核心文件,它规定了各个施工项目的完成期限和整个工程的总工期,集中体现了施工组织设计的成果。施工进度图一般应包括以下基本内容。
(1)主要工程的工程数量及其分布情况。
(2)各施工项目的施工期限,即开始和结束时间。
(3)各施工项目的施工顺序与衔接情况,专业工作队之间配合、调动安排。
(4)劳动力的动态需要量图。

五、施工进度计划的形式

施工进度计划通常都是以图表形式表示的,主要有横道图、垂直图和网络图三种。

1. 横道图

横道图也称水平图或甘特图,是在工程实践中应用较广的工程进度图,详见二维码4-1。它以时间为横坐标,以各分部、分项工程或工序为纵坐标,按一定先后施工顺序和工艺流程,用带时间比例的水平横线表示对应项目或工序持续时间的施工进度计划表。横道图由两大部分组成,左边是以分部、分项工程或工序为主要内容的表格,包括序号、项目名称(工序名称)、施工方法和相应的工程量、定额、劳动量等计算依据;右边是指用横线表示的指示图表,它是由左边表格中的有关数据得到的。指示图表用横向线条形象地表示出分部、分项工程的施工进度,横线的长短表示施工期限;横线的位置表示施工过程;线上的数字表示劳动力数量;横线的不同符号表示作业队或施工段别,表示出各施工阶段的工期和总工期,并综合反映了各分部、分项工程或工序相互间的关系。

1)横道图的优点
(1)较为简单、直观、易懂,容易编制。
(2)便于表达施工计划的总工期和各分部、分项工程的持续时间。
(3)便于计算施工计划所需要的劳动力、材料、机械设备、资金等各种资源需要量。

二维码4-1

2）横道图的缺点

（1）分部、分项工程或工序的逻辑关系不明确，仅反映工作之间的前后衔接关系。

（2）施工日期和施工地点的关系不明确。

（3）不能绘制对应施工项目的平面示意图。

（4）工程数量实际分布不具体，也无法表示，不能进行定量分析，不能使用计算机。

（5）不能反映工作的机动时间，故无法进行施工计划的优化。

（6）只能反映平均的施工进度，无法表示施工地点和里程。

因此，横道图一般适用于编制集中性工程施工进度计划或简单工程的施工进度计划。

2. 垂直图

垂直图是在流水作业水平图表的基础上通过扩充和改进而成的，纵坐标表示施工期限，横坐标表示里程或工程位置，用不同的线条或符号表示各项工程及施工进度，资源平衡可在图表右侧以曲线表示。

垂直图一般由三部分组成，图表上部表示各工程项目的工程量按里程分布的具体情况和构造物的具体位置、结构形式等；图表中部用不同的斜线或符号表示各工序的施工进度和作业组织形式，对应进度线右侧按时间单位以一定的比例绘出劳动力动态图；图表下部则按里程画出施工组织平面示意图，详见二维码 4-2。

二维码 4-2

1）垂直图的优点

垂直图的优点是消除了水平图表的不足，能准确、清楚地表达工程数量的分布情况、工程项目与各专业队之间的相互关系、施工的紧凑程度及施工期限。从垂直图中可以直接找出任何一天各施工队的施工地点和正在进行的施工项目，可随时了解施工任务的完成情况，也可预测在正常施工条件下的施工进程。垂直图是编制施工进度图一种较好的方式，适用于任何工程。

2）垂直图的缺点

（1）不能确定关键工作和非关键工作。

（2）不能确定工作的机动时间。

（3）不能进行计划方案的优化。

（4）不能适用计算机，因而绘制和修改进度图的工作量很大。

3. 网络图

网络图与横道图、垂直图比较，不但能反映施工进度，而且能清楚地反映出各个工序、各施工项目之间错综复杂的关系，相互制约的生产和协作关系。无论是集中性工程，还是线型工程，都可以用网络图表示工程进度，尤其是时标网络图更能准确、直观地表达工程进度。因此，网络图是一种比较先进的工程进度图的表示形式，其缺点是阅读起来不如横道图和垂直图直观，详见二维码 4-3。

二维码 4-3

第二节　施工进度计划编制步骤

一、确定施工方法

确定施工方法时，首先应考虑工程特点、现有机具的性能、施工环境等因素。如一般路堤(或路堑)宜用推土机施工,需要远运的挖方宜用挖掘机配合汽车施工,填方不大的路基土方常选用平地机施工。其次要考虑施工单位的机械效益配置情况,当机具量少、型号单一时,应选择能发挥机械效益的施工方法,即使是机具齐全,也必须考虑施工方法的经济性。最后要考虑施工技术操作上的合理性。如果在一个固定位置上有大量的施工作业,最好选用适于固定式机具作业的施工式施工机具。

选择施工方法应在技术上具有合理性,并满足先进性和可行性:应尽量采用机械施工,提高机械化水平,加快施工进度。

二、确定施工组织方法

根据具体的施工条件选择最先进、最合理、最经济的施工组织方法,是编制施工进度计划的关键。流水作业法是工程施工较好的组织方法,但不能单独使用,有些工程技术复杂、施工头绪多、涉及面广的大型工程,则应考虑采用平行流水作业法、立体交叉流水作业法、网络计划法等。如工作面受限制,工期要求不紧的小型工程只能采用顺序作业法。

三、划分施工项目

施工方法确定后就可划分施工项目。每项工程都是由若干个相互关联的施工项目组成的。如桥梁工程是由施工准备、基础工程、下部工程、上部工程、桥面系、引道工程等施工项目组成的。施工项目(单位工程、分部工程、分项工程、工序等)划分粗细程度与施工进程图的用途、工程结构特点有关。通常按所采用的定额的细目或子目进行划分,以便于查阅定额。

划分施工项目时,必须明确哪一项是主导施工项目。主导施工项目就是施工难度大、耗用资源多或施工技术最复杂、需要使用专门机械设备的工序或单位工程。主导施工项目常常控制施工进度,应首先安排好主导施工项目的施工进度,其他施工项目的进度要密切配合。在轨道工程中,区间隧道、重点土石方、车站、高架桥等通常都是主导施工项目。

划分施工项目应结合施工条件和劳动组织等因素,与施工方法相一致,使进度计划能够完全符合施工实际进展情况,真正起到指导施工的作用。

四、排列施工次序

按照客观的施工规律和合理的施工顺序,将所划分的施工项目进行排序,如施工准备、路基处理、路基填筑、涵洞、防护及排水、铺设底砟、铺轨等。铺轨施工项目必须放在路基填筑、涵洞施工项目的后面。注意不要漏列、重列。施工进度计划的实质是科学、合理地确定这些施工项目的排列次序。

五、找出最优次序

设计阶段的施工进度计划,一般不明确划分施工段。在实施性进度中,为更好地安排施工进度,缩短施工工期,应划分施工段,组织流水作业,找出最优或较优施工次序,并在施工进度计划中表示。

六、计算工程量或劳动量

计算工程量时应注意以下三个问题:

①各项目的计量单位应与现行施工定额的计量单位一致,以便计算劳动量、材料、机械台班时直接套用定额。②结合施工方法和技术安全要求计算工程量。例如:挖土时是否放坡,是否增加工作面,坡度和工作面尺寸是多少;开挖方式是基坑开挖、基槽开挖,还是大型地下土方开挖,都直接影响到工程量的计算。③按照施工组织的要求分层、分段计算工程量。

1. 劳动量计算

所谓劳动量,就是划分的施工过程(细目)的工程量与相应的时间定额的乘积。人工操作时称为劳动量,是劳动力数量与生产周期的乘积;机械操作时称自然数作业量,是机械台班数与生产周期的乘积。

劳动量计算公式:

$$D = \frac{Q}{C} \tag{4-1}$$

$$D = QS \tag{4-2}$$

式中:D——完成某施工过程所需要的劳动量(工日)或机械台班作业量(台班);

Q——完成某施工过程所需要的工程数量;

C——完成某施工过程所需要的产量定额;

S——完成某施工过程所需要的时间定额(工日或台班)。

2. 生产周期(工序持续时间)计算

(1)以施工单位现有的人力、机械的实际数量以及工作面大小,确定完成该劳动量所需的持续时间(生产周期)。一般可按式(4-3)计算。

$$T = \frac{D}{Rn} \tag{4-3}$$

式中:T——完成某施工过程的生产周期(工序持续时间);

R——完成某施工过程所需的工人人数或机械台班数;

n——每天生产工作班制数。

(2)根据规定的工期来确定施工队(班组)人数或机械台班数。一般按式(4-4)计算。

$$R = \frac{D}{Tn} \tag{4-4}$$

(3)主导工期与工作班制。由以上计算可知,当某分部、分项工作所配置的劳动量或工作量确定后,可根据该项目所投入的劳动力或机械数量,分别计算人工和各机械的施工工期。其中工期最长的项目为主导项目,主导项目的工期称为主导工期。

主导工期主要取决于各种分部、分项工程中各项作业的人工和机械的投入量,人工和机械的投入量与工作面有关,是可调节的。因此,施工过程的主导作业和其主导工期也是可以改变的。在编制施工进度计划时,应尽量调节各种作业人数或机械数量,使施工过程中的工期一致。

一般情况下,应以人工作业为主导工期,其他作业应调节机械投入量或作业班制以满足人工工期要求,条件允许的情况下,可采用在24h内组织二班或三班作业,缩短作业的持续时间。

七、计算施工项目的作业持续时间

计算过程中应结合实际的施工条件认真考虑以下几点：

(1)各施工项目均应按一定技术操作程序进行。

(2)保证工作面和劳动人数的最佳施工组合。

(3)相邻施工项目应有良好的衔接和配合,互不影响工程进度。

(4)必须保证施工安全和施工质量。

(5)确定技术间歇时间(混凝土的养护、油漆的干燥等),确定组织间歇时间(施工人员或机械的转移及施工中的检查、校正等属于最小流水步距以外增加的间歇时间)。

八、初步拟订工程进度

按照客观的施工规律和合理的施工顺序,采用确定的施工组织方法、施工段之间最优或较优施工次序及各施工项目的作业持续时间,就可以拟订工程进度。在拟订时应考虑施工项目之间的相互配合。如某路线工程采用流水施工,为了使各施工项目尽早投入施工生产,首先集中人力、物力进行第一段的施工准备工作,完成后涵洞等构造物可以投入施工,完成后路基施工开始,完成后铺设底砟施工开始,完成后整道、铺轨施工开始,其他辅助工具应与工程进度相配合。

拟订工程进度时,应特别注意人工的均衡使用。施工开始后,人工数目应逐渐增加,在较长时间内保持稳定,接近完工时应逐渐减少。此外,还应力求避免材料、机械及其他技术物资使用的不均衡现象。初步拟订方案若不能满足规定工期要求,或超过定期物资供应量,应对工期进度进行调整。

九、施工进度计划的检查与调整

施工组织设计是一个科学的有机整体,编制的正确与否直接影响工程的经济效益。施工管理的目的是使施工任务能如期完成,并在企业现有资源条件下均衡地使用人力、物力、财力,力求以最少的消耗取得最大的经济效果。因此,当施工进度计划初步完成后,应按照施工过程的连续性、协调性、均衡性、经济性等基本原则进行检查与调整,这是一个细致、反复的过程。

(1)施工工期。施工进度计划的工期应当符合上级或合同规定的工期,并尽可能缩短,以保证工程早日交付使用,从而达到最好的经济效果。

(2)劳动力消耗的均衡性。每天出勤的工人人数力求不发生大的变动,即劳动力消耗力求均衡。

(3)施工工期和劳动力均衡性的调整。

如果要使工期缩短,则可对工期较长的主导劳动量施工采取措施,如增加班制或工作人数(包括机械数量),来达到缩短总工期的目的。

若所编制计划的工期不允许再延长,而劳动力出现较大的不均衡,则可在允许的范围内,通过调整工序的开工或完工日期,使劳动力需要量较均衡。

由于特定的条件,工期没有严格限制,而在投资、主要材料、关键设备等某一方面有时间或数量的限制时,就要将这些特定条件作为控制因素进行调整。复杂的工程要获得符合工期要求、均衡流水原则的最合理的计划方案,必须进行反复调整计算,这个计算过程十分复杂,当前计算机技术的出现,为优化计算提供了理想的工具。

第三节 施工进度计划编制示例

一、计划总工期目标

根据招标文件规定,在对工程认真分析和细心研究的基础上,结合工程的施工特点,针对工程所采取的策略为:提前介入,超前谋划,在投标阶段将对施工方案、人力、物力等合理筹划,积极准备。

在具备开工条件后,立即展开施工,确保按照计划完成全部施工内容。本着"科学组织,安全高效,确保工期,文明施工"的原则,抽调单位具有类似工程经验的施工管理人员组成工程项目部。

暂定开工时间为2018年12月25日。

施工总工期暂定:550日历天。总体配合西站地下空间同步开发。

施工进度计划安排原则如下:

1. 确保总工期和节点工期原则

本施工组织设计按照业主要求的总工期和节点工期的原则来安排本工程的施工进度计划。围绕主要控制节点进行工期安排,保证节点工期实现,确保完成既定工期目标。

2. 施工的连续性和均衡性原则

使各工种施工人员、施工机械在全工地内连续施工,尽量使劳动力、施工机具和物资消耗量在全工地达到均衡,避免出现突出的高峰和低谷,利于劳动力的调度和原材料供应。施工中严格实行工期过程控制,利用信息化管理手段及时采集工期管理数据,适时进行动态调整。

3. 最大效益和最小费用原则

通过合理地安排施工顺序和施工计划,优化配置资源,在保证工期、质量及其他各项目标实现的前提下,以最小的投入产生最大效益。

4. 满足生产工艺要求原则

根据工艺要求合理安排各段、各部位、各工序的施工顺序。严格遵循"时空效应"理论进行基坑开挖与支撑的施工,确保基坑施工的安全和质量,配备各种型号的挖土、出土设备以适应基坑深度、宽度的要求。加强对现场的实时监控,积极协调工序间的配合与衔接,避免相互干扰与工序混乱现象的发生。加强对已完工程的保护,决不允许上道工序未达要求就强行进行下道工序的搭接施工。

5. 全面考虑施工总平面布置的空间关系原则

临时设施布置安排、材料堆放、机械站位合理、紧凑。

6. 全面考虑各种条件限制原则

受施工场地及道路交通要求的限制,在编制计划时,重点加以考虑。在安排进度计划时,充分考虑雨季等客观条件对工程产生的干扰及阻碍因素,工、料、机按施工进度高指标配置,进度按较低指标安排,并留有一定的富余量,施工如遇特殊情况,进行局部调整后应仍能按期完工。充分考虑管线、交通对基坑施工的影响,确保管线搬迁、交通组织不影响施工进度计划的实现。

7. 总体配合西站地下空间同步开发

本项目为杭州西站站区地下空间连接工程标准段项目,为杭州西站配套工程。施工总体进度需配合西站地下空间同步开发施工。

二、工程施工进度安排

接到中标通知书后,与业主进行合同签订的同时,立即进行现场准备工作;复查和了解现场,做好现场规划:道路的安全、畅通安排,劳动力、机具设备和材料准备,实时性施工组织设计的编制等。在对现场进行详细踏勘、综合考虑各种因素、充分进行研讨的情况下,编制施工进度计划方案报监理与业主审批,后续严格按照进度计划安排施工生产,遇到不可抗力因素或者非施工方因素导致的进度计划大的调整,重新编制施工进度计划方案并报监理与业主审批。

按照招标文件要求,施工总工期暂定为550日历天,总体配合西站地下空间同步开发。暂定开工时间为2018年12月25日。施工过程中无条件地执行业主关于工期的有关调整,同时根据工期变动调整施工所需一切资源。

尤其是工程总体需配合西站地下空间同步开发,施工总工期未定、开工时间未定。中标后将项目作为重点项目,施工资源优先供应项目。如招标工期缩短,可采取增加施工机械、人员,增加施工作业面,优化施工工序等措施,以确保杭州西站地下空间总体施工顺利进行。工程网络图详见二维码4-4,工程横道图详见二维码4-5。

二维码4-4　　二维码4-5

三、按期完成业主任务的保障措施

(1)确保管线迁改在开工前完成,且场地内不存在任何其他不明管线。

由于管线迁改费时、费力,且需要其他管理单位协调配合,工作量不大但受制约因素多,不利于抢工,故在开工前需确定实施管段范围内管线迁改已经到位,且不再存在有影响围护结构施工的管线,否则势必会造成工作面展开不顺、节点工期延误,无法完成业主交付的任务。

(2)加大投入,提前准备队伍,一开工围护队伍即可进场施工。

该管段范围内,围护结构的施工速度、围护结构的施工时间,直接决定是否能够完成任务,在项目部进场之后,第一时间进行围挡封闭,SMW工法桩、连续墙、旋喷桩与旋挖钻孔桩队伍随即进场开始施工,需提早准备队伍、设备、水泥,机械进场位置、移动路线需经过仔细研究,防止出现反复移动造成时间浪费。此外,需加大投入,各种机械设备、人员进场设置进场奖励,不能按时进场则予以罚款,督促队伍设备人员及早进场。

(3)"白+黑""5+2""24h连续作业"。

工期压力极其巨大,这就要求我方必须采取非常规手段,必须实行"三班倒",进场即大干,需采用"白+黑""5+2""24h连续作业"等手段,工地上停人不停机,使现场施工不断向前快速推进。

(4) 要严抓物资、设备供应工作。

在围挡内安排基坑围护结构施工,作业区域协调是一大难点。另外,本工程三轴搅拌桩需要散装水泥、钻孔桩钢筋笼、地连墙钢筋笼、商品混凝土、防水材料、主体结构钢筋、模板等材料,均需及时供应,不能出现任何由于物资供应不及时导致现场停滞的问题。这需要我方精心管理,广泛协调,责任到人。

四、机械设备进场计划

动员周期:前期工程所需主要设备动员周期为7d。

设备进场:施工机械设备由物资设备部统一组织,进场方式主要以公路运输为主。根据施工组织设计和进度计划的要求,编制施工机械设备需用量计划及进退场计划,并按施工机械设备需用量计划要求分批进场,机械设备选择满足工程需要。各类施工机械设备至少先于计划时间10d到达,保证施工和工期所需。

五、劳动力安排计划

1. 劳动力配备原则

充分考虑本工程的特点,综合考虑工期目标、施工工艺方法等,以结构合理、高效、精干、技术素质高、专业对口,施工经验丰富,各工种搭配科学、合理的原则进行劳动力配备。

主要管理、技术人员及施工队均来自本单位及和本单位有着长期合作关系的劳务队伍,专业技术人员全部为持证上岗人员。采用优化组合方式组织施工队伍,不搞成建制调用,保证参加本次工程施工的所有人员,不论从年龄结构、技术素质上,还是从工作能力上,都令业主满意,保证精兵强将充实第一线,从组织机构、劳务组成上保证施工计划的实施。

人员的调用在中标后7d内完成,将现阶段现场需要的劳动力全部配齐,保证现场的施工需要。

2. 劳动力配备计划

根据合同段内施工任务情况,本工程设置5个项目队,各项目队按具体专业下设施工班组。各施工班组形成多作业面平行、流水作业。安排三班制24h连续作业。并配备专人组成文明施工班组且24h常态响应,要求6:00—18:00配备7人,18:00—6:00配备不少于3人,该班组今后由发包人和监理单位统一调度。

根据施工进度和各工作面展开情况,劳动力波动及时调配。本工程高峰期投入劳动力约270人,主要劳动力进场计划见表4-1。

劳动力计划表　　　　　　　　　　　　　　　　　表4-1

工 种	按工程施工阶段投入的劳动力情况						
	2018年	2019年				2020年	
	四	一	二	三	四	一	二
	12月	1—3月	4—6月	7—9月	10—12月	1—3月	4—6月
文明施工	10	10	10	10	10	10	10
电工	3	3	5	5	5	3	2

续上表

工 种	按工程施工阶段投入的劳动力情况						
	2018年	2019年				2020年	
	四	一	二	三	四	一	二
	12月	1—3月	4—6月	7—9月	10—12月	1—3月	4—6月
测量工	5	10	10	10	10	10	5
试验工	5	5	5	5	5	5	5
机修工	5	10	10	10	10	5	2
钢筋工	10	40	40	40	30	30	20
木工	5	10	15	15	10	5	3
架子工	0	0	10	25	25	20	10
混凝土工	10	40	40	40	30	30	20
防水工	0	0	0	30	30	20	10
各型机械操作工	20	40	40	40	20	20	10
普工	20	40	40	40	30	20	15
合计	93	208	225	270	215	178	112

工程正式开工前,应加强岗前学习、培训工作,组织项目部全体管理人员和工人进行上岗技术、规范学习及特殊工种培训。在上岗前由公司技术部有关人员和公司总工程师对项目部管理施工人员进行技术及安全教育与交底,确保工程安全施工。

劳动力安排计划根据各分部、分项工程的工程量、施工方法和现行的施工定额,并结合当时、当地的具体情况加以安排。劳动力安排计划应满足连续、均衡施工,且应考虑各分项工程工人班组的每个工人都应有足够的工作面(不能少于最小工作面),以发挥高效率并保证施工安全;应考虑各分项工程在进行正常施工时所必需的最低限度的工人队组人数及合理组合(不能小于最小劳动组合),以达到最高的劳动生产率。

练习题

1. 施工进度计划表现的形式有哪几种?说明各自的优缺点。
2. 简述施工进度计划绘制的步骤。

实训项目

根据工程总监办下发的节点进度计划,结合合同段的工程实际情况,合同段总体施工进度计划如下:

(1)施工、技术准备:2017年7月5—15日,人员、设备进场,临时用地租用,场地平整,通水通电,驻地建设,导线点、水准点交接、复测、加密、保护,各种土工、混凝土原材料试验。

(2)清理场地、伐树挖根:2017年7月15日—8月10日。

(3)挖除老路:2017年7月25日—8月15日。
(4)沟塘处理:2017年8月15日—10月15日。
(5)原地面处理:2017年7月20日—9月20日。
(6)5%灰土填筑:2017年8月1日—12月30日。
(7)6%灰土填筑:2017年11月1日—2018年4月30日。
(8)二灰土施工:2018年4月1日—5月31日。
(9)涵洞施工:2017年8月20日—2018年2月15日。
(10)护坡:2018年5月1日—10月5日。
(11)土路肩、中央分隔带填土:2018年9月15日—11月20日。
(12)排水沟渠:2018年4月1日—9月5日。
(13)桥梁施工:2017年7月10日—2018年4月20日。
(14)扫尾:2018年11月20日—11月30日。

请根据以上资料绘制横道图进度图和垂直图进度图。

第五章　施工总平面图绘制

教学目标

1．了解工地运输方式选择和设计方法；
2．掌握工地临时设施组织与安排原则、方法；
3．掌握施工总平面图的布置方法。

第一节　施工总平面图设计概述

施工总平面图是拟建项目施工场地的总布置图。它按照施工方案和施工进度的要求，对施工现场的道路交通、材料仓库、附属企业、临时房屋、临时水电管线等做出合理的规划布置，从而正确处理全工地施工期间所需各项设施和永久建筑、拟建工程之间的空间关系。

一、施工总平面图设计的内容

（1）建设项目施工总平面图上的一切地上、地下已有的和拟建的建筑物、构筑物以及其他设施的位置和尺寸。
（2）一切为全工地施工服务的临时设施的布置位置，包括：
①施工用地范围，施工用的各种道路；
②加工厂、制备站及有关机械的位置；
③各种建筑材料、半成品、构件的仓库，生产工艺设备主要堆场，取土弃土位置；
④行政管理房、宿舍、文化生活福利建筑等；
⑤水源、电源、变压器位置，临时给排水管线和供电、动力设施；
⑥机械站、车库位置；
⑦一切安全、消防设施位置。
（3）永久性测量放线标桩位置。

许多规模巨大的建筑项目，其建设工期往往很长。随着工程的进展，施工现场的面貌将不断改变。在这种情况下，应按不同阶段分别绘制若干张施工总平面图，或者根据工地的变化情况及时对施工总平面图进行调整和修正，以便满足不同时期的需要。

二、施工总平面图设计的原则

（1）尽量减少施工用地，少占农田，使平面布置紧凑、合理。
（2）合理组织运输，减少运输费用，保证运输方便、通畅。
（3）施工区域的划分和场地的确定，应符合施工流程要求，尽量减少专业工种和各工程之间的干扰。

(4)充分利用各种永久性建筑物、构筑物和原有设施为施工服务,降低临时设施的费用。
(5)各种生产、生活设施应便于工人的生产、生活。
(6)满足安全防火、劳动保护的要求。

三、施工总平面图设计的依据

(1)各种设计资料,包括建筑总平面图、地形地貌图、区域规划图、建筑项目范围内有关的一切已有和拟建的各种设施位置。
(2)建设地区的自然条件和技术经济条件。
(3)建设项目的建筑概况、施工方案、施工进度计划,以便了解施工阶段情况,合理规划施工场地。
(4)各种建筑材料构件、加工品、施工机械和运输工具需要量一览表,以便规划工地内部的储放场地和运输线路。
(5)各构件加工厂规模、仓库及其他临时设施的数量和外廓尺寸。

四、施工总平面图的设计步骤

1. 场外交通的引入

设计全工地性施工总平面图时,首先应从研究大宗材料、成品、半成品、设备等进入工地的运输方式入手。当大宗材料由铁路运来时,首先要解决铁路的引入问题;当大宗材料由水路运来时,应首先考虑原有码头的运用和是否增设专用码头问题;当大宗材料是由公路运入工地时,由于汽车线路可以灵活布置,因此,一般先布置场内仓库和加工厂,然后布置场外交通的引入。

1)铁路运输

当大量物资由铁路运入工地时,应首先解决铁路由何处引入及如何布置问题。一般大型工业企业、厂区内都设有永久性铁路专用线,通常可将其提前修建,以便为工程施工服务。但由于铁路的引入将严重影响场内施工的运输和安全,因此,铁路的引入应靠近工地一侧或两侧。仅当大型工地分为若干个独立的工区进行施工时,铁路才可引入工地中央。此时,铁路应位于每个工区的侧边。

2)水路运输

当大量物资由水路运进现场时,应充分利用原有码头的吞吐能力。当需增设码头时,卸货码头不应少于2个,且宽度应大于2.5m,一般用石或钢筋混凝土结构建造。

3)公路运输

当大量物资由公路运进现场时,由于公路布置较灵活,一般先将仓库、加工厂等生产性临时设施布置在最经济、合理的地方,再布置通向场外的公路线。

2. 仓库与材料堆场的布置

通常考虑设置在运输方便、位置适中、运距较短并且安全防火的地方。区别不同材料、设备和运输方式来设置。

(1)当采用铁路运输时,仓库通常沿铁路线布置,并且要留有足够的装卸前线。如果没有足够的装卸前线,必须在附近设置转运仓库。布置铁路沿线仓库时,应将仓库设置在靠近工地一侧,以免内部运输跨越铁路。同时仓库不宜设置在弯道处或坡道上。

(2)当采用水路运输时,一般应在码头附近设置转运仓库,以缩短船只在码头上的停留时间。

(3)当采用公路运输时,仓库的布置较灵活。一般中心仓库布置在工地中央或靠近使用的地方,也可以布置在靠近外部交通连接处。砂石、水泥、石灰、木材等仓库或堆场宜布置在搅拌站、预制场和木材加工厂附近;砖、瓦、预制构件等直接使用的材料应该直接布置在施工对象附近,以免二次搬运。工业项目建筑工地还应考虑主要设备的仓库(或堆场)。一般笨重设备应尽量放在车间附近,其他设备仓库可布置在外围或其他空地上。

3. 加工厂布置

各种加工厂布置,应以方便使用、安全防火、运输费用最少、不影响建筑安装工程施工的正常进行为原则,一般应将加工厂集中布置在同一个地区,且多处于工地边缘。各种加工厂应与相应的仓库或材料堆场布置在同一地区。

(1)混凝土搅拌站。根据工程的具体情况可采用集中、分散或集中与分散相结合的三种布置方式。当现浇混凝土量大时,宜在工地设置混凝土搅拌站;当运输条件好时,以采用集中搅拌或选用商品混凝土最有利;当运输条件较差时,以分散搅拌为宜。

(2)预制加工厂。一般设置在建设单位的空闲地带上,如材料堆场专用线转弯的扇形地带或场外临近处。

(3)钢筋加工厂。区别不同情况,采用分散或集中布置。对于需要进行冷加工、对焊、点焊的钢筋和大片钢筋网,宜设置中心加工厂,其位置应靠近预件构件加工厂;对于小型加工件,利用简单机具成型的钢筋加工,可在靠近使用地点的分散的钢筋加工棚里进行。

(4)木材加工厂。要视木材加工的工作量、加工性质和种类而定,是集中设置还是分散设置几个临时加工棚。一般原木、锯材堆场布置在铁路专用线、公路或水路沿线附近,木材加工厂亦应设置在这些地段附近锯木成材、细木加工和成品堆放,应按工艺流程布置。

(5)砂浆搅拌站。对于工业建筑工地,砂浆量小,可以分散设置在使用地点附近。

(6)金属结构、锻工、电焊、机修等车间。它们在生产上联系密切,应尽可能布置在一起。

4. 布置内部运输道路

根据各加工厂、仓库及各施工对象的相对位置研究货物转运图,区分主要道路和次要道路,进行道路的规划。规划厂区内道路时,应考虑以下几点:

(1)合理规划临时道路与地下管网的施工程序。在规划临时道路时,应充分利用拟建的永久性道路,提前修建永久性道路或者先修路基和简易路面,作为施工所需的道路,以达到节约投资的目的。当地下管网的图纸尚未出全,必须采取先施工道路后施工管网的顺序时,临时道路就不能完全建造在永久性道路的位置,而应尽量布置在无管网地区或扩建工程范围地段上,以免开挖管道沟时破坏路面。

(2)保证运输通畅。道路应有两个以上进出口,道路末端应设置回车场地,且尽量避免临时道路与铁路交叉。厂内道路干线应采用环形布置,主要道路宜采用双车道,宽度不小于6m;次要道路宜采用单车道,宽度不小于3.5m。

(3)选择合理的路面结构。临时道路的路面结构,应当根据运输情况和运输工具的不同类型而定。一般场外与省、市公路相连的干线,因其以后会成为永久性道路,所以,一开始就建成混凝土路面场区内干线和施工机械行驶路线,最好采用碎石级配路面,以利修补。场内支线一般为土路或砂石路。

5. 行政与生活临时设施布置

行政与生活临时设施包括办公室、汽车库、职工休息室、开水房、小卖部、食堂、俱乐部、浴室等。根据工地施工人数,可计算这些临时设施的建筑面积。应尽量利用建设单位的生活基地或其他永久性建筑,不足部分另行建造。

一般全工地性行政管理用房宜设在全工地入口处,以便对外联系。也可设在工地中间,便于全工地管理。工人用的福利设施应设置在工人较集中的地方,或工人必经之处。生活基地应设在场外,距工地500~1000m为宜。食堂可布置在工地内部或工地与生活区之间。

6. 临时水电管网及其他动力设施的布置

当有可以利用的水源、电源时,可以将水、电从外面接入工地,沿主要干道布置干管、主线,然后与各用户接通。临时总变电站应设置在高压电引入处,不应放在工地中心;临时水池应放在地势较高处。当无法利用现有水电时,为了获得电源,可在工地中心或工地中心附近设置临时发电设备,沿干道布置主线。为了获得水源,可以利用地表水或地下水,并设置抽水设备和加压设备(简易水塔或加压泵),以便储水和提高水压。然后把水管接出,布置管网。施工现场供水管网有环状、枝状和混合式三种形式,根据工程防火要求,应设立消防站,一般设置在易燃建筑物(木材、仓库等)附近,并须有通畅的出口和消防车道,其宽度不宜小于6m,与拟建房屋的距离不得大于25m,也不得小于5m,沿道路布置消火栓时,其间距不得大于100m,消火栓到路边的距离不得大于2m。

临时配电线路布置与水管网相似。工地电力网3~10kV的高压线一般采用环状,沿主干道布置,380/220V低压线采用枝状布置。工地上通常采用架空布置,距路面或建筑物不小于6m。

上述布置应采用标准图例绘制在总平面图上,比例一般为1:1000或1:2000。应该指出,上述各设计步骤不是截然分开,各自孤立进行的,而是互相联系、互相制约的,需要综合考虑、反复修正才能确定下来。当有几种方案时,尚应进行方案比较。

五、施工总平面图设计优化方法

在施工总平面图设计时,为使场地分配、仓库位置确定,管线道路布置更为经济、合理,需要采用一些优化方法。下面介绍的是几种常用的优化方法。

1. 场地分配优化法

施工总平面图通常要划分为几块场地,供几个专业工程施工使用。根据场地情况和专业工程施工要求,某一块场地可能会适用一个或几个专业化工程,但施工中,一个专业工程只能使用一块场地,因此需要对场地进行合理分配,满足各自施工要求。

2. 区域叠合优化法

施工现场的生活福利设施主要是为全工地服务的,因此它的布置应力求位置适中,使用方便,节省往返时间,对服务点的受益大致均衡。确定这类临时设施的位置可采用区域叠合优化法。区域叠合优化法是一种纸面作业法,其步骤如下:

(1) 在施工总平面图上将各服务点的位置一一列出,按各点所在位置画出外形轮廓图。

(2)将画好的外形轮廓图剪下,进行第一次折叠,折叠的要求是,折过去的部分最大限度地重合在其余面积之内。

(3)将折叠的图形展开,把折过去的面积用一种颜色涂上(或用一种线条、阴影区分)。

(4)再换一个方向,按以上方法折叠、涂色。如此重复多次(与区域凸顶点个数大致相同次数),最后剩下一小块未涂颜色区域,即为最优点、最适合区域。

以上介绍的几种简便优化方法,在施工总平面图的设计中尚应根据现场的实际情况对优化结果加以修正和调整,使之更符合实际要求。

六、施工总平面图的科学原理

(1)建立统一的施工总平面图管理制度,划分总图的使用管理范围。各区各片有人负责,严格控制各种材料、构件、机具的位置、占用时间和占用面积。

(2)实行施工总平面图动态管理,定期对现场平面进行实录、复核,修正其不合理的地方,定期召开总平面图执行检查会议,奖优罚劣,协调各单位关系。

(3)做好现场的清理和维护工作,不准擅自拆迁建筑物和水电线路,不准随意挖断道路。大型临时设施和水电管路不得随意更改和移位。

第二节 工地运输与临时设施设计

一、工地运输设计

工地运输组织的任务:编制运输计划、确定运输量、选择运输方式、计算运输工具的需要量等。施工需要运输的物资有建筑材料、构件、半成品、机械设备、施工及生活用品等。

这些物资由外地运到工地(场外运输),一般都由专业运输单位承运。工地内的运输(场内运输)通常由施工单位承担。不论哪种运输,都应有组织、有计划地进行。

(1)确定运输量。每日需要运输物资的数量称为运输量或货运量。可根据具体情况计算。一般情况下,工地运输的货运量可按式(5-1)计算:

$$q = K \sum_{i}^{n} \frac{Q_i L_i}{T} \tag{5-1}$$

式中:q——每日货运量(t·km);

K——运输工作不均匀系数,公路运输取1.2,铁路运输取1.5;

Q_i——各种物资的年度需用量,或整个工程的物资用量,i 为货物种类;

L_i——运输距离(km);

T——工程年度运输工作日数,或计划运输天数。

若已用差额曲线或累积曲线编制运输计划,则每日需要运输的物资数量和运输工作日数为已知,每日货运量公式为式(5-2)。

$$q = K \sum_{i}^{n} M_i L_i \tag{5-2}$$

式中:M_i——每日运到工地的物资数量(t/d),i 为货物种类;

其余符号意义同前。

(2)计算运输工具的需要量。运输方式确定后,即可用式(5-3)计算每班作业运输工具的需要量。

$$N = \frac{QK_1}{qTnK_2} \tag{5-3}$$

式中:N——所需的运输工具数;

Q——全年(季)度最大运输量(t);

K_1——运输不均匀系数,场外运输一般采用1.2,场内运输采用1.1;

q——汽车台班产量(t/台班),根据运距按定额确定;

n——每日的工作班数;

K_2——运输工具供应系数,一般取0.9。

二、临时设施设计

施工总平面图的布置中,需要在工程开工前充分做好各项准备工作,建造相应的临时设施,如工棚、仓库、供水、供电、通信设施等。

各种临时设施的数量视工程具体情况以及施工安排、施工计划经过计算确定,因它们的使用期限一般很短,通常根据不同的使用要求,采用不同的结构形式。

1. 加工场地组织

工地临时加工场地组织的任务是确定建筑面积和结构加工场(站、厂)的建筑面积。通常参照有关资料或根据施工单位的经验确定,也可以按公式计算。

(1)钢筋混凝土构件预制厂、木工房、钢筋加工间等的场地或建筑面积用式(5-4)确定:

$$A = \frac{KQ}{TS\alpha} \tag{5-4}$$

式中:A——所需建筑面积(m^2);

K——生产不均匀系数,取1.3~1.5;

Q——加工总量(m^3、t 等);

T——加工总工期(月、日、班);

S——每平方米场地的月(日、班)平均产量,场地面积指工、机整个(台)工作面积;

α——场地或建筑面积利用系数,取0.6~0.7。

(2)水泥混凝土拌和站面积用式(5-5)计算:

$$A_T = NA \tag{5-5}$$

式中:A_T——拌和站面积(m^2);

N——拌和机台数(台);

A——每台拌和机所需的面积(m^2)。

其中式(5-5)中 N 用式(5-6)计算。

$$N = \frac{QK}{TR} \tag{5-6}$$

式中:Q——混凝土总需要量(m^3);

K——不均衡系数,取1.5;

T——混凝土工程施工总工作日；

R——混凝土拌和机台班产量(m^3/台班)。

2. **临时仓库和堆料场组织**

临时仓库和堆料场组织的任务是确定建筑面积，可以用式(5-7)计算。

$$F = \frac{T_c Q K_1}{T q K_2} \tag{5-7}$$

式中：F——仓库或堆场面积(m^2)；

T_c——材料、半成品等储备期定额；

Q——材料、半成品等总需要量；

K_1——材料使用不均匀系数；

T——项目的施工总工作日；

q——仓库面积定额，即每平方米存放的材料、半成品数量；

K_2——仓库面积利用系数(考虑人行道和车道所占面积)。

3. **行政、生活用临时房屋**

此类临时房屋的建筑面积取决于工地的人数，包括施工人员和家属人数。编制施工组织设计时，应尽量利用工地附近的现有建筑物，或提前修建能利用的永久房屋，如道班房、加油站等。临时建筑应按节约、适用、装拆方便的原则设计，其结构形式按当地气候、材料来源和工期长短确定。通常有帐篷、活动房屋、就地取材的简易工棚等。

4. **临时供水、供电、供热**

工地临时供水、供电、供热应解决以下问题：确定用量、选择供应来源、设计管线网络等。如供应来源由工地自行解决，还需要确定相应的设备。

(1) 建筑工地临时用电包括施工用电和照明用电两个方面，其用电量分别按式(5-8)、式(5-9)计算。

$$P_c = (1.05 \sim 1.10)(K_1 \sum P_1 + K_2 \sum P_2) \tag{5-8}$$

$$P_o = 1.10(K_3 \sum P_3 + K_4 \sum P_4) \tag{5-9}$$

式中： P_c——施工用电量(kW)；

P_o——照明用电量(kW)；

K_1, K_2, K_3, K_4——设备同时使用时的系数；

P_1, P_2, P_3, P_4——各种机械设备的用电量(kW)、电焊机的用电量(kW)、室内及室外照明用电量(kW)。

(2) 布置临时水、电管网和其他动力设施。

建筑工地临时供水包括生产用水、生活用水和消防用水三部分。

总用水量计算分为两种情况。

①当 $q_1 + q_2 + q_3 + q_4 \leq q_5$ 时：

$$Q = (q_1 + q_2 + q_3 + q_4) + q_5$$

②当 $q_1 + q_2 + q_3 + q_4 > q_5$ 时：

$$Q = q_1 + q_2 + q_3 + q_4$$

式中：q_1——施工现场一般生产用水；

q_2——施工机械用水；

q_3——施工现场生活用水；

q_4——生活区生活用水；

q_5——消防用水。

根据上述公式求得的总用水量，还应增加10%的漏水损失。

5. 其他临时工程设施

在施工组织设计中，还会遇到其他的临时工程设施，如便道、便桥、临时车站、码头、堆场、通信设施等。对于新建道路工程，这些临时工程设施更多，各种临时工程设施的数量视工地具体情况而定。因它们的使用期限都很短，通常都采用简易结构。

第三节 施工总平面图绘制示例

一、施工现场布置原则

杭州市是著名的旅游城市，城市环境特别重要。施工场地布置必须符合"杭州市建筑安全文明施工标准化工地""浙江省市政公用工程安全文明施工标准化工地""浙江省建筑安全文明施工标准化工地"要求。

根据本工程特点，结合交通组织方案、施工总体安排及施工区段划分充分利用现有条件，场地布置原则为：

(1) 严格按照招标文件和设计图纸提供的施工条件和施工地点，因地制宜地进行规划，合理安排施工场地和各种设施，满足各项目、各工序的衔接。

(2) 根据总体安排及交通组织需要，施工临时用地以满足施工生产和现场管理办公为主，尽量减少临时用地和占用市政道路。

(3) 充分考虑市容和环境保护，尽量减少扰民，确保施工期间不影响周边单位及住户的出行及生产。做到临时房屋及其他设施布置经济、合理、实用、安全。

(4) 施工设置布置满足生产规模和施工工艺要求，做到紧凑、美观、安全，并减少对周围环境和公共交通地点的影响。

(5) 平面布置符合施工流程要求，尽量减少工序交叉，减少对专业工种和其他方面施工的干扰。

(6) 场地布置充分考虑文明施工的有关规定，着眼于创建文明工地目标、高起点、严要求。施工总平面布置图见图5-1。

二、临时设施布置

1. 临时办公、生活设施

项目部驻地拟设置在施工区域周边空地内，占地面积约 $4000m^2$。临时设施要求符合浙江省市政公用工程安全文明施工标准化工地、杭州市建筑安全文明施工标准化工地要求，同时满足施工高峰时施工人员工作、生活要求。

项目经理部自建房屋采用彩钢板活动板房(阻燃材料)，住房之间满足消防要求规定的净距且不小于7m,住房采用双层结构,屋顶采用红色"人字形"双面坡,屋顶排水畅通且四周有排水沟。

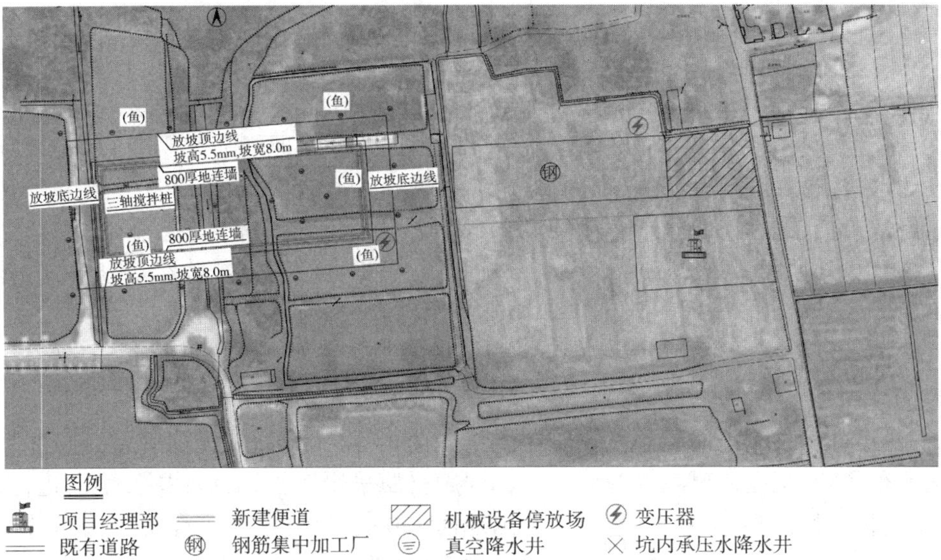

图例

项目经理部　新建便道　机械设备停放场　变压器
既有道路　钢筋集中加工厂　真空降水井　坑内承压水降水井

图5-1　施工总平面布置示意图

项目经理部办公及生活区住房坚固、美观,房间净高不低于2.6m;门窗齐全,同时设置可开启窗户,保证通风;屋顶选用阻燃、防火材料,地面硬化防潮湿且办公区用房地面铺设地砖;室内设置空调,保证职工在高温或低温季节正常办公或休息。临时设置软装、硬装、办公家具、空调等物件由单位自行考虑。

临时设置场地为以后永久绿化用地,工程完工后根据招标人要求时间,负责拆除并恢复地面。为使职工能安全、健康地生活、工作,经理部设有医疗救护所,提供现场急救及日常的医疗卫生服务,在卫生保健与急救方面配置具有丰富经验的医务人员,并与杭州市有关医疗机构协作,确保施工人员的生命安全、疾病的及时治疗与预防。

宿舍区内的卫生间及浴室的装修标准按杭州市文明施工设施标准执行,安装足够的冲洗设备,浴室装冷水及热水淋浴设备,项目经理部驻地平面布置示意图见图5-2。

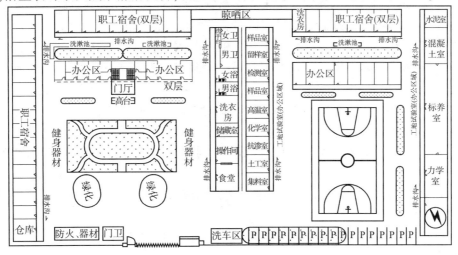

图5-2　项目经理部驻地平面布置示意图

项目经理部及施工队建立办公、住房、医疗卫生、车间、工作场地、仓库、贮料场及消防设施。

驻地建设的总平面布置包括防护、围墙、临时便道和安全、防火安排,并经监理工程师批准后实施。按施工组织设计合理布置生产、生活设施。在施工区域内建造现场办公和住房生活区,绿化、美化生活营地,消防、安全设施齐全到位,并处理好临时雨、污水排放,防止污染环境,污水排放采取管排。

充分保护现有的生态环境,不随意砍伐树木,施工结束撤场前,拆除全部临时设施及建筑垃圾,恢复场地原貌。办公及生活用房分排布置,根据办公、会议、住宿等功能进行统筹考虑,合理设计。

办公、生活区和运输车辆里设置有效的防火与灭火等消防设施,并配备一定数量的手持灭火器。

在项目经理部或工地的显著位置悬挂质量安全责任公示牌、施工铭牌、廉政建设责任公示牌、场地布置牌、工程概况牌等标识牌。标识牌材质采用铝板,蓝底白字,镶白边,文字、图标使用反光膜制作,牌柱采用镀锌钢管,高出地面3.0m,其中,质量安全责任公示牌、施工铭牌、廉政建设责任公示牌、场地布置牌等尺寸按照《江苏省高速公路施工标准化指南》中的相关要求执行。

在合同履行期间,按照合同及监理工程师要求为监理工程师提供办公、生活设施,会议室,试验室用房。

2. 生产区

集中布置料库、工具库、加工房、钢材存放场、模板支架存放场、钢筋集中加工厂、工地试验室、机械停放区、机修库、配供电设施等,以满足工程施工需要。

(1) 混凝土拌和站。考虑环境污染等因素,本工程混凝土采用商品混凝土。

(2) 钢筋集中加工厂。设置钢筋集中加工厂负责本合同段钢筋加工。钢筋加工厂场地地面均采用C15混凝土硬化处理。场地硬化按照四周低、中心高的原则进行,面层排水坡度不小于1.5%,场地四周应设置排水沟。

厂区采用封闭式管理,钢筋集中加工厂采用钢结构搭设,高度需满足施工要求。材料堆放区、成品区、作业区分开或隔开,各作业区设置明显的分区标识牌。

入口或醒目处,设置"三牌一图",即入场提示牌、安全管理牌、主要管理人员名单及监督电话牌、场地平面布置示意图。适当位置设置安全风险点源预警牌。具体标识牌按照相关要求设置。

(3) 工地试验室。组建工地试验室,工地试验室须满足相关规定的要求;负责原材料检验及各种现场试验工作。

试验室配备具有试验资质的工程师,配备足够数量的试验员,负责现场检验和试验工作。

试验室建设满足施工标准化技术指南与交通、市政等相关部门及本工程的文明施工、标准化施工中相关要求。

(4) 材料存放。成品、半成品等,按不同规格、品种堆放整齐,有防雨、防潮、防冻等措施。钢筋等材料必须入库,并垫高30cm堆放。

各种材料堆放区域划分清楚,严禁混堆。

主材堆放必须挂上标识牌,标识牌面向料场通道,标明材料名称、产地、进场数量、批次、进场时间等材料信息。建议尺寸为高0.5m×宽0.4m,颜色为红字白底,摆放距地面60cm。

贵重物品、易燃易爆和有毒物品应分类堆放,及时入库,加设明显标志,并建立严格的领退料手续。

辅材材料及半成品分门别类搁置在物架上,或分类堆放整齐,做好防雨、防潮、防冻等措施,每种辅材材料及半成品悬挂材料标识牌。

3. 现场泥浆池的临时设置

项目位于杭州市,周边绿色环境较好,环保绿色文明程度高。因此,在围护结构施工过程中,不设泥浆池、泥浆箱。

现场施工泥浆循环系统中必须采用移动式钢制泥浆箱和硬质埋地管。泥浆箱的总容量必须满足施工时泥浆用量。现场采用移动式钢板焊制泥浆箱,泥浆箱的尺寸必须根据现场施工工艺及要求而定,同时根据泥浆箱尺寸要求选择合适的钢板。

利用多台泥浆泵实现泥浆循环,完成一根桩基后,钢制泥浆箱根据挖钻机、成槽机的移动而移动。废弃泥浆必须利用泥浆车及时抽排外运,运送至指定地点,经过泥浆固化处理后,对固、液分别进行处理。

钢制泥浆箱需经常清理,提高泥浆利用率和泥浆质量。

4. 场地围挡

项目部围墙根据各施工阶段调整布置,在分块围蔽围挡区域内的适当位置设置大门,在大门旁边设置一个门卫室,并由门卫24h值班。围护外墙标写工程建设标语、口号,并于大门出、入口处悬挂工程铭牌,即"五牌一图"(工程概况牌、安全纪律牌、安全标语牌、安全记录牌、文明施工制度牌和施工平面图)、安民告示和公益广告。围墙临近道路侧顶部每间隔30m设一处警示红灯,临街面的装饰要与周围的环境相互协调统一,并保持整洁、美观。

工地围挡按《关于市政工程围挡整治美化专题会议纪要》(杭建工发〔2011〕189号)与《关于印发市政工程围挡图集的通知》(杭建工发〔2011〕317号)内容严格执行。考虑多次安拆及破损更换,围护长度确保满足施工要求,固定围护采用双面夹泡沫的彩钢板材料,彩钢板厚度不小于2mm,高度不小于2.1m,交叉路口位置设置通透式围挡。固定围挡下部采用混凝土砌块外包铝塑板,全线设大型宣传画和标语,并配置警示、照明设施。现场配置相应的活动围护,高度不小于1.4m,材质同固定围护。所有围护采用全新。

围挡基础采用成品加气混凝土砌块(宽20cm、高30cm)砌筑,基础外侧倒角尺寸为5cm×5cm,加气混凝土砌块表面采用不低于M7.5水泥砂浆找平后,再涂刷深灰色油漆。基础底部每6m设8cm×8cm泄水孔(距两根立柱各3m位置)。立柱底部设法兰底座,采用4个螺栓锚固在路面结构层中,法兰底座四周用砌砖及砂浆包裹。立柱顶部设中式工艺灯。立柱宽度30cm,壁厚不小于1.8mm,中部设凹槽宽10cm、深5cm。围挡夹芯板顶部设横向压槽,立柱侧面设竖向侧灯带压槽,围挡夹芯板底部设方钢横向压条。围挡背面距两根立柱各3m位置竖向设置一道8cm方钢立柱,立柱用$\phi 32$镀锌圆管斜撑加固。灯光美化(中式工艺灯和发光字)和上挂塑料草皮。

5. 施工道路和场坪硬化

施工道路充分利用现有市政道路,施工围挡内场地除利用既有道路已硬化地面之外,场地内临时道路、材料堆放及加工场区全部采用混凝土进行硬化处理。

便道须满足大型车辆(吊车、长挂车、商品混凝土车、材料运输车)的通行要求,并按照杭州市建设工地文明施工要求对施工便道硬化并设置围护,同时落实专人负责施工便道日常维护和交通秩序管理工作。施工期间,便道须无偿提供给配套单位施工需求和招标人提出的其他需求使用。施工中对交通产生干扰时,按交通管理部门要求设置标牌、警示灯,安排临时纠察配合交警管理。

6. 施工用电

工地临时供电,包括动力用电与照明用电两个方面。在办理相关接入手续后由指定地点进行电力接入,动力电源从施工变压器引出,采用橡胶套铜芯电缆供接电,沿线路围挡布设电缆主干线,电源分别从主干线电缆引出。

照明电源单独从配电所引出,采用 2.5~4.0mm² 橡胶套铜芯电缆供电,沿驻地围墙布设照明电缆线,分别按照国家对建筑行业临时用电要求,采用三相五线制供电系统,设专用保护线及漏电保护开关。在箱式变压器出口设总动力箱,工地施工处设多处分动力箱,从各分动力箱用橡胶软电缆或通过移动式配电箱供给各负载。

配备 2~3 人高配电工,负责配合供电部门对临时施工变压器等进行日常管理、维护。

同时,为保证施工用电不中断,需自备 3 套 200kW 以上发电机,通过电源切换箱用于停电抢修、施工高峰等情况下的照明及动力用电,以保证施工高峰的补充电力和临时停电时的备用电力,确保施工的连续性。

7. 施工用水

临时用水就近选择接水口,按要求向自来水公司申请,由本单位负责接入施工生产用水和生活用水,并安装计量表具。自来水管采用 DN120 钢管,采用架空和地下埋设相结合的方法引入项目部和施工区域。施工用水主要采用河水,河水水质经检验合格后方可使用。

练习题

简述施工总平面图绘制的步骤。

实训项目

某轨道工程施工项目,郊区段有一座跨河大桥,施工单位有两个施工队伍,一个为路基施工队伍,另一个为桥梁施工队伍,该合同段路线起点处距离村庄 2km,路线其余地段无村庄,请结合已知信息,绘制施工平面图。该工程大桥为单位工程施工,已知大桥为 6×30m 预制连续箱梁,根据地质情况采用钻孔灌注桩,请绘制单位工程施工平面图。

第六章 施工组织设计

 教学目标

1. 了解施工组织设计的概念、任务、作用和分类;
2. 熟悉施工组织设计的内容。

第一节 施工组织设计概述

施工组织设计就是针对施工安装过程的复杂性,用系统的思想并遵循技术经济规律,对拟建工程的各阶段、各环节以及所需的各种资源进行统筹安排的计划管理行为。它可以将复杂的生产过程,通过科学、经济、合理的规划安排,达到能够连续、均衡、协调地进行施工,同时达到建设项目对工期质量及投资方面的各项要求。又由于建筑产品的单件性,没有固定不变的施工组织设计适用于任何建设项目,所以,如何根据不同工程的特点编制相应的施工组织设计成为施工组织管理中的重要一环。

一、施工组织设计的概念

施工组织设计是对建筑产品(建设项目或其单项单位工程、分部分项工程)生产(施工)过程中诸要素之合理组织,即根据拟建工程项目的特点,从人力、资金、材料、机械、施工方法等方面进行科学、合理的安排,使之在一定的时间和空间之内得以有组织、有计划、均衡地施工,使整个项目在施工中达到技术先进、经济合理、质量优良的目的,并根据施工安装过程的复杂性和具体施工项目的特殊性,尽量保持施工生产的连续性、均衡性和协调性,以实现生产活动的最佳经济效果。

施工组织设计把整个施工技术作业过程的各个环节都联系到一定的技术作业环节中,在特定的约束条件下,合理确定各项技术作业间的关系,确定在什么时候、按什么顺序、用什么方法及工具来完成施工任务。如施工组织设计合理,可使工地上的工人、机具、材料能够各得其所,以最少的消耗、最快的速度取得最好的效果;反之,就会违反操作规程,互相牵扯、干扰,造成窝工、停工,降低工程质量,延误施工期限,造成人力、物力、财力的巨大浪费。

施工组织设计除安排和指导施工外,还是体现设计意图、督促检查工作及编制概(预)算的依据。因此,施工组织设计必须具备下列性质:

(1)合理性。确定的原则和事项既符合当前施工队伍的技术水平和装备能力,又具备一定的先进水平,通过努力是可以达到的。

(2)严肃性。一经鉴定或审批成立,即具有法定效力,必须严格执行,不得任意违背。如遇特殊情况必须变更,需提出理由报请原批准单位审查批准。

(3)实践性。编制的原则和依据不是一成不变的,应贯彻从实际出发,认真调查研究的工作方法。施工组织设计应随着工人熟练程度及劳动生产率的提高,施工方法的改善,新工具、新设备的出现而不断改变,它与长期不变的结构设计是不同的。

二、施工组织设计的任务

施工组织设计的基本任务是根据业主对建设项目的各项要求,选择经济、合理、有效的施工方案;确定合理可行的施工进度;拟定有效的技术组织措施;采用最佳的劳动组织,确定施工中劳动力、材料、机械设备等需要量;合理布置施工现场的空间,按照连续生产、均衡生产和协调生产要求组织,以确保全面、高效地完成最终建筑产品。具体体现在:

(1)在具体的工程项目施工中,响应招标文件的实质性要求和条件,执行国家的法令和政策,遵守施工的有关规程、规范和细则。

(2)从施工的全局出发,全面规划,选定施工方案,合理安排施工程序,做好施工安排,确定施工进度,选择施工机具,使各环节、各子工序互相衔接,协调配合。

(3)合理、科学地计算各项物资和劳动力的需要量,以及使用的先后顺序,以保证及时供应。

(4)对施工工程必备的材料厂、砂石场、轨排场、桥梁场等进行合理的布置,以适应施工作业的需要。

(5)切实、有效地做好施工技术组织措施以及开工前的各项准备工作。

(6)对重点、难点、控制工期的工程以及施工中可能遇到的问题,分析、设想对策,做到心中有数。

(7)遵循节省投资、节约用地、环保节能、永临结合、因地制宜的原则,并重视防灾减灾、文物保护等工作。

(8)轨道工程施工组织设计通常以铺架工程为主线,以大跨桥梁、特长隧道、地质复杂隧道、大型车站等控制工程为重点,以位于关键线路上的工程为主要研究对象。

三、施工组织设计的作用

随着我国市场经济的不断深入和工程建设招投标工作的深入开展,施工组织设计也在不断地改变自己的角色。从一开始的施工技术文件已完全转变为一个全面的项目策划和管理文件。施工组织设计就是统筹规划、协调各方矛盾,正确指导施工活动的一部纲领性文件,是对整个施工活动的总设计,是建设项目管理的灵魂。施工组织设计,不仅对施工单位的施工活动有约束、指导作用,同时对建设单位、监理单位的工作也有相应的指导作用。科学的施工组织设计,将使建筑施工活动程序不断优化、工作协调和谐,并实现较高的工作效率,实现工期短、质量优、成本低的综合效果。从施工组织设计的发展历史和现实状况来看,其重要性越来越显著。

施工组织设计在不同阶段、不同进程、不同部门都有不同作用,主要是规划、组织、指导作用及作为概(预)算编制依据,具体表现在:

(1)指导工程各项施工准备工作。

(2)实现业主要求,进一步验证设计方案的合理性与可行性。

(3)统一规划并协调复杂的施工活动。

(4)对拟建工程实施全方位、全过程的科学管理。

(5)它是各阶段进行投资测算的依据。

(6)对施工企业的施工计划起决定性和控制性的作用。施工计划是根据施工企业对建筑市场进行科学预测和中标的结果,结合本企业的具体情况,制订出企业不同时期应完成的生产计划和各项技术经济指标。而施工组织设计是按具体的拟建工程的开、竣工时间编制的指导施工的文件。因此,施工组织设计与施工企业的施工计划两者之间有着极为密切、不可分割的关系。施工组织设计是编制施工企业施工计划的基础,反过来,制订施工组织设计又应服从企业的施工计划,两者是相辅相成、互为依据的。

(7)它是统筹安排施工企业生产的投入与产出过程的关键和依据。

(8)通过编制施工组织设计,可充分考虑施工中可能遇到的困难与障碍,主动调整施工中的薄弱环节,事先予以解决或排除,从而提高施工的预见性,减少盲目性,使管理者和生产者做到心中有数,工作处于主动地位。

四、施工组织设计的分类

1. 按编制目的不同分类

1)投标性施工组织设计

在投标前,由企业有关职能部门负责牵头编制,在投标阶段以招标文件为依据,为满足投标书和签订施工合同的需要编制。

2)实施性施工组织设计

在中标后、施工前,由项目经理负责牵头编制,在实施阶段以施工合同和中标施工组织设计为依据,为满足施工准备和施工需要编制。

2. 按编制对象范围不同分类

1)施工组织总设计

施工组织总设计是以整个建设项目或群体工程为对象,规划其施工全过程各项活动的技术、经济的全局性、指导性文件,是整个建设项目施工的战略部署,内容比较概括。

施工组织总设计一般是在初步设计或扩大设计批准之后,由总承包单位的总工程师负责,会同建设、设计和分包单位的总工程师共同编制。

2)单位工程施工组织设计

单位工程施工组织设计是以单位工程为对象编制的,是用以直接指导单位工程施工全过程各项活动的技术、经济的局部性、指导性文件,是施工组织总设计的具体化,具体地安排人力、物力和实施工程。

它是在施工图设计完成后,以施工图为依据,由工程项目的项目经理或主管工程师负责编制。

3)分部工程施工组织设计

分部工程施工组织设计一般针对工程规模大、特别重要、技术复杂、施工难度大的建筑物或构筑物,或采用新工艺、新技术的施工部分,或冬、雨季施工等对象编制,是专门的、更为详细的专业工程设计文件。

第二节 施工组织设计的内容

一、施工组织设计的基本内容

施工组织设计一般由三部分组成:

(1)必要的文字说明,如编制依据、工程概况、现场施工组织及进度、主要项目施工方法、重点项目施工方法、创优规划、各项保证措施(质量保证措施、技术保证措施、冬季施工保证措施、工期保证措施、安全保证措施、环境保护措施、廉政保证措施)等。

(2)必要的图纸,如施工平面图、施工进度示意图、辅助工程的辅助设施设计图、现场组织机构图、网络计划图等。

(3)相关计划表,如临时用地计划表、临时用电计划表、主要施工机械表、试验及检测设备表、主要材料计划表、进度计划表等。

不同的施工组织设计有不同的内容,主要取决于它的任务和作用。必须根据不同工程项目的特点和要求,现有的和可能争取到的施工条件,从实际出发,决定各种生产要素的基本结合方式,这种结合方式的时间和空间关系,以及根据这种结合方式和该工程项目本身的特点,决定所需工人、机具、材料等的种类与数量,以及其取得的时间与方式。所以每个施工组织设计的具体内容,将因工程的情况和使用的目的之差异而有多寡、繁简与深浅之分。

城市轨道交通工程一般处于城市或城市郊区,周边居民区、商业区比较多,故施工的水电道路与其他附属生产等临时设施将大为减少,现场准备工作的内容因而相对少些。对于一般性的简单工程,组织设计的内容可简单些,对于复杂的或规模较大的工程,内容就相对复杂;对于指导性或施工组织总设计,主要是解决重大的原则性问题,涉及的面也较广,组织设计的内容就浅一些,而单项、单位或分部分项工程的施工组织设计,涉及的面较窄,其内容就要求深一些;同时,不同阶段的施工组织设计,由于功能、特点不同,其内容侧重点也不一样,如设计单位的施工组织设计主要用于费用测算和检验设计可否施工,其内容侧重于施工方法和与概(预)算有关的数据,而施工单位的施工组织设计主要用于指导施工,则其内容侧重于施工安排及资源量计算,除此以外,施工单位的经验和组织管理水平也可能对内容产生影响。比如,对于某些工程,如施工单位已有较多的施工经验,其组织设计的内容就可简略一些;对于缺乏施工经验的工程对象,其内容就应详尽、具体。

所以,确定每个组织设计文件的具体内容与章节时,都必须从实际出发,以适用为主,做到各具特点,少而精,不可一味强调面面俱到。

二、决策单位的施工组织设计内容

1. 概略施工组织方案意见

概略施工组织方案意见,根据沿线自然条件、经济状况、近期及远期发展规划和国家有关政策,参考类似地区建设项目情况,结合全线工程量分布和路勘资料编制。其包括修建时机、控制工期的工程,合理的施工总工期及分段、分期修建的意见,概略的材料供应计划,主要工程数量等内容。

2. 施工组织方案意见

1）概述

(1) 研究依据、范围及研究年度。

(2) 预可行性研究（项目建议书）审批意见的主要内容及执行情况。

(3) 工程概况：线路的起讫里程、正线长度，主要技术标准、地形条件及工程复杂情况，全线主要工程分布情况。

2）建设项目所在地区特征

(1) 自然特征：对高原、严寒、风沙、盐碱、沼泽、海洋、软土、黄土等的范围及特征，以及气温、风向、降水量、台风等气象特征的说明。

(2) 交通运输情况：城市道路限行、拥堵情况调查。

(3) 沿线水源、电源、燃料等可利用的情况（含缺水、缺电简况）。

(4) 当地建筑材料的分布情况（含缺砂、缺石、缺填料简况）。

(5) 地方卫生防疫情况。

3）施工组织方案的比选及推荐意见

(1) 施工总工期，分段、分期施工安排的方案、意见。

(2) 铺轨及控制工程的施工进度与措施。

(3) 材料供应计划及运输方案。

(4) 施工工期总体安排意见。

(5) 施工区段划分意见（铺轨、架梁、重点土石方等）。

(6) 主要大型临时工程项目、数量、费用及所需主要工装设备。

(7) 分年度完成的主要工程数量及静态投资。

(8) 分年度需要的主要人工、材料数量。

4）施工准备

(1) 征地拆迁及"四通一平"（运输道路、电力、通信、通水及场地平整）。

(2) 主要建筑材料、轨道工程的备料。

(3) 铺轨基地、制（存）梁场等与主体工程配合的大型临时工程的修建。

5）控制工程和主要工程

(1) 解决控制工程的工期及施工关键问题的意见。

(2) 主要工程的施工方法、顺序、进度、工期和采取的措施（重点土石方工点、高架桥、区间隧道、轨道板的铺设、铺轨等）。

6）行车干扰严重地段的施工措施、意见

(1) 解决施工对通过能力影响的措施、意见。

(2) 充分利用封锁线路时间合理组织施工的意见。

(3) 保证行车和施工安全所采取的防护措施等。

7）材料供应计划

(1) 钢筋、水泥、木材等主要材料的来源与供应。

(2) 砂、石场和砖、石灰等来源与供应。

(3) 改建工程中利用拆除工程材料的意见。

8) 临时工程

(1) 岔线、便线、便桥的修建地点、标准和工程量。

(2) 汽车运输便道方案设计(含运梁便道)。

(3) 大型临时辅助设施的设置意见(如铺轨基地、材料厂、成品厂、混凝土成品预制厂、轨道板预制场等,说明设置原则及位置、规模、供应范围、供应总量、占地数量等)。

(4) 临时通信。

(5) 施工供水方案的意见。

(6) 施工供电方案的意见。

(7) 过渡工程方案的意见。

(8) 永久工程和临时工程结合的意见。

9) 施工环保措施

施工环保措施主要包括保护大气环境、水质、生活环境、生态等措施。

10) 施工安全措施

施工安全措施主要包括保护安全的现场管理及技术措施。

三、设计单位的施工组织设计内容

随着招标投标制度的不断完善,设计单位的施工组织设计主要集中在初步设计阶段编制较为详细的施工组织设计意见,在施工图阶段,进行施工图预算或投资检算时,往往采用施工组织设计意见的相关成果,只对部分需要更改的内容进行局部调理,而不另行编制完整的施工组织设计。施工组织设计意见编制内容如下。

1. 概述

(1) 设计依据、范围及设计年度。

(2) 可行性研究审批意见的主要内容及执行情况。

(3) 工程概况:线路的起讫里程、正线长度,主要技术标准、地形条件及工程复杂情况(简要说明设计范围内的控制工程、关键工程情况以及工程技术难点),全线主要工程分布情况。

2. 建设项目所在地区特征

(1) 自然特征:对高原、严寒、风沙、盐碱、沼泽、海洋、软土、黄土等的范围及特征,以及气温、风向、降水量、台风等气象特征的说明。

(2) 交通运输情况:水运、公路等可资利用的情况。

(3) 沿线水源、电源、燃料等可利用的情况(含缺水、缺电地段说明)。

(4) 当地建筑材料的分布情况(含缺砂、缺石、缺填料地段说明)。

(5) 其他与施工有关的情况。

3. 施工总工期、分期修建意见及施工区段的划分

(1) 施工总工期及其依据,包括批复的总工期及施工工期总体安排。

(2) 工期保证措施。

(3) 分期、分段修建意见:根据可行性研究审批意见的建设工期、实施进度及分段开通要求等提出。

(4)施工区段划分意见。

(5)控制工期工程、施工条件困难工程及特别复杂的工程所采取的措施:控制工程及关键工程的概况,施工场地布置,材料供应方案,分部工程的施工顺序、进度、施工方法、措施、意见、有关注意事项等。

(6)分年度完成的主要工程量及静态投资(表格说明)。

(7)分年度需要的主要劳动力、材料及机具数量(表格说明)。

4.施工准备工作

(1)征地拆迁及"四通一平"(运输道路、电力、通信、通水及场地平整)。

(2)主要建筑材料(含甲供料)、轨道板、轨道工程的备料。

(3)铺轨基地、制(存)梁场等与主体工程配合的大型临时工程的修建。

(4)大型施工设备的准备情况。

5.主要工程的施工方法、顺序、进度、工期及措施

(1)桥涵工程。

(2)区间隧道工程。

(3)铺架工程(无砟轨道混凝土道床及架梁)。

(4)房屋工程。

(5)通信、信号、信息、电力、电气化和其他运营生产设备及建筑物(可分项说明)。

6.解决施工与行车干扰的措施

(1)解决施工对通过能力影响的措施、意见。

(2)充分利用封锁线路时间合理组织施工的意见。

(3)保证行车和施工安全所采取的防护措施等。

7.材料供应计划

(1)采用的运输方案。

(2)主要材料的数量、来源及运输方法。

(3)当地材料的数量、来源、运输方法及供应范围。

(4)利用拆除工程材料的意见。

(5)客运专线中的甲供设备采供计划。

8.临时工程

(1)大型临时工程设计原则。

(2)便线、便桥的修建地点、标准及工程量。

(3)汽车运输便道方案设计(含运梁便道)。

(4)大型临时辅助设施的设置意见,包括材料厂、成品厂、混凝土拌和站、混凝土成品预制厂、制梁场、存梁场、轨道板预制场、铺轨基地等,说明设置原则及位置、规模、场外岔线、供应总量、供应范围、占地数量等,并附方案比选资料,重点设施附场内布置示意图。

(5)临时通信。

(6)施工供水方案。

(7)施工供电方案。

(8)过渡工程措施:便线、便桥、车站、通信、信号、电力、电气化等,说明修建理由、地点、

标准及工程数量。

(9)永久工程和临时工程结合的意见。

9. 施工环保措施

施工环保措施主要包括保护大气环境、水质、生活环境、生态等措施。

10. 施工安全措施

施工安全措施主要包括保护安全的现场管理及技术措施。

初步设计阶段施工组织设计意见与可行性研究阶段施工组织方案意见的编制原则、编制方法基本一致,施工组织设计意见是在批准的施工组织方案意见的基础上,依据定测的施工调查资料和初步设计的设计资料,进一步优化、细化施工组织方案,对施工总工期进行必要的调整,施工组织设计意见主要侧重以下内容:

(1)施工区段的划分,应考虑地形、工程量分布、控制工程的位置等因素,合理确定。

(2)控制工程、施工条件困难和特别复杂的工程,应提出切实可行的措施、意见。

(3)主要工程应按桥梁、隧道(包括明洞)、铺架(包括铺轨、架梁、轨道板铺设)、房屋、通信、信号、电力、电力牵引供电和其他运营生产设备及建筑物,逐项提出施工方法、顺序、进度、工期及措施。

(4)材料供应计划:确定材料来源、运输方法及供应范围。

(5)大型临时设施和过渡工程:

①确定大型临时设施的修建地点、规模或标准,计算工程数量。

②制订切实可行的施工过渡措施,确定过渡工程的修建地点、规模,计算工程数量。

③确定施工供电、供水方案。

④确有条件时,应提出临时工程和正式工程结合的意见。

(6)根据分年度安排的工程数量,计算分年度主要人工、材料、施工机械台班数量及分年度投资划分。

(7)施工组织进度示意图和施工平面布置示意图,应根据定测资料和初步设计有关数据绘制。对个别工程施工组织设计工点,应绘制个别工程施工组织进度示意图。

四、施工单位的施工组织设计内容

1. 施工单位施工组织设计的特点

施工单位各阶段编制的施工组织设计与设计单位、招标单位编制的施工组织设计的最大不同点是实施性,即使在投标施工组织设计中所提出的方案,也须考虑中标后付诸实施,另外,此阶段编制施工组织设计时,各种外界因素(如图纸、工期、施工力量、征地拆迁等)已基本确定。因此,施工单位的施工组织设计的特点可以用"现实、具体、深入、可行"来描述。

2. 编制分工与审批权限

(1)投标施工组织设计由各级经营计划部(投标小组)编制,经主管经营的领导,决策审批后,作为投标标书的主要内容之一。

(2)施工组织总设计,由总承包单位总经理或总工程师组织有关部门编制与审查,批准成立后,上报下达,并指导中标工程总体施工。

(3)单项单位工程施工组织设计,由总经理部、项目经理部或项目工程队分管生产的项目经理或总工程师组织有关部门编制与审查,经批准成立后,上报下达,并指导本项工程施工。

(4)当工程大或复杂,涉及几个单位施工时,由上一级领导负责指定编制单位和参加编制单位,经负责编制单位组织会审,工程项目负责人批准成立后,上报下达,作为施工指导文件。分部分项工程施工组织设计由项目工程队编制,报上一级经理部审批。

(5)由经理部独立投标取得的工程,由承揽单位自行编制,重大工程的施工组织经主管经理或总工程师审查批准后,报上级单位备案。

(6)凡通过投标、议标承揽的工程项目的施工组织设计,在本单位批准决定成立的同时,还应根据招标文件要求提交甲方或监理批准。

3. 实施与修正

(1)施工组织设计一经审查批准成立,各执行单位应维护施工组织的严肃性,保证实施,各执行单位要分年度向上级报告执行情况、存在的问题等。编制单位要对实施情况进行定期检查。

(2)如因投资、劳动力、材料、设备及其他原因,情况发生变化,无法继续执行原施工组织设计时,可由编制单位调整、修改。当国家或业主计划改变,对工期、投资有较大变动时,由编制单位全面调整,分管生产的领导审查批准后,上报下达有关单位执行。

(3)施工组织设计是编制月旬作业计划的依据。在实施过程中,如有变化,可通过作业计划调整,但当基本条件有原则变化时,应由编制单位全面调整、修改,经上级领导审查后执行。

(4)两个以上单位配合施工的工程,其中一个单位要求调整、修改施工组织设计时,仍由原编制单位主持修改,有关单位应积极配合,施工组织按审批程序成立后,上报下达有关单位执行。

4. 施工组织设计的内容组成

施工组织设计有不同的种类,不同的施工组织设计功能也有较大差别,其内容组成却较为相似,只是编制者在编制时根据需要的不同,而侧重点不同、深浅度不同、所描述的对象不同而已。施工单位施工组织设计文件的内容包括:

(1)编制依据与编制范围。

(2)工程概况。

(3)总体施工组织安排。

(4)临时工程和过渡工程。

(5)工程进度计划安排。

(6)施工方案。

(7)控制工程和重点工程(包括高风险工程)施工方案。

(8)资源配置方案。

(9)建设与施工管理措施。

(10)引用文件与施工规范。

(11)进一步研究解决的问题及建议。

(12)施工组织图表。

除以上所列内容外,下列专题亦可作为施工组织设计的附加内容:

(1)新技术、新工艺、新材料和新设备(四新)应用。含"四新"技术名称、应用部位和范围、注意事项及采取的措施、社会效益、经济效益等。

(2)成本控制措施。含成本控制目标降低成本的措施。

(3)施工风险防范。含项目施工风险、风险管理重点、风险防范对策、风险管理责任。

(4)总承包管理与协调。含总承包管理工作内容、管理计划、对各分包单位的管理措施与协调配合措施。

(5)工程创优计划及保证措施。含工程创优计划、创优组织机构、创优保证措施。

第三节 施工组织设计示例

以西安市地铁3号线一期工程鱼化寨至保税区段(不含试验段)××标—暗挖区间实施性施工组织为例。示例内容详见二维码6-1。

二维码6-1

练习题

1. 施工组织设计必须具备哪些性质?
2. 施工组织设计的编制原则有哪些?
3. 施工组织设计应怎样分类?
4. 施工组织设计的主要内容有哪些?

实训项目

根据招标文件中已知情况和施工组织设计的要求编写工程施工组织设计大纲。

1. 工程范围

01合同段为四惠站至高碑店车站,起讫里程K0+000.0—K3+5043,长3504m,包括高碑店车站和相应区间。主要包括高碑店车站土建工程、K2+349.09—K3+343.67段994.58m的四惠东至高碑店站高架桥、K0+000.0—K2+313.09段一般路基、K2+313.09—K2+349.09段装配式钢筋混凝土路肩挡土墙、给排水消防工程、动力照明工程防火报警工程。不包含室外工程。

2. 工程环境

(1)地理位置。

本合同段线路由四惠站至高碑店车站(东),线路跨越京通快速路后,进入京通快速路的中央隔离区,与其并行至高碑店站。

(2）工程地质情况。

工程位于永定河冲洪积扇东部边缘地带，地层由上至下依次为：人工堆积层、渣土层，主要为砖块、水泥块、灰渣、建筑垃圾等，密实度及承载力不均；黏质粉土压实填土层，承载力一般为80kPa。原公路路面及路基：水泥或沥青路面层；黏质粉土压实填土层，承载力约180～250kPa；碎石压实填土层，承载力280kPa左右。第四纪沉积层：包括黏质粉土砂质粉土层、黏土重粉质黏土层、粉质黏土层、砂质粉土层、地基承载力均大于160kPa。

地震基本烈度8度，地面以下20m范围内饱和土和砂土均不液化。土壤最大冻结深度为0.8m。

（3）交通、供水、供电条件。

本合同段线路斜跨京通快速路和辅道，于K2+696.245处在快速路上下行间与其并行延伸。经过高碑店北路、高碑店路北延、平房西路等公路，交通条件较便利，但施工相互干扰大。施工所需的水、电线路，开工前，由甲方接至施工现场，供应办法及要求按照规定办理。

（4）工程结构设计概况。

①高架桥下部设计2—7号墩为双柱矩形墩，混凝土盖梁，14—43号为独立柱墩，双悬臂盖梁，8—13号为门式墩，钢横梁。上部工程设计第1～7、13～37、43孔为预应力混凝土Ⅰ型组合梁，第8～12孔为钢筋混凝土结合梁，第38～42孔为钢筋混凝土连续梁。

②高碑店车站设计为高架车站，两层框架结构，总面积为5379.12m^2。站台层为轻型钢结构，站台层内设金属栏杆。站厅层内墙采用加气混凝土砌块，外承重墙采用钢筋混凝土墙，屋面为彩色压型钢屋面板。

3.主要工程数量

（1）高碑店站。

①基础工程。

平整场地2933.49m^2，挖土方1492.46m^3，回填土455896m^3，混凝土294722m^3。

②墙体工程。

普通混凝土外墙2026m^2，加气混凝土砌块墙361913m^3。

③钢筋混凝土工程。

矩形柱28811m^3，梁74151m^3，板梁钢筋混凝土35712m^3，平板1536.00m^2。

（2）一般路基、挡土墙。

①一般路基。

机械挖普坚土12732m^3，混凝土10525.4m^3，灰土垫层2164.0m^3，浆砌块（片）石护（锥）坡249.5m^3。

②挡土墙。

机械挖普坚土1010.0m^3，混凝土119.4m^3，回填土155.2m^3。

（3）高架桥。

混凝土基地处理1518m^3，钢筋混凝土现浇钻孔灌注桩4187.92m^3，承台2820.26m^3，墩台柱及盖梁混凝土1424.7m^3，现浇实体板梁1596.40m^3，现浇预应力箱梁572.34m^3。

（4）高碑店基坑支护。

现浇钢筋混凝土桩800.55m^3，现浇钢筋混凝土冠梁258.6m^3，砂浆锚杆8506.00m，土钉墙砂浆锚杆 7031.00m。

4. 工程特点

(1)本工程采用商品混凝土,混凝土质量稳定、可靠。

(2)高碑店车站位于京通快速路之间,作业场地狭小,而且往来车辆速度快、密度大,路基边坡支护(钻孔)施工、材料运输等比较困难。施工时必须有较详细的交通疏导方案。

(3)高架桥跨越京通快速路和辅道,桥梁施工及梁片架设干扰因素多,施工时间受制约,安全防护要求高。

5. 工期要求

开工日期:××××年××月××日。

竣工日期:××××年××月××日。

第七章 工程定额

 教学目标

1. 了解定额的特点及作用;
2. 掌握工程定额的分类方法;
3. 了解劳动定额、机械定额及材料定额的编制方法;
4. 熟悉预算定额的组成结构;
5. 掌握预算定额消耗量的确定方法;
6. 掌握预算定额中人工、材料及机械台班消耗量的确定方法。

第一节 定额概述

一、定额的概念

定额,"定"就是规定;"额"就是额度或限度。定额就是规定的额度或限度。工程建设定额是在正常施工条件下,完成规定计量单位的符合国家技术标准、技术规范(包括设计、施工、验收等技术规范)和质量评定标准,并反映一定时间施工技术和工艺水平所必需的人工、材料、施工机械台班(时)消耗量的额定标准。

定额的产生和发展,与资本主义企业管理科学化以及管理科学的发展是分不开的。定额产生于19世纪末,当时的工业发展很快,但采用传统管理方法,工人劳动生产率很低,劳动强度很高。在这种背景下,美国工程师泰勒开始了企业管理的研究,以提高工人的劳动生产率。他从工人的操作方法上研究工时的科学利用,把工作时间分成若干组成部分,并利用秒表记录工人每一动作消耗的时间,然后制定出工时消耗标准,用这个标准来作为衡量工作效率的尺度,这就形成了最初的工时定额。

继泰勒以后,随着生产力水平的不断发展,新材料、新技术的不断产生,定额也有较大的发展,产生了许多不同种类的定额以适应各行各业的需要,同时,对生产力的发展也起到了推动作用。

二、定额的特点

1.科学性

工程建设定额的科学性首先表现在定额的制订是以客观规律为基础的,它能正确地反映单位产品生产所必需的资源的消耗,并与实际的生产力发展水平相适应,从而以最少的资源消耗取得最大的经济效果。

定额的科学性还表现在制订定额的技术方法适应现代科学技术和信息社会发展的需

要。吸收现代科学技术的新成就,不断完善,形成一套严密的确定定额水平的方法。

2. 系统性与统一性

定额的系统性是由工程建设的特点决定的。工程建设本身是个庞大的实体系统,有严格的项目划分,如建设项目、单项工程、单位工程、分部工程、分项工程,同时,工程项目在计划和实施过程中也有严格的建设程序,如规划、可行性研究、设计、施工、竣工交付使用,以及投入使用后的维修等。因而,工程建设本身的多种类、多层次就决定了以它为服务对象的工程建设定额的多种类、多层次。

工程建设定额的统一性,主要是由国家对经济发展的有计划的宏观调控职能决定的。为了使国民经济按照既定的目标发展,就需要借助某种标准、定额、参数等对工程建设进行规划、组织、调节、控制。而这些标准、定额、参数必须在一定范围内是一种统一的尺度,才能实现上述职能。由此对项目的决策、设计方案、投标报价、成本控制进行比选和评价。

工程建设定额的统一性按照其影响力和执行范围来看,有全国统一定额、地区统一定额、行业统一定额等;按照定额的制定、颁布和贯彻使用来看,有统一的程序、统一的原则、统一的要求和统一的用途。

3. 指导性

工程定额指导性的客观基础是定额的科学性。工程定额的指导性体现在两个方面:一方面,工程定额作为国家各地区和行业颁布的指导性依据,可以规范建设市场的交易行为,在规定范围内,对于定额的使用者和执行者来说,不论主观上愿意不愿意,都必须按定额的规定执行。但由于在工程建设中引入了竞争机制,定额水平必然也会受市场供求状况的影响,从而在执行中可能产生定额水平的浮动。另一方面,在工程建设实行招标投标的管理模式下,体现交易双方自主定价的特点,投标人及报价的主要依据是企业定额,但企业定额的编制和完善仍然离不开统一定额的指导。

4. 稳定性和时效性

定额所反映的是一定时期内的施工技术和先进工艺的水平,所以表现为一定的稳定性。保持定额的稳定性是维护定额的指导性所必需的,更是有效地贯彻定额所必要的。如果某种定额处于经常修改、变动之中,那么必然造成执行中的困难和混乱,使人们感到没有必要去认真对待。工程建设定额的不稳定也会给定额的编制工作带来极大的困难。根据具体情况的不同,稳定的时间有长有短,一般为 5~10 年。

工程建设定额的稳定性是相对的。任何一种工程建设定额都只能反映一定时期的生产力水平,当生产力向前发展时,定额就会与已经发展的生产力不适应。所以,建筑工程定额在具有稳定性特点的同时,也具有显著的时效性。当定额不能起到它应有作用的时候,建筑工程定额就要重新修订了。定额经过修订或编制后,新的定额生效,原来的定额失效。

三、定额的作用

在工程建设和企业管理中,确定和执行先进、合理的定额是技术和经济管理工作中的重要一环。在工程项目的计划、设计和施工中,定额具有以下几个方面的作用:

1. 定额是节约社会劳动、提高劳动生产率的重要手段

一方面作为企业内部使用的定额,企业不断促使工人节约社会劳动和提高劳动效率,以

增加市场竞争力,获取更多的利润,定额可以体现一个企业在激烈的市场竞争中对于完成同样产品的工程量所表现出来的竞争力;另一方面,作为工程造价计算依据的各类定额,又促使企业加强内部管理,把社会劳动的消耗控制在合理的限度内;同时,作为项目决策的定额指标,又在更高的层次上促使项目投资者合理又有效地利用和分配社会劳动。

2. 定额是组织和协调社会化大生产的工具

随着生产力的发展,分工越来越细,生产社会化程度不断提高,任何一件产品都可以说是许多企业、劳动者共同完成的社会产品。因此,必须借助定额实现生产要素的合理配置,以定额组织、指挥和协调社会生产,从而保证社会生产持续、顺利地发展。

3. 定额是宏观调控的依据

利用定额对工程建设进行宏观调控和管理主要表现在：

(1)对工程造价进行管理和调控。

(2)对资源配置和流向进行预测和平衡。

(3)对经济结构,包括企业结构和所有制结构进行合理的调控,也包括对技术结构和产品结构的调整。

4. 定额有利于完善市场的信息系统

定额管理是对大量市场信息的加工,也是对大量市场信息的传递,还是对市场信息的反馈。信息是市场体系中不可或缺的要素,它的可靠性、完备性和灵敏性是市场成熟和效率的标志。

四、工程定额分类

工程定额是一个综合概念,是工程建设中各类定额的总称,包括许多种类的定额,如图7-1所示。

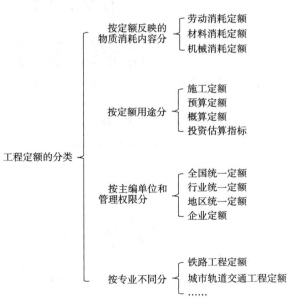

图 7-1　工程定额的分类

1. 按定额反映的物质消耗内容分类

按定额反映的物质消耗内容分类,工程定额可分为劳动消耗定额、材料消耗定额和机械消耗定额3种。

1) 劳动消耗定额

劳动消耗定额(简称劳动定额)是指完成一定数量的合格产品所规定的劳动消耗的数量标准。劳动定额的主要表现形式是时间定额,但也表现为产量定额。

(1)时间定额。

时间定额是指某种专业、某种技术等级工人班组或个人,在正常的施工条件下,为完成单位合格产品或工作任务所消耗的必要劳动时间,以工日为单位。我国现行工作制度,每个工日除潜水工作按6h、隧道工作按7h外,其余均按8h计算。

时间定额的计算方法:

$$单位产品时间定额(工日) = \frac{必须消耗的工日数}{生产量或工程量} \quad (7\text{-}1)$$

或

$$单位产品时间定额(工日) = \frac{班组成员工日数总和}{班组完成产品数量总和} \quad (7\text{-}2)$$

以《城市轨道交通工程概算定额》(GCG 102—2011)为例,"人工换填砂处理地基",定额单位为 $1m^3$,时间定额为 0.788 工日。它的工作内容包括放样、挖土、掺料、整平、分层夯实、找平及清理杂物。

(2)产量定额。

产量定额是指在正常施工条件下,某种专业、某种技术等级工人班组或个人,在单位时间(工日)内所应完成合格产品的数量。其计算方法如下:

$$单位时间产量定额 = \frac{生产量或工程量}{必须消耗的工日数} \quad (7\text{-}3)$$

或

$$单位时间产量定额 = \frac{班组完成产品数量总和}{班组成员工日数总和} \quad (7\text{-}4)$$

如上例,完成 $1m^3$ 人工换填砂处理地基的时间定额为 0.788 工日,则每工日产量应为 $1/0.788 = 1.269(m^3/工日)$。

[例7-1] 某土方二类土,挖基槽的工程量为 $500m^3$,每天有 24 名工人负责施工,时间定额为 0.205 工日$/m^3$,试计算完成该分项工程的施工天数。

解:①计算完成该分项工程所需的总劳动量。

$$总劳动量 = 500 \times 0.205 = 102.5(工日)$$

②计算施工天数。

$$施工天数 = \frac{102.5}{24} \approx 4.27(d)$$

(3)时间定额与产量定额的关系。

从上述可以看出,时间定额和产量定额互为倒数。它们的关系如下:

$$时间定额 = \frac{1}{产量定额} \quad (7\text{-}5)$$

或

$$产量定额 = \frac{1}{时间定额} \qquad (7-6)$$

2) 材料消耗定额

材料消耗定额(简称材料定额)是指完成一定合格产品所需消耗材料的数量标准。材料是指工程建设中使用的原材料、成品、半成品、构配件、燃料以及水、电等动力资源的统称。其计算单位是以材料的实物计量单位表示,如 m、m^3、kg、t 等。

(1)材料消耗的划分。

材料消耗包括直接用于产品本身(构成工程实体的一部分)的基本材料和辅助材料。基本材料是指构成工程结构本身所用的各种材料,例如钢筋混凝土工程中的水泥、砂、碎石、钢筋等。辅助材料是指构成工程实体除主要材料外的其他材料,如垫木、钉子、铅丝等。在辅助材料中,有些材料可以多次周转使用的称为周转性材料,如模板、脚手架、金属结构构件等。材料消耗的划分如图 7-2 所示。

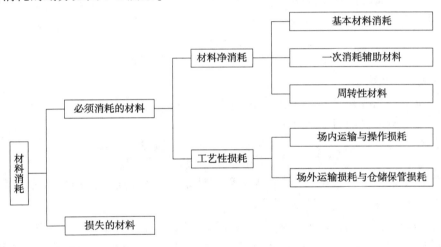

图 7-2 材料消耗的划分

(2)材料消耗定额的表现形式。

①材料的净消耗定额:生产某一产品或完成某一施工过程材料的净用量标准。如浇筑混凝土消耗的水泥净定额,即按实验室配合比计算的某强度等级 $1m^3$ 混凝土中水泥纯消耗数量。

②材料的损耗定额:生产某一产品或完成某一施工过程,在最低施工损耗的情况下,所用材料的非有效消耗量之和,包括不可避免的施工废料、不可避免的材料损失,不包括可以避免的浪费和损失的材料。例如,浇筑混凝土构件,所需混凝土材料在搅拌、运输、浇筑过程中产生不可避免的零星损耗,以及振捣体积变得密实,凝固后体积发生收缩等。二者之和称为材料消耗总定额,也叫作材料消耗定额。

(3)材料周转定额。

产品所消耗的材料包括工程本身使用的材料和为工程服务的辅助材料,即所谓的周转材料(如模板、支撑所需的木材等)。周转材料应按规定进行周转使用,其合理周转使用的次数和用量称为材料周转定额。现行预算定额中,周转材料均按正常周转次数摊入定额之中。

城市轨道交通预算定额中对主要材料、辅助材料、周转材料、零星材料,凡能计量的材料、成品、半成品均按品种、规格逐一列出用量并计入相应损耗。用量少、价值小的材料合并为其他材料费,以"元"表示。

3) 机械消耗定额

机械消耗定额是以一台机械一个工作班为计量单位,所以又称为机械台班定额。机械消耗定额是指完成一定数量的合格产品(工程实体或劳务)所规定的施工机械消耗的数量标准。其主要表现形式是机械时间定额,同时也以机械产量定额表现。

(1) 机械时间定额。

机械时间定额是在正常施工条件下,使用施工机械生产单位合格产品所必需的机械工作时间。机械时间定额以台班为单位。一般施工机械每个台班按 8h 计,潜水设备每台班按 6h 计,变压器和配电设备每昼夜按一个台班计。

机械时间定额的计算方法如下:

$$时间定额 = \frac{机械台数 \times 机械工作时间}{工作时间内完成产品数量或工作量} \tag{7-7}$$

(2) 机械产量定额。

机械产量定额指在单位时间内完成合格产品的数量。

机械产量定额的计算方法如下:

$$产量定额 = \frac{工作时间内完成产品数量或工作量}{机械台数 \times 机械工作时间} \tag{7-8}$$

机械产量定额的计算单位,以产品或工程的计量单位/台班(或台时)表示。由此可见,机械时间定额和机械产量定额互为倒数。

以《城市轨道交通工程概算定额》(GCG 102—2011)为例,"盖挖 $1m^3$ 土方工程"所需斗容量 $0.3m^3$ 履带式单斗挖掘机 0.008 台班,其机械时间定额为 0.008 台班,产量定额为 $1/0.008 = 125 (m^3/台班)$。

2. 按定额的用途分类

按定额的用途分类,工程定额可分为施工定额、预算定额、概算定额、投资估算指标 4 种,见表 7-1。

各种定额关系比较 表 7-1

名称	施工定额	预算定额	概算定额	投资估算指标
对象	工序	分项工程和结构构件	扩大分项工程或扩大结构构件	分部工程或单位工程
用途	编制施工预算	编制施工图预算	编制设计概算	编制投资估算
项目划分	最细	细	粗	很粗
定额水平	平均先进	社会平均	社会平均	社会平均
定额性质	企业定额	计价性定额		

(1)施工定额。

施工定额是施工企业组织生产和加强管理在企业内部使用的定额,属于企业定额的性质。为了适应组织生产和管理的需要,施工定额的项目划分很细,是工程定额中分项最细、定额子目最多的一种定额,也是工程定额中的基础性定额,是编制预算定额的基础。

(2)预算定额。

预算定额是在编制施工图预算阶段,以工程中的分项工程和结构构件为对象编制,用来计算工程造价和计算工程中的人工、机械、材料需要量的定额。预算定额是一种计价定额。从编制程序上看,预算定额是以施工定额为基础综合扩大编制的,同时也是编制概算定额的基础。

(3)概算定额。

概算定额是以扩大分项工程或扩大结构构件为对象编制的,计算和确定人工、机械、材料消耗量所使用的定额,也是一种计价性定额。概算定额是编制初步设计概算、确定建设项目投资额的依据。概算定额根据初步设计阶段编制深度所能提供的主要工程项目和工程量确定项目划分。从编制程序上看,概算定额是投资估算指标的编制基础。

(4)投资估算指标。

投资估算指标是在建设项目决策阶段编制投资估算、计算投资需要量时使用的一种定额。它非常概略,以分部工程或单位工程为计算对象。主要作用是为项目决策和投资控制提供依据。

3.按主编单位和管理权限分类

工程定额按主编单位和管理权限分类,可分为全国统一定额、行业统一定额、地区统一定额、企业定额4种。

(1)全国统一定额。

全国统一定额是由国家建设行政主管部门,综合全国工程建设中技术和施工组织管理的情况编制,并在全国范围内执行的定额,如全国统一安装工程定额。

(2)行业统一定额。

行业统一定额是考虑到各行业部门专业工程技术特点,以及施工生产和管理水平编制的。一般只在本行业和相同专业性质的范围内使用的专业定额,如矿井建设工程定额、铁路建设工程定额、公路建设工程定额等。

(3)地区统一定额。

地区统一定额包括省、自治区、直辖市定额。地区统一定额主要是在考虑地区性特点和全国统一定额水平后做适当调整补充编制的。

(4)企业定额。

企业定额是指由施工企业考虑本企业具体情况,参照国家、部门或地区定额水平制定的定额。企业定额只在企业内部使用,是企业素质的一个标志。企业定额水平一般应高于国家现行定额,以满足生产技术发展、企业管理和市场竞争的需要。

4.按专业不同分类

各个不同专业都分别有相应的主管部门颁发的本系统使用的定额,如建筑安装工程定额(亦称土建定额)、设备安装工程定额、给排水工程定额、公路工程定额、铁路工程定额、水利水电工程定额、水运工程定额、井巷工程定额等。

第二节　施工过程分析与定额测定

一、施工过程及其分类

施工过程就是在建设工程范围内所进行的生产过程。根据施工过程组织上的复杂程度,可以分解为工序、工作过程和综合工作过程。

1. 工序

工序是组织上不可分割的,而在操作上属于同一类的施工过程。工序的特征是工作者不变,劳动对象、劳动工具和工作地点也不变。例如,钢筋制作由平直钢筋、钢筋除锈、切断钢筋、弯曲钢筋等工序组成。在编制施工定额时,工序是基本的施工过程,是主要的研究对象。

2. 工作过程

工作过程是由同一工人或同一小组所完成的在技术操作上相互联系的工序的总和,其特点是人员编制不变,工作地点不变,而材料和工具则可以变换。例如,浆砌片石的砌筑、勾缝和养护。

3. 综合工作过程

综合工作过程是同时进行、在组织上有机地联系在一起的,并且最终能获得一种产品的施工过程的总和。例如,浆砌片石挡土墙这一综合工作过程,由工程内容挖基、搭拆脚手架、拌运砂浆、砌筑、勾缝等工作过程构成并最终形成其共同产品——挡土墙。

施工过程按照工艺特点,也可以分为循环施工过程和非循环施工过程两类。凡各个组成部分按一定顺序依次循环进行,并且每经一次重复都可以生产出同一种产品的施工过程,称为循环施工过程;若施工过程的工序或其组成部分不是以同样的次序重复,或者生产出来的产品各不相同,这种施工过程则称为非循环施工过程。

二、工作时间分析

工作时间,指的是工作班延续时间。例如,8h 工作制的工作时间就是 8h,午休时间不包括在内。对工作时间消耗的研究,可以分为两个系统进行,即工人工作时间的消耗和工人所使用的机器工作时间消耗。

研究施工中的工作时间最主要的目的是确定施工的时间定额和产量定额,以便研究工时消耗的数量及其特点。

1. 工人工作时间消耗的分类

工人在工作班内消耗的工作时间,按其消耗的性质,基本可以分为两大类:必须消耗的时间和损失时间,如图 7-3 所示。

1)必须消耗的时间

必须消耗的时间(也称定额时间)是工人在正常施工条件下,为完成一定合格产品(工作任务)所消耗掉的时间,是制定定额的主要依据,包括有效工作时间、休息时间和不可避免的中断时间。

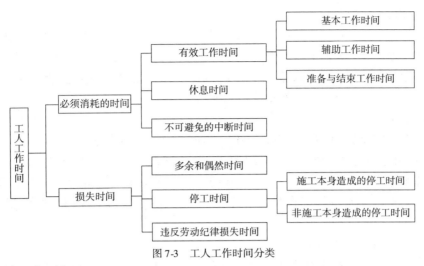

图 7-3 工人工作时间分类

（1）有效工作时间。

有效工作时间是从生产效果来看与产品生产直接有关的时间消耗，包括基本工作时间、辅助工作时间、准备与结束工作时间的消耗。

①基本工作时间，是工人生产一定产品的施工工艺过程所消耗的时间。如钢筋弯折、混凝土制品的养护等。在基本工作时间内可以改变材料的外形、结构与性质，也可以改变产品外部及表面性质。基本工作时间的长短和工作量大小成正比。

②辅助工作时间，是为保证基本工作能顺利完成所消耗的时间。在辅助工作时间里，不能使产品的形状大小、性质或位置发生变化，如搭设跳板、修理便道、施工放线等。辅助工作时间长短与工作量大小有关。

③准备与结束工作时间，是执行任务前或任务完成后所消耗的工作时间。准备工作时间如领取材料工具、工作地点布置、检查安全技术措施、保养机械时间；工作结束后的整理工作时间，如清理工作地点、退回工具、余料，产品交验，工作交接班等。准备与结束工作时间的长短和所担负的工作量大小无关，但往往和工作内容有关。

（2）休息时间。

休息时间是工人在工作过程中为恢复体力所必需的短暂休息和生理需要的时间消耗。这种时间是为了保证工人精力充沛地工作，所以在定额时间中必须计算在内。休息时间的长短和劳动条件、劳动强度有关，劳动越繁重、紧张，劳动条件越差（如高温），需要的休息时间就越长。

（3）不可避免的中断时间。

不可避免的中断时间是由于施工工艺特点引起的工作中断所必需的时间。如起重机吊预制构件时安装工等待的时间。与施工过程工艺特点有关的工作中断时间，应包括在定额时间内，但应尽量缩短此项时间消耗。

2）损失时间

损失时间是与产品生产无关而与施工组织和技术上的缺点有关，与工人在施工过程中的个人过失或某些偶然因素有关的时间消耗。损失时间包括多余和偶然时间、停工时间、违反劳动纪律损失时间。

(1) 多余和偶然时间。

多余工作是工人进行了任务以外而又不能增加产品数量的工作,如挡土墙由于质量不合格的重新砌筑工作。多余工作的工时损失,一般都是由工程技术人员和工人的差错引起的,因此,不应计入定额时间。偶然工作是工人在任务外进行的工作,但能够获得一定产品,如隐蔽工程中填补由于质量检查而留下的坑洞等。

(2) 停工时间。

停工时间是工作班内停止工作造成的工时损失。停工时间按其性质可分为施工本身造成的停工时间和非施工本身造成的停工时间两种。施工本身造成的停工时间,是由施工组织不善、工作面准备工作做得不好、工作地点组织不良等情况引起的停工时间。非施工本身造成的停工时间,是由水电供应临时中断,以及气象条件(如大雨、风暴、严寒、酷热等)造成的停工时间。

(3) 违反劳动纪律损失时间。

违反劳动纪律损失时间是指工人在工作班开始和午休后的迟到、午饭前和工作班结束前的早退、擅自离开工作岗位、工作时间内聊天或办私事等造成的工时损失。

2. 机械工作时间消耗的分类

机械工作时间的消耗,按其性质也分为必须消耗的时间和损失时间两类。

1) 必须消耗的时间。

必须消耗的时间包括有效工作时间、不可避免的无负荷工作时间和不可避免的中断时间,如图 7-4 所示。

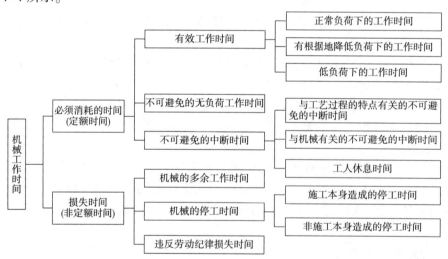

图 7-4 机械工作时间分类

(1) 有效工作时间。

①正常负荷下的工作时间,是机械在与机械说明书规定的额定负荷相符的情况下进行工作的时间。

②有根据地降低负荷下的工作时间,是在个别情况下由于技术上的原因,机械在低于其计算负荷下工作的时间。例如,汽车运输质量轻而体积大的货物时,不能充分利用汽车的载重 t 位,因而不得不降低其计算负荷。

③低负荷下的工作时间,是由工人或技术人员的过错造成的施工机械在降低负荷的情况下工作的时间。例如,工人装车的砂石数量不足引起的汽车在低负荷的情况下工作所延续的时间。此项工作时间不能作为计算时间定额的基础。

(2)不可避免的无负荷工作时间。

不可避免的无负荷工作时间是由施工过程的特点和机械结构的特点造成的机械无负荷工作时间。例如,筑路机在工作区末端掉头时间、汽车运土的空回时间等,就属于此项工作时间的消耗。

(3)不可避免的中断时间。

不可避免的中断时间是与工艺过程的特点有关的不可避免的中断时间、与机械有关的不可避免的中断时间、工人休息时间。

①与工艺过程的特点有关的不可避免的中断时间,如汽车装货与卸货时的停车时间、灰浆泵由一个工作地点转移到另一工作地点时的工作中断时间。

②与机械有关的不可避免的中断时间,是由工人进行准备与结束工作或辅助工作时,机械停止工作而引起的中断工作时间。它是与机械的使用与保养有关的不可避免的中断时间。

③工人休息时间是机械工人必需的休息时间。

2)损失时间

损失时间包括机械的多余工作时间、机械的停工时间和违反劳动纪律损失时间。

(1)机械的多余工作时间。

机械的多余工作时间包括两个方面:一是机械进行任务和工艺过程未包括的工作而延续的时间,如工人没有及时供料而使机械空运转的时间;二是机械在负荷下所做的多余工作,如混凝土搅拌机搅拌混凝土时超过规定搅拌时间,即属于机械的多余工作时间。

(2)机械的停工时间。

机械的停工时间按其性质也可分为施工本身造成的停工时间和非施工本身造成的停工时间。前者是由施工组织不当而引起的停工现象,如由未及时供给机械燃料而引起的停工;后者是由施工气候条件所引起的停工现象,如暴雨时压路机的停工。

(3)违反劳动纪律损失时间。

违反劳动纪律损失时间是指由工人迟到、早退或擅离岗位等引起的机械停工时间。

三、测定定额时间消耗的方法

测定定额时间消耗通常采用计时观察法。计时观察法,是研究工作时间消耗的一种技术测定方法。它以研究工时消耗为对象,以观察测时为手段,通过密集抽样、粗放抽样等技术进行直接的时间研究。计时观察法用于建筑施工中时以现场观察为主要技术手段,所以也称为现场观察法。

计时观察法的工作步骤如下:

(1)确定计时观察的施工过程。

(2)划分施工过程的组成部分。

(3)选择正常施工条件。

(4)选择观察对象。

(5)观察测时。

(6)整理和分析观察资料。

(7)编制定额。

计时观察法的种类很多,最主要的是测时法、写实记录法和工作日写实法。

1. 测时法

测时法主要适用于测定定时重复的循环工作的工时消耗,是精确度比较高的一种计时观察法,一般可达 0.2~15s。测时法只用来测定施工过程中循环组成部分的工作时间消耗,不研究工人休息、准备与结束即其他非循环的工作时间。

2. 写实记录法

写实记录法是一种研究各种性质的工作时间消耗的方法,包括基本工作时间、辅助工作时间、不可避免的中断时间、准备与结束工作时间以及各种损失时间。采用这种方法,可以获得分析工作时间消耗和制定定额所必需的全部资料。这种测定方法比较简便、易于掌握,并能保证必需的精确度。因此,写实记录法在实际中得到了广泛应用。

写实记录法的观察对象,可以是一个工人,也可以是一个工人小组。当观察由一个人单独操作或产品数量可单独计算时,采用个人写实记录。如果观察工人小组的集体操作,而产品数量又无法单独计算时,可采用集体写实记录。

3. 工作日写实法

工作日写实法是一种研究整个工作班内的各种工时消耗的方法。运用工作日写实法主要有两个目的,一是取得编制定额的基础资料;二是检查定额的执行情况,找出缺点,改进工作。工作日写实法与测时法、写实记录法相比较,具有技术简便、费力不多、应用面广和资料全面的优点,在我国是一种采用较广的编制定额的方法。

四、施工定额的编制方法

1. 劳动定额的编制方法

时间定额和产量定额是劳动定额的两种表现形式。拟定出时间定额,也就可以计算出产量定额;反之亦然。

制定时间定额的方法主要有技术测定法、经验估工法、统计分析法等。

1)技术测定法

技术测定法,即对施工过程进行计时观察后,对测定的数据进行整理,对工作时间进行分类,分别统计出基本工作时间、辅助工作时间、准备与结束工作时间、不可避免的中断时间和休息时间,劳动定额的时间定额即上述时间之和。

[例7-2] 人工挖土方,土壤系潮湿的黏性土,按土壤分类属二类土(普通土),测时资料表明,挖 $1m^3$ 土方需要消耗基本工作时间 60min,辅助工作时间占工作班延续时间的 2%,准备与结束工作时间占 2%,不可避免的中断时间占 1%,休息时间占 20%,试计算人工挖普通土的时间定额和产量定额。

解:必须消耗的时间 = 基本工作时间 + 辅助工作时间 + 不可避免的中断时间 + 准备与结束工作时间 + 休息时间。

假设完成挖 $1m^3$ 普通土的时间定额为 x,则:

$$x = 60 + (2\% + 2\% + 1\% + 20\%) \times x$$
$$x = 80(\min)$$

若每日按工作 8h 计算,则人工挖普通土的时间定额为:
$$80 \div 60 \div 8 = 0.166(工日/m^3)$$

产量定额为:
$$\frac{1}{0.166} = 6(m^3/工日)$$

2) 经验估工法

经验估工法是定额专业人员、工程技术人员和工人,根据施工图纸、技术规范、工艺操作规程,分析所使用的工具、设备、原材料及其施工技术组织条件和操作方法的繁简、难易等情况,凭实践经验估定劳动定额的一种方法。

该方法简单、速度快,但易受参加制定人员主观因素和局限性影响而使制定的定额出现偏高或偏低现象。为了提高精度,采用"概率论"的方法,分别对某一单位产品和施工过程进行估算,得出 3 个工时消耗,分别为:先进工时为 a,一般工时为 c,保守工时为 b,平均值用 M 表示,则:

$$M = \frac{a + 4c + b}{6} \tag{7-9}$$

标准差:
$$\sigma = \frac{b - a}{6} \tag{7-10}$$

根据正态分布图,调整后的工时定额 T 为:
$$T = M + \sigma\lambda \tag{7-11}$$

或
$$\lambda = \frac{T - M}{\sigma} \tag{7-12}$$

其中,λ 为标准差系数,从正态分布表(表 7-2)中可以查到对应于 λ 值的概率 $P(\lambda)$。$P(\lambda)$ 值表示该项目在消耗工时定额 T 的情况下完成的可能性程度。

正 态 分 布 表　　　　表 7-2

λ	$P(\lambda)$	λ	$P(\lambda)$	λ	$P(\lambda)$	λ	$P(\lambda)$	λ	$P(\lambda)$
-2.5	0.01	-1.5	0.07	-0.5	0.31	0.5	0.69	1.5	0.93
-2.4	0.01	-1.4	0.08	-0.4	0.34	0.6	0.73	1.6	0.95
-2.3	0.01	-1.3	0.10	-0.3	0.38	0.7	0.76	1.7	0.96
-2.2	0.01	-1.2	0.12	-0.2	0.42	0.8	0.79	1.8	0.96
-2.1	0.02	-1.1	0.14	-0.1	0.46	0.9	0.82	1.9	0.97
-2.0	0.02	1.0	0.16	-0.0	0.50	1.0	0.84	2.0	0.98
-1.9	0.03	-0.9	0.18	0.1	0.54	1.1	0.86	2.1	0.98
-1.8	0.04	-0.8	0.21	0.2	0.58	1.2	0.88	2.2	0.98
-1.7	0.04	-0.7	0.24	0.3	0.62	1.3	0.90	2.3	0.99
-1.6	0.06	-0.6	0.27	0.4	0.66	1.4	0.92	2.4	0.99

[**例7-3**] 已知完成某项任务的较短时间为6h,较长时间为14h,一般时间为7h。试问,要使完成任务的可能性为31%,即有31%工人可达到这一水平,下达工时定额为多少小时?

解:平均工时消耗:

$$M = \frac{a+4c+b}{6} = \frac{6+4\times 7+14}{6} = 8(h)$$

标准差:

$$\sigma = \frac{b-a}{6} = \frac{14-6}{6} \approx 1.3$$

$P(\lambda) = 0.31$,查表7-2得:$\lambda = -0.5$。

工时定额:

$$T = M + \sigma\lambda = 8 + 1.3 \times (-0.5) = 7.35(h)$$

3)统计分析法

统计分析法是利用过去同类工程项目或生产同类产品的实际工时消耗的资料,经过分析整理,结合当前的施工(生产)技术组织条件的变化因素制定劳动定额的一种方法。

该方法的优点是以统计资料为依据,有一定说服力,较能反映实际劳动效率,并且不需专门进行测定即可取得工时消耗数据,因而工作量小,简单易行,能满足定额制定得快和全的要求。其缺点是定额水平一般偏于保守。为了克服统计分析资料的这个缺点,使确定出来的定额水平保持平均先进的性质,可采用"二次平均法"计算平均先进值作为确定定额水平的依据。

(1)二次平均法。

二次平均法的步骤如下:

① 剔除不合理数据。

剔除统计资料中特别偏高、偏低的明显不合理的数据。

② 计算平均工时消耗。

$$t_{平均} = \frac{t_1 + t_2 + t_3 + \cdots + t_n}{n} = \frac{\sum_{i=1}^{n} t_i}{n} \tag{7-13}$$

式中:t_i——完成单位合格产品的实耗时间;

n——数值个数。

③ 计算先进平均的工时消耗。

将小于平均工时 M 的 n 个数据挑出来,计算平均值,即先进平均的实耗工时。

$$t'_{平均} = \frac{\sum_{i=1}^{n'} t_i}{n} \tag{7-14}$$

④ 计算平均先进值。

平均值与数列中小于平均值的各数值的平均值相加(对于时间定额),再求其平均数,即第二次平均。此即确定时间定额的依据。

平均先进定额:

$$t = \frac{t'_{平均} + t_{平均}}{2} \tag{7-15}$$

式中：t——二次平均后的平均先进值；

$t'_{平均}$——小于全数平均值的各个数值的平均值；

$t_{平均}$——全数平均值。

[例7-4] 已知由统计得来的工时消耗数据资料为 40、60、70、70、70、60、50、50、60、60，试用二次平均法计算其平均先进值。

解：
$$t_{平均} = \frac{1}{10} \times (40+60+70+70+70+60+50+50+60+60) = 59$$

$$t'_{平均} = \frac{40+50+50}{3} = 46.67$$

$$t = \frac{59+46.67}{2} = 52.84$$

如果把统计分析法和经验估工法的概率估计方法结合起来，可以帮助我们更加科学地掌握定额水平，使之先进、合理，这种方法叫概率测算法。

(2) 概率测算法。

概率测算法的步骤如下：

① 剔除不合理数据。

② 计算工时消耗数据的均方差。

$$\sigma = \sqrt{\frac{\sum_{i=1}^{n}(t_i - t_{平均})^2}{n}} \tag{7-16}$$

③ 运用正态分布确定时间定额。

$$T = t_{平均} + \sigma\lambda \quad \text{或} \quad \lambda = \frac{T - t_{平均}}{\sigma}$$

[例7-5] 已知由统计得来的工时消耗数据资料：40、60、70、70、70、60、50、50、60、60。

问题：

(1) 试用概率测算法确定欲使35%的工人能够达到或超过的平均先进值；

(2) 如果将52.84作为时间定额，能达到的概率是多少？

解：(1) 由例7-4可知：

$$t_{平均} = 59$$

$$\sigma = \sqrt{\frac{(40-59)^2 + (50-59)^2 \times 2 + (60-59)^2 \times 4 + (70-59)^2 \times 3}{10}}$$

$$= 9.43$$

当 $P(\lambda) = 0.35$，查表7-2得，$\lambda = -0.375$。

则工时定额：

$$T = t_{平均} + \sigma\lambda = 59 + 9.43 \times (-0.375) = 55.46$$

(2) 能达到的概率为：

$$\lambda = \frac{52.84 - 59}{9.43} = -0.65$$

查正态分布表7-2得：

$$P(-0.65) = 0.255$$

即只有 25.5% 的工人能达到此水平。

2. 机械定额的编制方法

(1) 确定机械纯工作 1h 正常生产率。

机械纯工作时间,就是指机械必须消耗的时间。机械纯工作 1h 正常生产率,就是在正常施工组织条件下,具有必需的知识和技能的技术工人操纵机械 1h 的生产率。

根据机械工作特点的不同,机械纯工作 1h 正常生产率的确定方法也有所不同。

① 对于循环动作机械,确定机械纯工作 1h 正常生产率。

$$机械一次循环的正常延续时间 = \sum (循环各组成部分正常延续时间) - 交叠时间 \quad (7-17a)$$

$$机械纯工作 1h 正常循环次数 = \frac{3600(s)}{一次循环正常延续时间} \quad (7-17b)$$

$$机械纯工作 1h 正常生产率 = 机械纯工作 1h 正常循环次数 \times 一次循环生产的产品数量 \quad (7-18)$$

② 对于连续动作机械,确定机械纯工作 1h 正常生产率。

$$连续动作机械纯工作 1h 循环次数 = \frac{工作时间内生产的产品数量}{工作时间} \quad (7-19)$$

(2) 确定施工机械的正常利用系数。

施工机械的正常利用系数,是指机械在工作班内对工作时间的利用率。机械的正常利用系数和机械在工作班内的工作状况有着密切的关系。所以,要确定机械的正常利用系数,首先要拟定机械工作班的正常工作状况,保证合理利用工时。

机械正常利用系数的计算公式如下:

$$机械正常利用系数 = \frac{机械在一个工作班内纯工作时间}{一个工作班内的延续时间(8h)} \quad (7-20)$$

(3) 计算机械产量定额。

$$施工机械台班产量定额 = 机械纯工作 1h 正常生产率 \times 工作班纯工作时间$$
$$= 机械纯工作 1h 正常生产率 \times 8h \times 机械正常利用系数 \quad (7-21)$$

[例 7-6] 采用机动翻斗车运输砂浆,运输距离为 200m,平均行驶速度 10km/h,等候装砂浆时间平均每次 5min,每次装载砂浆 $0.60m^3$,台班时间利用系数按 0.9 计算。

问题:

(1) 计算机动翻斗车运砂浆的每次循环延续时间。

(2) 计算机动翻斗车运砂浆的台班产量定额和时间定额。

解:(1) 翻斗车每次循环延续时间 $= 5 + \frac{2 \times 200}{10 \times 1000 \div 60} = 7.4 (min)$。

(2) 纯工作 1h 生产率 $= \frac{60min}{7.4min} \times 0.60m^3 = 4.86m^3$。

台班产量定额 $= 4.86m^3/h \times 8h \times 0.9 = 34.99m^3$。

台班时间定额 $= 1/34.99 = 0.029 (工日/m^3)$。

3. 材料定额的编制方法

确定实体材料消耗量主要的方法是通过现场技术测定法、实验室试验法、现场统计法、理论计算法等获得的。

(1)现场技术测定法。

现场技术测定法又称为观测法,是根据对材料消耗过程的测定与观察,通过完成产品数量和材料消耗量的计算,而确定各种材料消耗定额的一种方法。现场技术测定法主要适用于确定材料损耗量,因为该部分数值用统计法或其他方法较难得到。通过现场观察,还可以区别出哪些是可以避免的损耗,哪些是难以避免的损耗,明确定额中不应列入可以避免的损耗。

(2)实验室试验法。

实验室试验法主要用于编制材料净用量定额。通过试验,能够对材料的结构、化学成分和物理性能以及按强度等级控制的混凝土、砂浆、沥青、油漆等配比做出科学的结论。其缺点在于无法估计施工现场某些因素对材料消耗量的影响。

(3)现场统计法。

现场统计法是以施工现场积累的分部、分项工程使用的材料数量、完成产品数量、完成工作原材料的剩余数量等统计资料为基础,经过整理分析,获得材料消耗的数据。这种方法不能分清材料消耗的性质,因而不能作为确定材料净用量定额和材料损耗定额的依据,只能作为编制定额的辅助性方法使用。

(4)理论计算法。

理论计算法是运用一定的数学公式计算材料消耗定额。

4.周转材料消耗定额的编制方法

周转材料的消耗量,应按照多次使用、分次摊销的方法进行计算。周转材料的摊销量与周转次数有直接关系。

各种材料的周转及摊销定额,可按下式进行计算:

$$Q = \frac{A(1+k)}{nV} \tag{7-22}$$

式中:Q——周转材料的单位定额用量(m^3 或 kg/m^3);

A——周转材料的图纸一次用量(kg/m^3 或 m^3);

k——场内运输及操作损耗率(%);

n——周转及摊销次数;

V——工程设计实体体积(m^3)。

编制周转材料的消耗定额,基本上是以设计图纸或施工图纸为依据的。首先计算出建筑工程的体积和各种周转材料的图纸一次用量,然后按实测的周转及摊销次数进行计算。周转材料只包括木料、铁件、铁钉、铁丝、钢丝绳、钢结构等几种材料。

第三节 城市轨道交通工程预算定额简介

一、预算定额的概念

预算定额,是指在合理的施工组织设计、正常的施工条件下,生产一定计量单位的分项工程或结构构件所需的人工、材料和机械台班的社会平均消耗量标准。

二、预算定额的作用

（1）预算定额是编制施工图预算、确定建筑安装工程造价的基础。
（2）预算定额是编制施工组织设计的依据。
（3）预算定额是施工单位进行经济活动分析的依据。
（4）预算定额是编制概算定额的基础。
（5）预算定额是合理编制招标控制价、投标报价的基础。

三、预算定额的组成结构

现行的《城市轨道交通工程预算定额》（GCG 103—2008）的组成部分主要有以下几个方面。

1. 定额的颁发文件

定额的颁发文件是指刊印在《城市轨道交通工程概算定额》（GCG 102—2011）、《城市轨道交通工程预算定额》（GCG 103—2008）前部，由政府主管部门颁发的关于定额执行日期、定额性质、适用范围及负责解释的部门等法令性文件。

2. 总说明

总说明综合阐述定额的编制原则、指导思想、编制依据和适用范围，以及涉及定额使用方面的全面性的规定和解释。如：定额中人工、材料、机械台班用量的编制方法，定额采用的材料规格指标与允许换算的原则，使用定额时必须遵守的规则，定额在编制时已经考虑和没有考虑的因素和有关规定、使用方法等，是各册及各章说明的总纲，具有统管全局的作用。

3. 册说明

全国统一的《城市轨道交通工程预算定额》（GCG 103—2008）共分 10 册，第 1 册《路基、围护结构及地基处理工程》、第 2 册《桥涵工程》、第 3 册《隧道工程》、第 4 册《地下结构工程》、第 5 册《轨道工程》、第 6 册《通信工程》、第 7 册《信号工程》、第 8 册《供电工程》、第 9 册《智能与控制系统安装工程》、第 10 册《机电设备安装工程》。每册说明综合阐述本册定额的编制依据、适用范围，以及涉及本册定额使用方面的规定和解释。

4. 目录

目录简明扼要地反映定额的全部内容及相应的页号，对查用定额起索引作用。

5. 章说明及工程量计算规则

章说明及工程量计算规则对每一章的具体使用要求及注意事项做出了说明，特别是工程量计算规则。每章都有章说明和工程量计算规则说明，它是正确引用定额的基础。要想熟练又准确地运用定额，必须透彻地理解这些说明。故需反复、认真地学好这些说明。

6. 定额项目表

定额项目表（表7-3）是各类定额的主要组成部分，是定额各指标数额的具体体现。挡土墙定额项目表如表7-3所示。

挡土墙定额项目表 表7-3

定额编号			1-097	1-098	1-099
项目			浆砌		
			块石	粗料石	预制块
名称		单位	数量		
人工	综合工日	工日	1.339	1.280	1.125
材料	块石	m^3	1.153	—	—
	料石	m^3	—	0.910	—
	混凝土预制块	m^3	—	—	0.910
	水泥砂浆 M10	m^3	0.367	0.220	0.130
	水	m^3	0.140	0.070	0.140
机械	灰浆搅拌机 200L	台班	0.031	0.019	0.011

（1）分项工程名称及类别。定额项目表是预算定额最重要的部分，每个定额项目都列有分项工程的名称、类别等。如《城市轨道交通工程预算定额》（GCG 103—2008）第1册《路基、围护结构及地基处理工程》第2章2.2.1工程名称："浆砌挡土墙"，根据材料类别不同又分为浆砌块石挡土墙、浆砌粗料石挡土墙及预制块挡土墙。

（2）工作内容。工作内容位于定额项目表的左上方。如："2.2.1 浆砌挡土墙"工作内容包括修石料、拌制砂浆、砌筑、养护。工作内容主要说明本定额项目表所包括的主要操作内容。查定额时，必须将实际发生的操作内容与定额工作内容相比对，若不一致时，应按照章说明中的规定进行调整。

（3）定额单位。定额单位位于定额项目表的右上方，是合格产品的计量单位，实际的工程数量应是定额单位的倍数。如"2.2.1 浆砌挡土墙"定额单位为 m^3。

（4）定额编号。如"1-097"，指第1册第97个表，为浆砌块石挡土墙工程。

（5）名称。名称是本定额项目表中工程所用到的人工、材料、机械的总称。如综合工日、块石、料石、混凝土预制块、水泥砂浆 M10、水、灰浆搅拌机 200L 等。

（6）单位。单位是与工程计量单位不同的概念，是指项目内容对应的单位。

（7）定额值。定额值即定额项目表中各种资源消耗量数值。如 1-098 中"料石、水泥砂浆 M10、水、灰浆搅拌机 200L"所对应的消耗量分别为 $0.910m^3$、$0.220m^3$、$0.070m^3$、0.019台班，是指完成 $1m^3$ 粗料石挡土墙砌筑工作，需要消耗料石 $0.910m^3$、M10 水泥砂浆 $0.220m^3$、水 $0.070m^3$、200L 灰浆搅拌机 0.019 台班。

（8）注。有些定额项目表列有"注"，位于定额项目表下方。使用定额时，必须仔细阅读小注，以免发生错误。

7. 附录

附录是定额的有机组成部分，包括机械台班预算价格表，各种砂浆、混凝土的配合比以及各种材料名称规格表等，供编制预算与材料换算用。

四、预算定额消耗量的确定方法

确定预算定额人工、材料、机械台班消耗指标时，必须先按施工定额的分项逐项计算出消耗指标,然后按预算定额的项目加以综合。但是,这种综合不是简单的合并,而需要在综合过程中增加两种定额之间适当的水平差。

1. 预算定额中人工工日消耗量的计算

预算定额中人工工日消耗量是指在正常施工条件下,生产单位合格产品必须消耗的人工工日数量。预算定额中的人工工日不分工种、技术等级均以综合工日表示,包括基本用工、超运距用工、辅助用工和人工幅度差。基本用工和辅助用工根据现场测定资料、劳动定额及基本定额取定,另加人工幅度差。每个工日按 8h 计算。

1)基本用工

基本用工指完成一定计量单位的分项工程或结构构件的各项工作过程的施工任务必须消耗的技术工种用工。基本用工包括以下内容:

(1)完成定额计量单位的主要用工。

按综合取定的工程量和相应劳动定额进行计算,公式如下:

$$基本用工 = 综合取定的工程量 \times 劳动定额 \tag{7-23}$$

(2)按劳动定额规定应增(减)计算的用工量。

由于预算定额是在施工定额子目的基础上综合扩大的,包括的工作内容较多,施工的工效视具体部位而异,所以需要另外增加人工消耗,而这种人工消耗也可以列入基本用工内。

2)其他用工

其他用工是辅助基本用工消耗的工日,包括超运距用工、辅助用工和人工幅度差。

(1)超运距用工。

超运距是指劳动定额中已包括的材料、半成品场内水平搬运距离与预算定额所考虑的现场材料、半成品堆放地点到操作地点的水平运输距离之差。

$$超运距 = 预算定额综合取定运距 - 劳动定额已包括的运距 \tag{7-24}$$

$$超运距用工 = \sum(超运距材料数量 \times 超运距相应时间定额) \tag{7-25}$$

(2)辅助用工。

辅助用工是指劳动定额内不包括而在预算定额内又必须考虑的用工。例如机械土方工程配合用工,材料加工(筛砂、洗石、淋化石膏)、电焊点火用工等。计算公式如下:

$$辅助用工 = \sum(材料加工数量 \times 相应的加工劳动定额) \tag{7-26}$$

(3)人工幅度差。

人工幅度差,即预算定额与劳动定额的差额,主要是指在劳动定额中未包括而在正常施工情况下不可避免又很难准确计量的用工和各种工时损失。内容包括:

①各工种间的工序搭接及交叉作业相互配合或影响所发生的停歇用工。

②施工机械在单位工程之间转移及临时水电线路移动所造成的停工。

③质量检查和隐蔽工程验收工作的影响。

④班组操作地点转移用工。

⑤工序交接时对前一工序不可避免的修整用工。

⑥施工中不可避免的其他零星用工。

人工幅度差计算公式如下:

$$人工幅度差 = (基本用工 + 辅助用工 + 超运距用工) \times 人工幅度差系数 \tag{7-27}$$

人工幅度差系数的取定：

①人工幅度差系数依据全国统一定额和相关定额测算平衡后综合取定10%，超运距综合取定为100m。

②以全国统一市政工程劳动定额为基础计算基本用工可计人工幅度差。

③以全国统一建筑工程基础定额为基础计算基本用工以及根据实际需要采用估工增加的辅助用工，不再计人工幅度差。

3）总的用工

$$综合工日 = 基本用工 + 超运距用工 + 辅助用工 + 人工幅度差 \qquad (7\text{-}28)$$

2. 预算定额中材料消耗量的计算

材料消耗量包括主要材料、辅助材料、周转材料和其他材料。

（1）凡能计量的材料、成品、半成品均按品种规格逐一列出消耗量，并计入相应的材料损耗量。材料损耗量包括从工地仓库或现场集中堆放点至现场加工地点或操作地点，以及加工点到安装地点的场内运输损耗、施工操作损耗、施工现场堆放损耗，不包括场外运输损耗、场内二次搬运损耗及由于材料供应规格和质量标准不符合规定要求而发生的加工损耗。

（2）周转材料，如模板，根据现场情况测定模板使用量，再按基本定额规定的使用次数及材料损耗率并结合现场施工组织情况确定摊销量。定额中将模板的消耗单独列项。

（3）用量少、价值小的材料合并为其他材料费，以占材料费的百分数表示。

材料消耗之间的关系式如下：

$$材料损耗率 = \frac{材料损耗量}{材料净用量} \times 100\% \qquad (7\text{-}29)$$

$$材料损耗量 = 材料净用量 \times 材料损耗率(\%) \qquad (7\text{-}30)$$

$$材料消耗量 = 材料净用量 + 材料损耗量 \qquad (7\text{-}31)$$

或

$$材料消耗量 = 材料净用量 \times [1 + 材料损耗率(\%)] \qquad (7\text{-}32)$$

3. 预算定额中机械台班消耗量的计算

预算定额中的机械台班消耗量是指在正常施工条件下，生产单位合格产品（分部工程或结构构件）必须消耗的某种型号施工机械的台班数量。施工机械（包括仪器仪表）按机械名称、规格型号根据施工实际消耗的机械台班量计列并计算机械台班幅度差。

机械台班幅度差是指在施工定额中所规定的范围内没有包括，而在实际施工中又不可避免产生的影响机械或使机械停歇的时间。其内容包括：

（1）施工机械转移工作面及配套机械相互影响损失的时间。

（2）在正常施工条件下，机械在施工中不可避免的工序间歇。

（3）工程开工或收尾时工作量不饱满所损失的时间。

（4）检查工程质量影响机械操作的时间。

（5）临时停机、停电影响机械操作的时间。

（6）机械维修引起的停歇时间。

综上所述，预算定额机械台班消耗量按式(7-33)计算。

$$预算定额机械台班消耗量 = 施工定额机械台班消耗量 \times (1 + 机械幅度差系数) \qquad (7\text{-}33)$$

五、定额表值与实际消耗量的计算

当已知工程的数量总值时,可按下式计算其定额所消耗的人工、材料、机械费用等数量:

$$K_i = \frac{N}{L} \times P_i \tag{7-34}$$

式中:K_i——某种工程所需消耗的各种资源数量(m^2、t、m^3);

N——工程的实际工程量;

L——定额工程量;

P_i——相应工程的定额中某种资源(如人工、材料、机械)的数值。

第四节 预算定额的应用

一、《城市轨道交通工程预算定额》(GCG 103—2008)的总体介绍

定额总说明是对定额使用方面总的、较为全面的规定和解释,而册、节说明则是对定额编制所采用的施工工艺、方法以及工程量计算规则做出的详细规定和说明。这些说明都非常重要,需要正确理解、掌握和熟练运用,否则就会产生误读,造成编制预算时出现多计或漏计现象,从而影响到造价文件的准确性。现就《城市轨道交通工程预算定额》(GCG 103—2008)(以下简称《预算定额》)中总说明的内容重点介绍如下。

1.《预算定额》的作用与适用范围

《预算定额》是完成规定计量单位分部分项工程所需的人工、材料、施工机械台班的消耗量标准,是制订城市轨道交通工程地区单位估价表、工程量清单综合单价、招标标底和投标报价的基础。《预算定额》就是为计算人工、材料、机械(台班)的消耗量,提供统一、可靠的参数,因此是编制施工图预算的依据。

《预算定额》适用于新建、扩建的城市轨道交通工程。

2.《预算定额》的编制

《预算定额》是按照正常施工条件,目前多数施工企业的施工机械装备程度,施工中常用的施工方法、施工工艺、劳动组织以及合理工期进行编制的,是依据国家有关产品标准、设计规范和施工验收规范编制的,参考了现行国家、行业和地方定额,以及有代表性的工程设计、施工资料和其他资料。

3.《预算定额》中人工工日消耗量的规定

人工工日不分工种、技术等级均以综合工日表示。其内容包括基本用工、超运距用工、人工幅度差和辅助用工。

4.《预算定额》中材料消耗量的规定

(1)材料选用符合国家质量标准和相应设计要求的合格产品。

(2)材料消耗包括主要材料、辅助材料、零星材料,凡能计量的材料、成品、半成品均按品种、规格逐一列出数量并计入相应的损耗,其内容和范围包括:从工地仓库、现场集中堆放地点或现场加工地点至操作或安装地点的运输损耗、施工操作损耗、施工现场堆放损耗。

（3）混凝土均按预拌混凝土考虑。

（4）周转材料按不同施工方法、不同材质、规定的周转次数摊销计入定额内。

（5）用量少、价值小的材料合并为其他材料费，以占材料费的百分数表示。

（6）定额中包括了材料、成品、半成品从工地仓库、现场集中堆放地点或现场加工地点至操作或安装地点的水平运输和垂直运输所需的人工和机械消耗量。如发生再次搬运，应在费用定额中二次搬运费项下列支。

（7）施工用水、电是按现场有水、电考虑的。

5.《预算定额》中施工机械和仪器仪表台班消耗量的规定

（1）施工机械和仪器仪表台班消耗量是按正常、合理的施工配备和施工工效测算确定台班使用量的。

（2）凡单位价值在2000元以上的施工机械和仪器仪表按台班列入定额，单位价值在2000元以下的列入费用定额工具使用费项下。

6.《预算定额》工作内容说明

工作内容已说明了主要施工工序，次要工序虽未说明，但均已考虑在定额内。

7.《预算定额》的特殊规定

（1）与全国其他统一工程预算定额的关系：凡定额包含的项目，按定额项目执行；定额缺项部分，可执行全国其他统一工程定额。

（2）定额中注有"×××以内"或"×××以下"者均包括×××本身，"×××以外"或"×××以上"者则不包括 ×××本身。

二、运用定额的步骤

预算定额的运用主要有定额的直接套用和定额换算（抽换）两种形式。在运用定额编制预算时，绝大多数项目属于直接套用定额的情况，但当设计要求、结构形式、施工工艺及施工机械等与定额条件不完全相符时则不可直接套用定额，应根据定额的规定进行换算。要想充分、正确地运用定额，必须很好地理解、掌握定额中的相关规定。

运用定额的步骤如下：

(1)确定所用定额的种类，如确定是概算定额还是预算定额。

(2)根据概(预)算项目表，依次按册、章确定要查定额的章节名称，再据以在定额中找到所在页次及所需定额表。

(3)查到定额项目表后需进行：

①查看定额项目表中"工作内容"与设计要求、施工组织要求是否相适应，若基本相符，则可确定所查的定额表号。

②检查定额项目表的计量单位与工程项目取定的计量单位是否一致，是否符合规定的工程量计算规则。

③翻阅定额总说明、册说明及章说明，看是否与所查定额有关，若有关，则需对定额做相应调整。

例如，城市轨道交通工程隧道工程预算定额中说明，本章定额中土石方水平运距是按最远开挖点距工作井800m以内考虑的。若最远开挖点距工作井在800～1200m以内，超出

800m 部分土石方水平运输机械消耗量乘以系数 1.15;若最远开挖点距工作井距离在 1200m 以外,超出 1200m 部分土石方水平运输机械消耗量乘以系数 1.25。

④根据设计图纸和施工组织设计的具体工程内容,检查定额项目表中有无需要抽换或调整的定额消耗量,并再次翻阅定额总说明、册说明及章说明,查看是否允许抽换,若允许则进行具体抽换计算。

⑤按照定额项目表中各子项目工作条目的名称、内容和步距划分,以定额的计量单位为标准,将该工程各个项目按定额子目栏的工作条目逐项列出,做到完整、齐全,不重不漏。

例如,在《预算定额》的表 1-098 中,浆砌挡土墙,根据材料类别的不同进行划分,定额套用时,需根据材料的不同正确套用不同的定额项目表。

(4)重复上述步骤进行复核工作。

(5)以此类推逐项完成项目的预算编制工作。

三、定额直接套用示例

[例 7-7] 试确定机械挖一二类土方 2000m³ 套用的定额消耗量。

解:根据工程内容,查《预算定额》,机械挖一二类土方定额 [1-011]:

(1)人工:

人工消耗量:6.000×2000÷1000=12(工日)。

(2)机械:

液压 1.0m³ 履带式单斗挖掘机:1.790×2000÷1000=3.58(台班)。

75kW 履带式推土机:0.18×2000÷1000=0.36(台班)。

[例 7-8] 某一主体结构周围设计 φ600 管井,安装 φ400 无砂水泥管井,井深 30m,采用反循环钻成孔,泥浆运输 3km。滤料采用 2~4mm 碎石;降水井安装 5m³/h 潜水泵。试确定套用的定额子目编号、人工工日消耗量及所需人工工日的数量。

解:根据工程内容,查《预算定额》,套用定额如下:

(1)[5-435]安装水泥管井(钻孔 φ600mm),井深 30m:

①人工。

综合工日:15.56 工日。

②材料。

无砂混凝土管直径 400mm:31.000m。

滤料 2~7:9.367m³。

水:72.000t。

密目网:41.45m²。

铅丝:20.25kg。

其他材料费:1%。

③机械。

反循环钻机:2.750 台班。

内燃空压机洗井 12m³/min:0.800 台班。

(2)[1-071]泥浆运输:

①人工。

综合工日:0.603工日。

②机械。

泥浆运输罐车4000L:0.118台班。

(3)[5-461]管井抽水:

①人工。

综合工日:0.030工日。

②机械。

潜水泵5m³/h:1.350台班。

(4)[5-460]管井拆除:计量单位为m。

①人工。

综合工日:0.030工日。

②材料。

砂石:0.130m³。

其他材料费:1%。

四、定额的抽换

定额是按一般正常、合理的施工组织和正常的施工条件编制的,定额中所采用的施工方法和工程质量标准,主要是根据国家现行工程施工技术规范及验收规范、质量评定标准及安全操作规程取定的,因此,使用时不得因具体工程的施工组织、操作方法和材料消耗与定额的规定不同而变更定额。以下是几种允许对定额中某些项目进行换算调整的情况。

1. 设计的规格、品种与定额不符时的换算

1)砂浆或混凝土强度等级

当设计与定额规定不符时,应根据砂浆或混凝土的设计的强度等级在"混凝土、钢筋混凝土、水泥砂浆用料表"中查出应换入的用料数,并考虑工地搬运、操作损耗量、混凝土凝固后体积收缩等,或在《预算定额》中查与设计强度等级相同项目的混凝土、钢筋混凝土、水泥砂浆的用料数(已考虑了损耗量等)。应换出的用料数为定额表中的数量,然后进行换算。

2)砂浆或混凝土的集料粒径

当设计与定额规定不符时,须按砂浆或混凝土强度等级调整水泥用量。例如,铁路工程概(预)算定额中,混凝土、钢筋混凝土、浆砌料石及水泥的用量,系按中粗砂编制的,如实际使用细砂时,应按基本定额调整水泥用量。

[例7-9] 陆上桥墩(墩高≤30m)C30混凝土顶帽施工,使用细砂,试调整此工作项目定额水泥用量。

解:此工作项目预算定额,10m³圬工消耗42.5级普通水泥423.3kg。使用细砂时可查定额普通混凝土及钢筋混凝土等配合比用料表,C30混凝土1m³(碎石粒径25mm以内)配合比中水泥用量,用中粗砂时为490kg,用细砂时为514kg。则用细砂时,定额水泥用量应调整为 $423.3 \times (514 \div 490) = 444.03 (kg/m^3)$。

3)钢筋混凝土定额中的钢筋数量、规格

当设计与定额规定不符时,实际钢筋含量与定额中钢筋含量相差超过±5%,应先按设计要求调整定额钢筋数量,再用钢筋制作及绑扎定额调整定额工日、有关材料数量、机械台班数,并用定额单价计算其价格。不是因设计造成的不符,如钢筋由粗代细、螺纹钢筋代替圆钢筋或型号改变,因此而加的钢筋费用,不能编入定额价值内。

2. 运距换算

[例7-10] 根据《城市轨道交通工程预算定额》(GCG 102—2008),计算挖掘机装土自卸汽车运石方,运距5km的定额消耗量。

解:根据工程内容,查《城市轨道交通工程预算定额》(GCG 102—2008)第1册《路基、桥涵工程》中定额表[1-067] + [1-068]:计量单位1000m³。

(1)人工。

综合工日:18.270工日。

(2)机械。

履带式推土机105kW:1.330台班。

履带式单斗挖掘机液压1.0m³:4.020台班。

自卸汽车12t:8.600 + 2.715 × 4 = 19.46(台班)。

3. 直径换算

定额中袋装砂井直径按70mm考虑,设计桩径不同时按砂井截面面积等比例换算中粗砂含量,其他不得调整。

[例7-11] 某轨道工程地基承载力不足、沉降较大,现采用直径80mm带门架的袋装砂井机进行地基处理,试确定套用的定额子目编号以及人工、材料和机械的消耗量。

解:根据工程内容,查《城市轨道交通工程预算定额》(GCG 102—2008)第1册《路基、桥涵工程》中定额表[1-216]:计量单位100m³。

(1)人工。

综合工日:1.130工日。

(2)材料。

尼龙编织袋:108.7m。

枕木:0.003m³。

钢轨:0.004t。

铁件:0.45kg。

中粗砂:$0.456 \times (80^2 \div 70^2) = 0.596(m^3)$。

其他材料费:1%。

(3)机械。

袋装砂井机(带门架):0.211台班。

4. 厚度与宽度换算

如防护层的厚度(沥青混凝土、沥青砂浆的厚度)、抹灰层厚度、道砟桥面人行道宽等,有的定额项目表中划分为基本厚度或宽度和增减厚度或宽度定额,但设计厚度与定额不符时,可按设计要求和增减定额对基本厚度或宽度的定额基价进行调整换算。

[例7-12] 某护坡工程,采用喷射混凝土护坡,垂直面素喷70mm,试确定套用的定额子目编号以及人工、材料和机械的消耗量。

解:根据工程内容,查《城市轨道交通工程预算定额》(GCG 102—2008)第1册《路基、桥涵工程》中定额表[1-134]+[1-135]:计量单位 m^2。

(1)人工。

综合工日:$0.243 + 0.026 \times (70 - 50) \div 10 = 0.295$(工日)。

(2)材料。

喷射混凝土:$0.058 + 0.012 \times (70 - 50) \div 10 = 0.082$($m^3$)。

高压胶皮风管:$0.020 + 0.004 \times (70 - 50) \div 10 = 0.028$(m)。

其他材料费:$2\% + 1.5\% \times (70 - 50) \div 10 = 5\%$。

(3)机械。

混凝土喷射机$5m^3/h$:$0.009 + 0.002 \times (70 - 50) \div 10 = 0.013$(台班)。

电动空气压缩机$10m^3/min$:$0.008 + 0.002 \times (70 - 50) \div 10 = 0.012$(台班)。

5. 系数换算

当实际施工条件与定额规定不符时,应按定额规定的系数进行调整。例如,城市轨道交通工程桥涵工程预算定额说明中,打桩工程部分指出定额中均为打直桩,如打斜桩(包括俯打、仰打)斜率在1:6以内时,人工消耗量乘以系数1.33,机械消耗量乘以系数1.43。

[例7-13] 某桥采用陆地工作平台上桩基础,打桩工程土壤类别为轻亚黏土7m,砂类土5m,垂直桩入土深度为12m,斜桩入土深度为13m,打桩工作平台为$220m^2$,试计算确定打钢管桩及工作平台的预算定额(钢管桩直径600mm)。

解:根据工程内容,查《城市轨道交通工程预算定额》(GCG 102—2008)第2册《桥涵工程》中定额表[2-038]:计量单位10t。

(1)直桩。

①人工。

综合工日:14.752工日。

②材料。

钢管桩:10.100。

中厚钢板:26.960t。

桩帽:2.011kg。

硬垫木:$0.005m^3$。

白棕绳:0.125kg。

其他材料费:1%。

③机械。

履带式起重机15t:0.804台班。

履带式柴油打桩机5000kg:0.804台班。

(2)斜桩。

①人工。

综合工日:$14.752 \times 1.33 = 19.62$(工日)。

② 材料。

钢管桩:10.100。

中厚钢板:26.960t。

桩帽:2.011kg。

硬垫木:0.005m³。

白棕绳:0.125kg。

其他材料费:1%。

③ 机械。

履带式起重机15t:0.804×1.43=1.15(台班)。

履带式柴油打桩机5000kg:0.804×1.43=1.15(台班)。

6. 周转次数换算

当材料的实际周转次数达不到规定的周转次数时,定额项目表中周转材料的定额用量应予以抽换,按照实际的周转次数重新计算其实际定额用量,即:

$$实际定额用量 = \frac{规定的周转次数}{实际的周转次数} \times 规定的定额用量$$

例如城市轨道交通工程预算定额中的钢筋混凝土现浇工作,组合钢模板中钢模板的定额周转次数50次,当实际的周转次数与规定的周转次数不同时,实际定额用量根据周转次数的比例关系进行调整。

7. 体积换算

在《预算定额》中明确了开挖与运输数量以天然密实方体积计算,填筑数量以压实体积计算,因此,在土石方调配与套用定额时要进行天然密实方体积与压实体积的换算,换算系数见表7-4。

土石方体积换算表(单位:m³)   表7-4

虚方体积	天然密实方体积	夯实后体积	松散体积
1.00	0.77	0.67	0.83
1.20	0.92	0.80	1.00
1.30	1.00	0.87	1.08
1.50	1.15	1.00	1.25

该系数已经包含了因机械施工需要两侧超填的土石方数量。计算工程数量一律以净设计数量为准。应特别注意,除填石路基采用石方系数外,以石代土的填方工程也应采用石方系数,因而使用定额时需进行详细的土石方调配并区分填料的性质。

[**例7-14**] 某一城市轨道交通区间路基工程,本桩挖方1000m³,其他区段挖方200m³,填方数量1200m³。本断面挖方可利用方量为900m³,远运利用方量200m³天然方。假设路基挖方和填方均为普通土,试求借方和弃方数量。

解:根据《城市轨道交通工程预算定额》(GCG 102—2008)中土方体积换算表:

利用方 = (900÷1.15) + (200÷1.15) = 956.52(m³)

借方 = 填方 − 利用方 = 1200 − 956.52 = 243.48(m³)

弃方 = 挖方 − 利用方 = 1000 + 200 − 900 − 200 = 100(m^3)

总之,定额换算必须在定额规定的条件下进行。如果定额规定不允许换算,则对该定额项目不能进行调整换算。例如,在定额总说明中规定,周转性的材料、模板、支撑、脚手杆、脚手板、挡板等的数量,按其正常周转次数,已摊入定额内,不得因实际周转次数不同而调整定额消耗量。又如,定额中各项目的施工机械种类、规格与定额不一致时,除定额另有说明者外,均不得换算。

练习题

查《预算定额》,写明下列工作项目定额编号以及工日、材料、机械台班及人工费、材料费、机械使用费、预算基价、材料质量。

(1)人力挖土,架子车运100m。

(2)人力挖松土,土质湿度大,极易黏附工具,架子车运100m。

(3)机械挖桥基普通土,机械吊土,用8t自卸车运至离弃土点800m处,坑深8m,有水,需加挡板。

(4)某桥钻孔桩基础,C20钢筋混凝土,桩径1.20m,可塑性黏土、中粗砂,用回旋钻孔机钻进,写出钻孔桩成型后的定额。

(5)道床工程:碎石道床、木枕。

(6)铺轨机铺设轨道50kg、碎石道床,12.5m长钢轨,钢筋混凝土枕,1600根/km,弹性Ⅰ型扣件,包括每千米轨料。

实训项目

一、实训一

为保护生态环境,某施工图设计有一明洞工程,长50m,其主要工程量见表7-5。

某施工图主要工程量 表7-5

隧道洞身开挖/m^3	现浇拱墙		现浇拱部		回填碎石/m^3
	混凝土/m^3	钢筋/t	混凝土/m^3	钢筋/t	
87880	2500	103	1700	131	1959

隧道断面面积为156m^2,其中拱部面积为88m^2。隧道洞身开挖Ⅴ级围岩占90%,Ⅱ级围岩占10%,弃渣平均运距为3km。

问题:

根据上述资料查《预算定额》,列出本项目所涉及的工程细目名称、定额代号以及定额单位、工程数量等内容。

二、实训二

某市轨道交通暗挖车站,双柱三跨连拱结构(图7-5),双层岛式站台,上层为站厅层,下

层为站台层,车站主体长180m、宽20.7m,采用暗挖洞桩法(PBA)施工。主要步骤如下:

(1)开挖上下6个导洞,施工导洞临时支护,封闭,初期支护,各导洞开挖至纵向贯通。

(2)施工上部侧导洞内边桩,边导洞桩顶冠梁,扣拱,初期支护,背后回填,施作冠梁。

(3)由车站两端向中间浇筑底纵梁,安装钢管柱,浇筑顶纵梁,顶纵梁施工时预埋连续梁钢板。

(4)开挖中导洞间上部土体,施作拱部初期支护;继续开挖中部土体至顶纵梁下,施工I25工字钢连系梁;再对称开挖边导洞与中导洞间上部土体,破除部分导洞临时支护,施作拱部初期支护。

(5)土体开挖到导洞底板,破除导洞初期支护结构,架设临时钢支撑。

(6)由上至下开挖土体至中板下,施工中板及中纵梁结构,施工侧墙二次衬砌。

(7)分段拆除钢支撑,施工拱部二次衬砌。

(8)拆除连续梁,开挖站台层一半土体,施作桩间拉锚。

(9)开挖至垫层底,施工垫层、底板和侧墙。

(10)施工站台板及附属工程。

图7-5 三跨连拱结构

工程地质概况:上层是人工堆积层,主要成分为粉土填土和杂填土;其下是第四纪全新世冲洪积层,主要成分为粉质黏土和粉细砂;第三层是第四纪晚更新世冲洪积层,主要成分为黏土和中粗砂,夹杂部分卵石和圆砾;主要呈黄褐色-褐黄色;土体密实可塑。

水文地质概况:主要为潜水和层间潜水,水位高程为24.50~25.62m,含水层自上而下为粉细砂、中粗砂、圆砾,渗透系数为3.0~60.0m/d。

导洞初期支护结构如图7-6所示,支护结构参数:导洞宽4.6m,高5.1m;拱部布设长3.0m、φ32超前小导管,环向间距300mm;拱部、边墙铺设φ6钢筋网,网格间距150mm×150mm;钢格栅纵向每0.5m架设一榀;临时型钢支撑工20a,纵向每0.5m架设一榀;C20喷射混凝土厚300mm。

车站主体结构如图7-7所示,主体结构具体参数:宽11.2m,高14.43m;拱部布设φ108、壁厚5.5mm大管棚,环向间距300mm;另外辅以长3.0m、φ32超前小导管,环向间距

300mm,与大管棚交错布置;拱部、边墙铺设 φ6 钢筋网,网格间距 150mm×150mm;钢格栅纵向每 0.5m 架设一榀;临时型钢支撑工 25a,亦纵向每 0.5m 架设一榀;C20 喷射混凝土厚 350mm;导洞内边桩采用 φ800 的钻孔灌注桩,桩长 22m,灌注 C30 钢筋混凝土,沿线路纵向每 1.2m 设置一根;内支撑采用 φ609 钢管撑,壁厚 12mm,横向间距 4000mm,腰梁工 40b;15cm 厚 C20 混凝土铺底;与土体接触的主体结构部分均采用抗渗等级 S10 的 C30 防水混凝土,底板厚 1000mm,侧墙厚 600mm,顶板厚 700mm;钢管柱 φ1200,壁厚 16mm;中板厚 450mm,站台板厚 200mm,均采用 C30 混凝土;初期支护和二次衬砌之间设置柔性全包防水层,防水层采用 400g/m² 短纤土工布+2.0mm 厚 ECB 防水板。

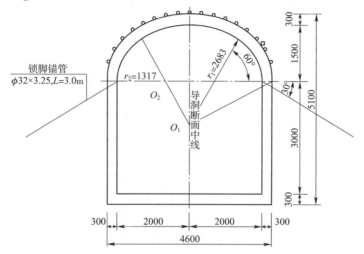

图 7-6 小导洞断面图(尺寸单位:mm)

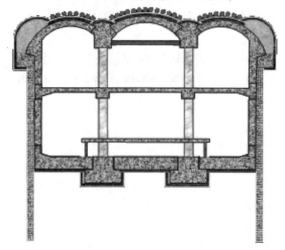

图 7-7 主体结构断面图

问题:

根据上述资料查《预算定额》,列出本项目所涉及的工程细目名称、定额代号以及定额单位、工程数量等内容。

第八章　城市轨道交通工程概(预)算

教学目标

1. 熟悉城市轨道交通工程概(预)算的概念及其作用；
2. 掌握投资额测算体系的组成；
3. 掌握工程概(预)算费用、项目及文件的组成，概(预)算的编制依据；
4. 掌握工程费用的组成及其计算；
5. 掌握工程建设其他费用的组成及其计算；
6. 掌握预备费的组成及其计算；
7. 掌握专项费用的组成及其计算；
8. 掌握城市轨道交通概(预)算费用计算的程序。

第一节　概　　述

一、工程投资

1. 投资

投资是指为了实现某一特定目的而将其能支配的资源投入社会再生产过程的一种社会实践活动。它是最重要和最复杂的经济活动之一。基本建设工程投资是众多投资中的一种，国家和社会通过对工程项目的投资活动，建立起交通运输的基本通道，为社会的经济发展和人民的生活提供最根本和最直接的物质条件。因此，必须对基本建设工程投资进行科学的管理和严格的控制。

2. 投资的管理和控制

我国基本建设投资的管理与控制大体分为三个层次。

第一层次是国家。国家通过基本建设计划和有关政策、法律从宏观上对基本建设投资进行管理和控制。如制定基本建设程序，要求每一个基本建设项目严格遵守基本建设程序，计划部门代表国家根据建设项目可行性研究报告的评审意见来进行项目审批，并按项目的设计概(预)算来控制投资总额。

第二层次是项目申报单位，即项目建设单位。项目建设单位具体对基本建设项目的造价进行控制，可自己或委托设计单位编制可行性研究报告，提出项目建议书，并根据批准的可行性研究报告组织设计，根据批准的设计总概算(或施工图预算)编制标底组织施工招标，确定施工单位和委托监理单位。在施工过程中，委托监理工程师对工程费用进行严格管理，通过这一系列工作对建设成本(或造价)进行控制。

第三层次是施工单位(或承包单位)。建设项目由施工单位具体实施，并在施工前编制施工预算,对工程成本进行严格控制。

以上三个层次涉及计划、建设、设计、监理和施工各部门,它们都必须以维护国家利益为原则,从各自的工作和需要出发,对基本建设项目进行严格和科学的管理,为国家把好经济关。要达到上述目的,其基本手段就是制定概算定额、预算定额及概(预)算编制办法。

3. 投资与概(预)算的关系

投资是一项复杂的活动,基本建设工程项目投资是一个涉及面广、影响因素众多的动态系统。要对这个动态的过程进行有效控制,一方面应全面了解它的运动变化规律和特征,另一方面应对投资活动的变化发展进行量化。这种数量变化上的特征,为我们提供了观察和控制投资活动的可能,也提供了投资控制的基础和控制指标。这个量或指标就是投资额。投资额不同于投资,虽然我们在使用上对两者不加区分,两个概念紧密联系但又有区别。投资额只是投资活动的数量表现,是衡量投资活动规模的一个指标,表示投资活动所耗费资源的总和。在商品经济条件下,各种资源均折算成货币,因此,投资额总以货币表示,也就是说,投资额就是投资活动所需的货币总额。按计算范围、资金来源和用途不同,投资额可分为一系列指标,如总投资、全部投资、固定资产投资、流动资产投资、技术更新改造投资、设备投资等。

为了进行控制,我们必须对投资在量的方面有一个参考值,这个值又叫作目标值或计划值。控制投资时,就以其为参考物,而实际的量所发生的变化就围绕它上下波动,控制的任务是使这种波动尽可能地减小,因此,目标值的确定是控制的一个关键工作。投资本身是一个逐步开展和不断深化的过程,因此,在其运动过程的不同阶段便有不同的测算工作,形成不同的投资额和不同的测算种类。随着投资活动的不断深化,要求对投资额进行不同深度和精度的测算,相应地形成了一个完整地反映投资在数量变化上的投资额测算体系。即从项目决策到竣工交付使用的整个过程中,根据在不同阶段投资额的作用和精度要求的不同,形成了投资估算、设计概算、施工图预算、施工预算、标底、投标报价、结算、决算等 8 种测算方式,并由此构成了建设项目投资额的测算体系。

在以上 8 种测算方式中,工程概(预)算具有特别重要的意义和作用,是基本建设工程投资管理的基本环节。概(预)算是编制建设工程经济文件的主要依据,也是其他测算方式(投资估算除外)的基础。

基本建设工程(简称建设项目)设计总概算和施工图预算,是指在执行基本建设程序过程中,根据不同设计阶段设计文件的具体内容和国家规定的定额、指标及各项费用的取费标准,预先计算和确定每项新建、扩建、改建和重建工程所需要的全部投资额的文件,它是从经济上反映建设项目在不同建设阶段的特点,是按照国家规定的特殊计划程序,预先计算和确定基本建设工程价格的计划文件,是基本建设程序的重要组成部分。由于概(预)算的重要性,故其在投资额测算体系中居于主导地位。

二、概(预)算制度的形成和发展

建筑安装工程是按期货方式进行交换的商品,但它们的生产过程不同于一般的工业产品,具有单件性和固定性的特点,建成产品按照特定的使用要求单独设计,每项工程不仅在建筑规模、工程结构上有较大差别,而且其价值因受自然和经济条件的影响各不相同。产品是固定的,生产是流动的,这就决定了建筑产品的特殊计价方法,即将分项工程作为假定的产品,根据社会正常生产水平规定其人工、材料和施工机械消耗定额,即概算、预算定额作为确定建筑安装工程价值的统一标准。建筑安装工程概(预)算是根据工程设计包含的分部分项工程量和其相对应地区的人工、材料、机械台班单价表及有关费用标准编制而成。

建筑工程概(预)算制度产生于早期的资本主义国家,其历史可以追溯到16世纪,例如英国概(预)算制度至今已有400多年发展史。概(预)算制度的发展过程大致可分为3个阶段。16世纪到18世纪末是第一阶段,由"测量员"对已完工程的工程量进行测量并估价。19世纪初期是预算工作发展的第二阶段,由"预算师"在开工之前按照施工图纸进行工程量计算,作为承包商投标的基础,中标后的预算书就成为合同文件的重要组成部分。20世纪40年代发展到第三阶段,建立了"投资计划和控制的制度",其投资计划相当于我国的初步设计概算或投资估算,作为投资者预测其投资效果,进行投资决策和控制的依据。

我国建立统一的概(预)算制度,始于大规模经济建设的"一五"计划时期,是从苏联学来的。1958年后,中央不再统管概(预)算工作,而是下放给各省、自治区、直辖市管理1967年废除了概(预)算制度,实行经常费办法,即施工企业的工资和管理费由国家拨付,材料费向建设单位实报实销。1973年取消经常费办法,恢复概(预)算制度。十一届三中全会以后,国家加强了基本建设概(预)算管理,多次部署整顿和加强"三算"的管理工作,要求做到设计要有概(预)算,施工要有预算,竣工要有决算,以促进经济核算,发挥投资的预期效果。同时,国家还组织了设计部门、施工部门和建设银行及各主管部门制定了工程预算、概算定额及各项费用标准,作为编制基本建设概(预)算的依据。

实践证明,基本建设概(预)算制度,不仅为按等价交换原则办理工程价款的拨付和结算提供依据,而且促进施工企业加强经济核算和企业管理,促进设计部门改进设计方案,提高设计精度,从而为基本建设投资、决策、分配、管理、核算和监督提供依据。所以,建立和完善基本建设概(预)算制度,对加强基本建设管理、提高投资效益都具有极其重要的意义。

长期以来,我国用处理自然经济和产品经济的方式来对待建筑业,致使建筑产品价格和价值严重背离,工程没有真正做到定价在先,而是干后再说,这些弊病限制着商品经济的发展。特别是建筑市场开放,实行招标承包制后,这种矛盾就进一步加剧和突出了。建筑产品价格是否合理,不能单纯从价值是价格的基础出发,价格既要反映价值,又要反映供求关系,所以建筑产品价格的制定和调整,既要以价值为基础,又要充分考虑供求关系。一方面,国家通过投资需求和概(预)算定额体系指导调节建筑产品的价格,这说明建筑业同其他物质部门的区别,也表明概(预)算体系的特定意义;另一方面,建筑产品价格改革,必然打破旧的、一统到底的概(预)算制度模式,使建筑产品的市场价格(应该是浮动的)逐步纳入概(预)算定额体系指导下形成的合同价格。现在实行监理制度的项目,其价格就较好地体现了建筑产品价格的本质特征和要求,随着监理制度的推广和深化,建筑产品的价格会更准确地体现价值规律的要求和市场竞争特性。

总之,无论是国外还是国内,概(预)算制度都是随着商品经济的发展而逐步形成与不断完善的,概(预)算制度也肯定会进一步得到加强和完善。

就工程概(预)算而言,其形成和发展一方面与我国经济建设的发展密切相关,另一方面也直接反映我国基本建设的发展情况,随着基本建设的发展和对基本建设投资管理水平的不断提高,工程概(预)算也在不断改进和加强。由于基本建设概(预)算是国家对工程投资进行管理的基本手段和工具,并且概(预)算本身的直接理论基础是定额管理,因此,工程概(预)算不可避免地具有时代特征。国家通过颁发各种编制办法,如《城市轨道交通工程设计概算编制办法》(建标〔2017〕89号)(以下简称《编制办法》)等法律文件来实现对城市轨道交通工程概(预)算工作的指导与管理。《编制办法》体现国家在某一时期的经济政策和有关法规的要求,而定额则反映某一时期我国城市轨道交通工程施工生产与管理的水平,因而《编制办法》与定额两者都应随时代的发展而变化,从而促进概(预)算工作不断完善。

三、投资额测算体系

为了对基本建设工程进行全面而有效的工程经济管理,在项目建设的各阶段都必须编制有关的经济文件,这些不同经济文件的投资额则要根据其主要内容要求,由不同测算工作来完成。工程项目按投资额的建设程序进行分类,有如下几种。

1. 投资估算

投资估算,一般是指投资前期(规划、项目建议书、可行性研究报告)阶段,建设单位向国家申请拟订项目或国家对拟订项目进行决策时,根据建设项目在规划、项目建议书、可行性研究报告等不同阶段的相应投资总额而编制的经济文件。

国家对任何一个拟建项目,都要通过对可行性研究报告的全面评审后,才能决定是否正式立项。在可行性研究中,除考虑国家经济发展上的需要和技术上的可行性外,还要考虑经济上的合理性。投资估算为投资决策提供数量依据,也是建设项目经济效益分析中确定成本的主要依据,因此,它是建设项目在初步设计前各阶段工作中作为论证拟建项目在经济上是否合理的重要文件。它具有如下几个方面的作用:

(1)是国家决定拟建项目是否继续进行研究的依据。

(2)是国家审批项目建议书的依据。

(3)是国家审批建设项目可行性研究报告的依据。可行性研究报告被批准后,投资估算就作为控制初步设计概算的依据,也是国家对建设项目所下达的投资限额,并可作为资金筹措计划的依据。

(4)是国家编制中长期规划和保持合理投资结构的依据。

根据投资估算的作用不同,其内容的深浅程度也不尽相同。工程项目投资估算是建设项目可行性研究报告中的重要内容。

2. 概算

概算又分为设计概算和修正概算两种。设计概算和修正概算是指在初步设计或技术设计阶段(按三阶段设计),由设计单位根据设计图纸、概算定额、预算定额、各类费用定额、建设地区的自然条件和技术经济条件等资料,预先计算和确定从筹建至竣工验收的全部建设费用的经济文件。它是设计文件的重要组成部分,是国家确定和控制基本建设投资总额,安排基本建设计划、选择最优设计方案的依据。建设项目的初步设计总概算一经批准,在其随后的其他阶段是不能随意突破的。

3. 施工图预算

基本建设工程不论采用几个阶段设计,设计单位在施工图设计阶段均应编制施工图预算。施工图预算是设计单位(以设计单位为主,必要时可邀请施工单位及建设单位参加)根据施工图设计的工程量和施工方案,按预算定额和各类费用定额,所编制的反映工程造价的经济文件。它是考核施工图设计经济合理性的依据,对于按施工图预算承包的工程,它又是签订建筑安装工程合同、实行建设单位和施工单位投资包干和办理工程结算的依据;对于进行施工招标的工程,施工图预算也是编制工程标底的依据;同时,它也是施工单位加强经营管理、搞好经济核算的基础。

施工图预算必须以施工图图纸、工程概况说明书、施工组织设计(或施工方案)以及编制预算的法令性文件为依据。

4. 施工预算

施工预算是施工单位进行成本控制与成本核算的依据,也是施工单位进行劳动组织与安排,以及进行材料和机械管理的依据,对施工组织和施工生产有着极为重要的作用。

施工预算是指在施工阶段,在施工图预算的控制下,施工单位根据施工图计算的分项工程量、施工定额、施工组织设计或分项分部工程的施工工艺及其他有关技术资料,通过工料分析,计算和确定完成一个工程项目或一个单位工程或其中的分部分项工程所需的人工、材料、机械台班消耗量及其他相应费用的经济文件。

5. 标底编制

实行招标的工程项目,一般由招标单位对发包的工程,按发包工程的工程内容(通常由工程量清单来明确)、设计文件、合同条件以及技术规范和有关定额等资料进行编制。标底是一项重要的投资额测算,是评标的一个基本依据,也是衡量投标人报价水平的基本指标,在招投标工作中起着关键作用。其编制一方面应遵守国家的有关规定和要求,另一方面应力求准确。标底一般以设计总概算和施工图预算为基础编制,以其中的建筑安装工程费为主,且不超过批准的总概算或施工图预算。

6. 报价

报价是由投标单位根据投标文件及有关定额(有时往往是投标单位根据自身的施工经验与管理水平所制定的企业定额),并根据招标项目所在地区的自然、社会和经济条件及施工组织方案,投标单位的自身条件,计算完成招标工程所需各项费用的经济文件。报价是投标文件最重要的组成部分,是投标工作的关键和核心,也是决定能否中标的主要依据。报价过高,中标率就会降低;报价过低,尽管中标率增大,但可能无利可图,甚至承担工程亏本的风险,因此,能否准确计算和合理确定工程报价,是施工企业在投标竞争中能否获胜的前提条件。中标单位的报价,将直接成为工程承包合同价的主要基础,并对将来的施工过程起着严格的制约作用。承包单位和业主均不能随意更改报价。

报价同施工预算虽然比较接近,但不同于施工预算。报价的费用组成和计算方法同概(预)算类似,但其编制体系和要求均不同于概(预)算,尤其目前招投标工作中一般采用单价合同,因而使报价时的费用分摊同概(预)算的费用计算方式有很大差别。总的看来,报价和概(预)算的差别主要体现在两个方面:一是概(预)算文件必须按国家有关规定进行编制,尤其是各种费用的计算,更能体现投标单位的实际水平;二是概(预)算经设计单位编完后,必须经建设单位或其主管部门、建设银行等审查批准后才能作为建设单位与施工单位结算工程价款的依据,而报价则可以根据投标单位对工程项目和招标文件的理解程度,对预算造价上下浮动,无须预先送建设单位审核。因此,报价比概(预)算更复杂,也比概(预)算更灵活。

报价与标底有极为密切的关系,标底同概(预)算的性质很相近,编制方式也相同,都有较为严格的要求。报价则比标底编制要灵活,二者从不同角度来对同一工程的价值进行预测,所以计算结果很难相同。随着我国招投标体制的改革(如项目业主责任制的推行),工程招投标制度的进一步完善和施工监理制度的推广,将会进一步加强和完善标底与报价这两种测算工作,也必然会使各方和更多的人认识这两种测算工作的重要性,从而把它们做得更好。

7. 工程结算

工程项目的建设是一个复杂的过程,涉及的单位都是一些相对独立的经济实体,有着各自的经济利益,在项目建设过程中承担着不同的工程内容,因此,无论工程项目采用何种方式进行建设,在建设过程中,各经济实体之间必然会发生货币收支行为。这种在项目建设过程中由可行性研究、设计任务的完成以及施工单位器材采购、劳务供应、已完工程移交等经济活动引起的货币收支行为,就是项目结算。在社会主义商品经济条件下,基本建设项目的建设过程也是一种商品的生产过程,其间所发生的一系列工作和活动最终都要通过结算来做最后的评价。因此,正确而及时地组织项目结算,全面做好项目结算的各项工作,对于加速资金周转、加强经济核算、促进建设任务的完成、保证项目建设的顺利进行以及加强对项目建设过程的财政信用监督等方面都有着十分重要的意义。项目的结算过程,实际上也是组织基本建设活动,实行基本建设拨款、贷款的投资过程,也是及时掌握项目投资活动中的动态及其变化情况的过程。项目结算是国家组织基本建设经济活动、及时掌握经济活动信息、实现固定资产再生产任务的重要手段。同时,通过结算,可以协助建设单位有计划地组织一切货币收支活动,使各企业、各单位的劳动耗能及时得到补偿。

项目结算的主要内容包括货物结算、劳务供应结算、工程(费用)结算、其他货币资金结算等。货物结算是指建设单位同其他经济单位之间因物资的采购和转移而发生的结算;劳务供应结算是指建设单位同其他单位之间因互相提供劳务而发生的结算;工程(费用)结算是指建设单位同施工单位之间因拨付各种预付款和支付已完工程等费用而发生的结算;其他货币资金结算是指基本建设各部门、各企业和各单位之间由于资金往来以及它们同建设银行之间因存款、贷款业务而发生的结算。

工程费用结算习惯上又称为工程价款结算,是项目结算中最重要和最关键的部分,是项目结算的主体内容,占整个项目结算额的75%~80%。工程价款结算,一般以实际完成的工程量和有关合同单价以及施工过程中现场实际情况的变化资料(如工程变更通知、计日工使用记录等)计算当月应付的工程价款。施工单位将实际完成的工作内容、工程量填入各种报表,按月送交驻地监理工程师验收签认,然后向建设单位提交当月工程价款结算单。根据结算应付的工程价款经总监理工程师签认的支付证书,财务部门才能转账。目前,由于各地区施工单位流动资金供应方式的差别和具体工程项目的不同,工程价款的结算方法有多种形式。根据《建设工程价款结算暂行办法》规定:①合同工期超过三个月并实行季度验工计价的项目,按季度支付工程进度款。其中工期在两个年度以上的工程,在年终需进行工程盘点,办理年度结算。②合同工期不满三个月的项目,实行竣工后一次结算方式。

8. 竣工决算

竣工决算是指在建设项目完工后竣工验收阶段,由建设单位编制的建设项目从筹建到建成投产或使用的全部实际成本的技术经济文件。它是工程建设投资管理的重要环节,是工程竣工验收、交付使用的重要依据,也是进行工程建设项目财务总结、银行对其实行监督的必要手段。其内容由文字说明和结算报表两部分组成。文字说明主要包括:工程概况;设计概(预)算和基本建设规划执行情况;各项技术经济指标完成情况;各项拨款(或贷款)使用情况;建设成本和投资效果的分析,建设过程的主要经验、存在的问题和解决意见等。

应当注意,施工单位往往也根据工程结算结果,编制单位工程竣工成本决算,核算单位工程的预算成本、实际成本和成本降低额。工程结算作为企业内部成本分析、反映经营效果、总结经验、提高经营管理水平的手段,其与建设项目的竣工决算在概念上是不同的。

某项目相关工作内容和投资额测算的关系如图8-1 所示。

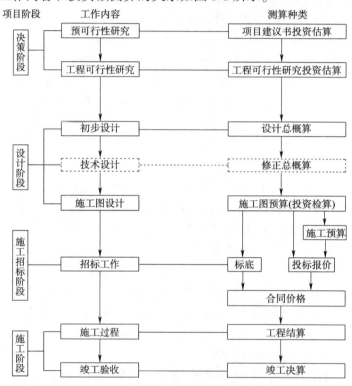

图8-1 某项目相关工作内容和投资额测算关系图

从图8-1可以看出,估算、总概算、预算、标底、报价、结算和决算都是以价值形态贯穿整个投资过程之中,从申请建设项目,确定和控制基本建设投资额,进行基建经济管理和施工单位进行经济核算,到最后以决算形成企(事)业单位的固定资产,构成了一个有机的整体,缺一不可。因此,从一定意义上说,它们是基本建设投资活动的血液,也是连接参与项目建设活动各经济实体的纽带。申报项目要编制投资估算,设计要编制总概算和施工图预算,招标要编制标底,投标要编制报价,施工前要编制施工预算,施工过程中要进行结算,施工完成要编制决算,并且一般还要求决算不能超过预算,预算不能超过总概算,总概算不能超出估算所允许的幅度范围,结算不能突破合同价的允许范围,合同价不能偏离报价与标底太多,而报价(指投标价)则不能超出标底的规定幅度范围,并且标底不允许超出概(预)算。总之,各种测算环环相扣,紧密联系,共同对投资额进行有效控制。

第二节 概(预)算文件的编制

一、编制概(预)算的作用

工程概(预)算是决定工程结构物设计价值的综合文件,是基本建设管理工作中的重要环节。它既是衡量完成国家计划的依据,又是正确组织施工的前提。概(预)算的质量好坏,与国家基本建设资金使用是否正确、合理有密切关系。

一个工程设计,技术上是否先进、合理,设计造价是衡量的标准之一。当基本建设项目确定后,如何将大量的劳动力、资金、材料用好、管好,做到少花钱、多办事,是工程经济组织管理的主要内容。因此,从设计到施工直至投产,都离不开工程概(预)算。工程概(预)算是设计文件的组成部分,又是工程管理不可缺少的内容和依据,编制概(预)算作用归纳如下:

(1)它是编制基本建设计划、确定和控制基本建设投资额的依据。

国家规定,编制年度基本建设计划、确定计划投资额及其构成数额,要以批准的初步设计概算中有关指标为依据,初步设计概算没有批准的建设工程不能列入年度基本建设计划。批准的投资数额,是国家控制投资的最高下限额,在工程建设过程中,一般不能突破这一限额。

(2)它是设计与施工方案优选的依据。

工程概(预)算是确定工程价值的综合文件,它不仅反映各项工程的建设规模,并规定了工程经济活动范围,同时也综合体现出各项工程设计与施工方案的合理性(其中包括路线方案、结构形式、材料品种、施工方法等各个方面)。

首先,概(预)算有货币的指标体系。当建设项目的各个设计方案出来以后,可以利用总概(预)算造价指标、单位工程概算造价指标、单位产品成本等指标进行经济比较,从中可以发现问题,促使设计人员进一步改进设计,从而选出最优的设计方案。因为每个方案的设计意图都会通过计算工程量和各项费用全部反映到概(预)算文件中来,通过这些货币指标的比较,就可以从中选出在各方面均能满足原定要求又经济的最佳方案,从而促进优化设计的工作。

其次,基本建设概(预)算文件中的实物指标,如主要材料(钢材、木材、水泥、沥青等)的消耗量,人工、机械台班的消耗量,对于进行技术经济分析与考虑经济效益也有着重要作用。尤其当需要考虑物价上涨问题时,对不同材料价格上涨指数,可通过对实物指标的分析来获得,从而可以预测不同设计方案的物价风险。

(3)它是实行基本建设招投标,签订工程合同,办理工程拨款、贷款和结算的依据。

合同制是按照经济规律要求所确定的一种经济管理办法。工程承包合同包括工程范围、施工期限、工程质量、工程造价、材料设备供应、工程结算等内容,所以工程概(预)算是签订工程承包合同的重要依据之一。

建设银行也是以基本建设概(预)算为依据办理基本建设拨款、贷款和竣工工程结算。

初步设计概算是拨款和贷款的最高限额,对建设项目的全部拨款、贷款或单项工程、单位工程的拨款、贷款累计总额,不能超过初步设计概算。以批准的初步设计进行施工招标的工程,其单项工程或单位工程的标底应在批准的总概算范围内。

施工图预算是实行建筑安装工程包干,办理工程进度款,安排施工组织计划和备料,进行工程结算的依据。以施工图设计进行施工招标的工程,经审定批准后的施工图预算是编制工程标底的依据。

(4)它是施工企业加强经营管理、搞好经济核算的基础。

工程施工企业为了加强施工管理、搞好经济核查、降低工程成本、增加利润,就必须以概(预)算为基础,制订经营计划,做好施工准备,进行"两算"对比,并考核经营效果和完善经济责任制。

施工企业的经营计划和施工财务计划的组成内容,以及它们相应指标体系中的部分指标确定,都必须以施工图预算为依据。例如:实物工程量、工作量、总产值、利润额等指标,其中的总产值应直接按工程承包的施工图预算价格计算。另外,在编制施工财务计划的实施性计划中的材料供应计划时,也必须以施工图预算为依据。在对拟建工程进行施工准备的过程中,依赖于施工图预算提供有关数据的工作主要有:在施工图预算的控制下编制单位工程施工预算;以施工图预算的分部分项工程量、工料分析为依据,编制施工进度计划和劳动力、材料、成品、半成品、构件及施工机械等需要量及供应计划,并落实货源,组织运输,控制消耗;以施工图预算提供的分部分项工程费为依据,对工程施工进度的网络计划进行工期与资源、工期与成本优化等。

"两算"是指施工图预算和施工预算。施工企业为搞好经济核算,常常通过施工预算与施工图预算的对比,对"两算"进行互审,从中发现矛盾并及时分析原因,然后予以纠正。这样既可以防止多算或漏算,有利于企业对单位工程经济收入的预测与控制,又可以使人工、材料、机械台班等资源需要量计划的编制工作准确无误,有利于工料消耗的分析与控制,确保工程施工顺利进行。

施工企业通过企业内部单位工程竣工成本决算,进行实际成本分析,反映自身经营管理的经济效果。以工程竣工后的工程结算为依据,对照单位工程的预算成本、实际成本,核算成本降低额,总结经验、教训,提高企业经营管理水平。

施工企业以施工图预算为依据,对实行内部核算的单位工程、班组和各职能部门进行经济核算,从而使企业本身及其内部各部门和全体职工明确自己的经济责任,努力提高劳动生产率,确保安全施工,大力节约工时和资源,保证每期工程都能达到工期短、质量好、成本低、利润高的目的。

(5)它是对工程进行成本分析和统计工程进度的重要指标。

对基本建设计划完成情况和存在问题,必须通过基本建设统计分析加以反映。基本建设会计以货币指标和实物指标反映工程的人工、材料、机械台班的实际消耗。会计的有关科目应和概(预)算一致,才能对照工程概(预)算各费用项目进行成本分析。同时,通过对在建项目的概(预)算完成情况的统计,可以及时了解工程的进度。

必须指出,由于设计概算和施工图预算编制的时间、依据和要求不同,因此它们的作用既有共同点又有不同之处。由于它们都是国家对基本建设进行科学管理和监督的有效手段,所以在编制年度基本建设计划,确定工程造价、方案,签订工程合同,建设银行进行拨款(贷款)和竣工结算等方面有着共同的作用。其不同之处主要表现在,设计概算在控制建设项目投资总额等方面的作用最为突出;施工图预算在最终确定和控制单项工程的计划价格、作为施工企业加强经济管理等方面的作用最显著。

二、概(预)算的编制依据

工程概(预)算的编制是一项十分细致的工作,编制前应全面了解工程所在地的建设条件,掌握各种基础资料,正确引用规定的定额、取费标准和材料及设备价格。在编制时严格执行国家方针、政策和有关制度,符合城市轨道交通工程设计规范和施工技术规范。编制的主要依据如下:

(1)法令性文件。系指编制概(预)算中所必须遵循的国家、地方主管部门等颁布的有关法令性文件或规定。

(2)设计资料。概算文件应根据概算定额(或指标)、直接工程费定额、概(预)算编制办法、施工技术装备费、计划利润率、税金等资料进行编制。施工图预算应根据国家或主管部门编制的城市轨道工程预算定额或其他的专用定额、省(区、市)编制的补充定额、施工管理费及其他费用标准、计划利润率、施工技术装备费、综合税率、材料设备预算价格等进行编制。

(3)施工组织设计资料。从施工组织设计中可以看出,与概(预)算编制有关的资料包括工程的开竣工日期、施工方案、主要工程项目的进度要求,材料开采与堆放地点,大型临时设备的规模、建设地点和施工方法等。

(4)当地物资、劳力、动力等资源可资利用的情况。本着因地制宜、就地取材的原则,对当地情况应做深入的调查了解,经反复比较后确定最优结果。

①物资:外购材料要确定外购的地点、货源、质量、分期到货等情况,自采加工材料要确定料场、开采方式、运输条件(道路、运输工具及各种运输工具的配比、运价、装卸费等)、堆放地点等。

②劳力:当地各种技工及普工可以提供的数量、劳力分布地点、工资标准及其他要求等。

③动力:当地可供利用的电力资源情况,包括提供的数量、单价以及可能出现的输电线路变压等情况。

④运输:向运输部门了解当地各种运输工具可供利用的情况及运价、基价、装卸费等有关规定。

(5)施工单位的施工能力及潜力。编制概(预)算时,施工单位尚未明确,可按中等施工能力考虑。施工图预算,若已明确施工单位,就应根据施工单位的管理与技术水平,确定新工艺、新技术采用的可能程度,明确施工单位可以提供的施工机具、劳力、设备以及外部协作关系。

(6)了解当地自然条件及其变化规律,如气温、雨季、冬季、洪水季节及规律,风雪、冰冻、地质、水源等。

(7)其他工程及沿线设施,如旧有建筑物的拆迁,水利、电信解决措施,清除场地,管理养护及服务设施等。

三、概(预)算文件的组成

概算文件由总概算文件和分册概算文件组成。预算文件和分册概算文件相同。

1. 总概算文件

总概算文件由封面、扉页、签署页、目录、编制说明、总概算表、综合概算表等组成。

1) 封面、扉页、签署页、目录

(1) 封面、扉页、签署页的组成：封面包括项目名称、第几篇、第几册、编制单位、单位资质证书及编号、编制日期、编制地点等内容；扉页在封面内容的基础上增加了企业负责人、企业技术负责人、总体设计负责人签署等内容；签署页有编制、审核、专业负责人、审定人签署等内容。

(2) 目录应按《城市轨道交通工程设计概算编制办法》（建标〔2017〕89号）有关概算文件的规定顺序编排。

2) 编制说明

(1) 工程概况。

①建设规模、工程总量、线路起讫点及里程、线路敷设方式（包括地下线、地面线、高架线长度及其所占比例）。

②车站、区间、车辆段与综合基地、主变电站、运营控制中心的分布状况。

③重点工程介绍。

④车辆及主要设备的配置情况。

(2) 编制范围。

编制范围包括本项目全线的建筑工程费、安装工程费、设备购置费、工程建设其他费用、预备费、车辆购置费、建设期贷款利息和铺底流动资金，不包括沿线物业开发的费用和同步实施但应由其他项目分担的费用。物业开发和同步实施的其他项目及民用通信工程单独编制概算。

(3) 编制单元划分。

①车站。

每座车站为一个册概算编制单元，包括车站土建结构（含人防）、建筑装饰、附属设施、动力照明、通风空调与采暖、给排水及水消防、气体灭火等工程费用（风、水、电含车站两端相邻的各半个区间的费用），以及设备系统预留孔洞、沟、槽、安装预埋件的费用。其中土建结构包括主体结构、附属结构、施工监测、降水、建（构）筑物加固保护等；附属设施包括标识导向，站内外附属设施（包括站前广场、环保绿化、隔离设施及其他配套建筑）和应列入车站的其他工程费用。不包括车站物业开发及换乘车站同步实施但应由其他项目分担的费用。物业开发及换乘车站同步实施但应由其他项目分担的费用，单独编制概算，其中换乘车站同步实施但不属于本线的工程，按不同线别分别编制概算。

主变电站、运营控制中心、车辆段与综合基地的室内动力照明、通风空调与采暖、给排水及水消防等工程费用，单独编制概算，列入相应房屋建筑设备及安装工程费用中。

②区间。

每相邻两座车站之间的区间为一个册概算编制单元，每个出入段线、联络线分别为一个册概算编制单元。每个单元包括区间正线、折返线、停车线、渡线、存车线及其他土建工程，以及环保绿化、隔离设施和设备系统预留孔洞及预埋件等工程费用。

出入段线区间包括地下区间、过渡段（U形槽）及罩棚、地面区间、高架区间等工程费用。

③轨道。

全线轨道工程为一个册概算编制单元，包括正线、辅助线（折返线、存车线及渡线）、车辆段与综合基地库内外线、出入段线、联络线、线路有关工程、铺轨基地等工程费用。

④通信。

全线通信系统为一个册概算编制单元，分专用通信系统、警用通信系统两部分，包括全线正线、车辆段与综合基地及运营控制中心的设备及安装工程费用。各子系统（含办公自动化、乘客信息等）分别编制单项概算。民用通信系统单独编制概算。

⑤信号。

全线信号系统为一个册概算编制单元，按正线、运营控制中心、车辆段与综合基地、试车线、车载设备、维修与培训中心等信号系统的设备及安装工程内容分别编制单项概算。

⑥主变电站。

全线主变电站为一个册概算编制单元，每座主变电站分别编制后汇总（含相应的高压电源线路），包括主变电站的房屋土建（含电缆通道）和装饰、变电设备及安装、电力进线及可能发生的仓位费等工程费用。

⑦供电。

供电系统为一个册概算编制单元，包括车辆段与综合基地范围的全线牵引降压混合变电所、降压变电所、跟随所、环网电缆、接触网、杂散电流防护、电力监控系统、车站UPS电源系统整合、再生储能系统、综合接地及供电车间等工程费用。

⑧综合监控。

全线综合监控系统为一个册概算编制单元，包括全线车站、运营控制中心、车辆段与综合基地、主变电站等综合监控系统的设备及安装工程费用。按车站、运营控制中心、车辆段与综合基地、主变电站分别编制单项概算。

⑨防灾与报警。

防灾报警系统（FAS）为一个册概算编制单元，包括全线车站、运营控制中心、车辆段与综合基地、主变电站等防灾与报警系统的设备及安装工程费用。按车站、运营控制中心、车辆段与综合基地、主变电站分别编制单项概算。

⑩环境与设备监控。

环境与设备监控系统（BAS）为一个册概算编制单元，包括全线车站、运营控制中心、车辆段与综合基地、主变电站等环境与设备监控系统的设备及安装工程费用。按车站、运营控制中心、车辆段与综合基地、主变电站分别编制单项概算。

⑪安防及门禁。

全线安防及门禁为一个册概算编制单元，包括全线车站、运营控制中心、车辆段与综合基地、主变电站等安防与门禁系统的设备及安装工程费用。按车站、运营控制中心、车辆段与综合基地、主变电站分别编制单项概算。

⑫自动售检票。

全线自动售检票系统(AFC)为一个册概算编制单元,包括全线车站、运营控制中心、车辆段与综合基地等自动售检票系统及清分中心的设备及安装工程费用。

⑬自动扶梯及电梯、站台门。

全线车站自动扶梯及电梯、站台门为一个册概算编制单元,按车站分别编制单项概算。

不含运营控制中心(OCC)、车辆段与综合基地等房屋电梯工程,其列入相应房屋建筑设备及安装工程费用中。

⑭运营控制中心。

运营控制中心为一个册概算编制单元,包括运营控制中心的房屋建筑结构、建筑装饰、通风空调与采暖、给排水及消防、动力照明、电梯、中央显示屏以及室外广场、道路、围墙、绿化等工程费用。

⑮车辆段与综合基地。

车辆段与综合基地分别为一个册概算编制单元,包括场、段内的路基土石方、地基处理、桥涵、房屋建筑、构筑物、道路、围墙、绿化等工程费用,室内通风空调与采暖、给排水及消防、动力照明、电梯等设备及安装工程费用,以及室外水、电、采暖、燃气管沟等工程费用。

⑯人防工程。

人防工程为一个册概算编制单元,包括全线各设防地下车站、地下区间内所有人防防护设备及安装工程费用。

人防段的土建工程费用,计入相应的车站和区间,按平时人防、战时人防,以车站和区间分别编制单项概算。

⑰前期工程。

前期工程为一个册概算编制单元,包括全线范围的土地征用费(购地费)、租用费,建(构)筑物拆迁补偿费(房屋拆迁、构筑物补偿、商业补偿、路面恢复补偿、树木及绿化补偿费等),管线迁改费用(改移、加固及悬吊费),交通疏解费用等。按车站、区间、主变电站、运营控制中心、车辆段与综合基地分别编制单项概算。

编制单元划分见《城市轨道交通工程设计概算编制办法》(建标〔2017〕89号)中概算文件编制单元划分基本规定表。

(4)编制依据。

①可行性研究报告批准文件、有关文件及会议纪要等。

②总体设计评审专家意见。

③《城市轨道交通工程设计概算编制办法》(建标〔2017〕89号)。

④《城市轨道交通工程项目建设标准》(JB 104—2008)。

⑤国家及当地政府相关部门发布的有关文件及规定。

⑥初步设计技术接口文件。

⑦初步设计技术要求。

⑧初步设计文件组成与内容。

⑨初步设计文件编制统一规定。

⑩初步设计图纸及工程数量。

(5) 采用定额。

(6) 人工、材料、机械台班单价取定的依据或来源。

(7) 设备购置费的取定或来源。

(8) 企业管理费、利润、规费和税金的计算方法及依据。

(9) 建设用地、征地与建(构)筑物拆迁、管线迁改、交通疏解等单价的依据。

(10) 工程建设其他费用计算方法及依据。

(11) 预备费(基本预备费和价差预备费)计算方法及依据。

(12) 专项费用(建设期投资贷款利息、车辆购置费和铺底流动资金)计算方法及依据。

(13) 概算总额及技术经济指标。

(14) 初步设计概算与可行性研究报告批复估算对照分析。

(15) 其他有关说明：

①与本工程同步实施工程(换乘车站、共线区间、共用主变电站、运营控制中心及车辆与综合基地等)投资分配原则及概算，物业开发费用、民用通信费用等，其投资分别单独计列，并为全费用投资(含工程建设其他费用、预备费、建设期投资贷款利息)。

②对概算编制过程中需要特别说明的内容加以阐述，如概算编制中存在的问题、未落实的内容(下穿铁路配合费等)，以及其他与概算有关但不能在概算表中反映的事项和其他需要说明的问题。

3) 基本表格(各项目根据设计和建设管理需要，可增加必要的表格)及附件

(1) 基本表格。基本表格主要包括以下内容：

①总概算表。

②综合概算表。

③概算与估算对照表。

④主要工程数量表。

⑤人工及主要材料单价和数量汇总表。

⑥投资分配汇总表。

(2) 附件。

附件包括有关协议、会议纪要、公文及其有关分析计算资料等。

2. 分册概算文件

分册概算文件由封面、扉页、签署页、目录、编制说明、册概算表、单项概算表等组成。

1) 封面、扉页、签署页、目录

(1) 封面、扉页、签署页的组成：封面包括项目名称、第几篇、第几册、编制单位、单位资质证书级别及编号、编制日期、编制地点等内容；扉页在封面内容的基础上增加企业负责人、企业技术负责人、项目负责人签署等内容；签署页包括编制、审核、审定、专业负责人签署等内容。

(2) 目录应按《城市轨道交通工程设计概算编制办法》(建标〔2017〕89号)有关概算文件的规定顺序编排。

2) 编制说明

(1) 工程概况。包括工程范围(土建工程的起讫里程、结构长度等，设备系统工程的系

统组成等)、工程规模(土建工程结构形式及主要尺寸、基坑深度、覆土厚度、出入口、风亭设置情况、车站主体面积、出入口通道面积、风道风井面积、出入口上盖面积、风亭面积及车站总建筑面积、系统工程的设备规格型号等)、工法、工筹(工期安排)等。

(2)编制范围。分册概算包含的工程范围及内容。

(3)编制依据。

①可行性研究报告批准文件、有关文件及会议纪要等。

②总体设计评审专家意见。

③《城市轨道交通工程设计概算编制办法》(建标〔2017〕89号)。

④《城市轨道交通工程项目建设标准》(JB 104—2008)。

⑤国家及当地政府相关部门发布的有关文件及规定。

⑥初步设计技术接口文件。

⑦初步设计技术要求。

⑧初步设计文件组成与内容。

⑨初步设计文件编制统一规定。

⑩初步设计图纸及工程数量。

(4)采用定额。

(5)人工、材料、机械台班单价取定的依据或来源。

(6)设备购置费的取定或来源。

(7)企业管理费、利润、规费和税金的计算方法及依据。

(8)建设用地、征地与建(构)筑物拆迁、管线迁改、交通疏解等单价的依据。

(9)概算总额及技术经济指标。

(10)其他有关问题的说明。

①与本工程同步实施工程(换乘车站,共线区间,共用主变电站、运营控制中心及车辆与综合基地等)投资分配原则及概算,物业开发费用、民用通信费用等,其投资分别单独计列。

②对概算编制过程中需要特别说明的内容加以阐述,如概算编制中存在的问题、未落实的内容(下穿铁路配合费等),以及其他与概算有关但不能在概算表中反映的事项和其他需要说明的问题。

3)基本表格(各项目根据设计和建设管理需要,可增加必要的表格)及附件

(1)基本表格。基本表格主要包括以下内容:

①册概算表。

②建筑工程单项概算表。

③安装工程单项概算表。

④设备购置费工程单项概算表。

⑤补充单价表。

⑥工程概况表。

⑦主要工程数量表。

⑧人工及主要材料单价和数量汇总表。

⑨投资分配汇总表。

(2)附件。

附件包括有关协议、会议纪要、公文及其有关分析计算资料等。

四、概（预）算编制层次

为充分体现城市轨道交通项目建设管理和投资控制特点，设计概（预）算编制，按预算文件、分册概算文件和总概算文件三个层次逐步完成。

1. 预算文件

预算文件应按一个建设项目(如一条路线或者一座隧道)进行编制。

2. 分册概算文件

分册概算文件是具体反映建设项目一个单元建筑物群体工程范围内，或一个专业系统工程范围内，第一部分工程费用及其构成的文件，包括建筑工程单项概算、设备与安装工程单项概算和册概算。

(1)建筑工程单项概算是详细反映各工程类别和某些重大、特殊工点的主要概算费用的文件。编制内容包括人工费、材料费、施工机具使用费、企业管理费、利润、规费和税金。

(2)设备与安装工程单项概算是计算需要安装设备的设备费用和安装费用、不需要安装设备的设备费用等。

单项概算的编制，应按分册概算文件编制单元范围内划分的各工程类别，结合建设项目的具体情况、工程难易程度及所占投资比重的大小、采用定额的要求分别进行编制。

(3)册概算是在分册概算文件编制单元范围内，按"概算章节表"的顺序，将单项概算按章节细目进行汇总编制。

概算文件编制单元划分，主要是依据设计分工和建设管理的需要，《城市轨道交通工程设计概算编制办法》（建标〔2017〕89号）对此做了基本规定。根据建设项目特点，总体设计单位可补充概算文件编制单元，也可依据项目设计和建设管理的需要，将几个概算文件编制单元合并，或对概算文件编制单元内容进行调整，但都必须在文件编制中给予明确说明。

3. 总概算文件

总概算文件是反映整个建设项目投资规模和投资构成的文件，包括总概算表、综合概算表等表格。

(1)总概算表根据综合概算表，按"概算章节表"顺序分章进行汇编。

(2)综合概算表按"概算章节表"顺序将所有册概算表进行汇总编制。

五、概（预）算章节划分

概（预）算章节表的作用是将概（预）算费用按不同的工程和费用类别，划分为统一的章、节及细目。概（预）算章节表应体现统一和协调项目各专业概（预）算的编排顺序，反映项目各工程类别编制的内容。概（预）算章、节及细目中各类工程费用的划分，应有利于城市轨道交通工程各项指标的积累和造价信息化管理。

《城市轨道交通工程设计概算编制办法》（建标〔2017〕89号）按不同工程和费用类别，将概（预）算费用划分为工程费用、工程建设其他费用、预备费和专项费用4部分。共19章38节。编制概（预）算应采用统一的章节表，其各章节的细目及内容，见《城市轨道交通工程设计概算编制办法》（建标〔2017〕89号）"综合概算章节表"。各章名称详见表8-1。

各 章 名 称 表　　　　　　　　　表 8-1

章　序	名　称	章　序	名　称
第一章	车站	第十一章	给排水与消防
第二章	区间	第十二章	自动售检票
第三章	轨道	第十三章	车站辅助设备
第四章	通信	第十四章	运营控制中心
第五章	信号	第十五章	车辆段与综合基地
第六章	供电	第十六章	人防
第七章	综合监控	第十七章	工程建设其他费用
第八章	防灾报警、环境与设备监控	第十八章	预备费
第九章	安防及门禁	第十九章	专项费用
第十章	通风、空调与采暖		

第三节　工程费用

一、概(预)算定额的采用与工程费用取费标准

1. 定额采用

(1)建设项目所在地已颁布《城市轨道交通工程概(预)算定额》,或《城市轨道交通工程单位估价表》的省、区、市,可直接采用当地定额。

(2)建设项目所在地没有颁布《城市轨道交通工程概(预)算定额》,或《城市轨道交通工程单位估价表》的省、区、市,除主变电站和房屋工程外,应采用住建部《城市轨道交通工程预算定额》(GCG 103—2008)或《城市轨道交通工程概算定额》(GCG 102—2011)及其《城市轨道交通建筑安装工程费用标准编制规则》(建标〔2011〕159号)。

(3)主变电站工程采用电力行业相应定额。

(4)房屋建筑和装饰工程采用建设项目所在地定额。

编制概(预)算时,定额中缺项或采用新技术、新工艺、新材料、新设备,或采用定额中的施工条件等与建设项目所在地的同类工程定额,在消耗量上存在较大差异时,应按定额编制原则,调查、收集有关资料,结合工程实际情况,补充单价分析,并随概(预)算文件一并送审。

2. 工程费用取费标准

工程费用取费标准,采用与定额配套的费用定额。

二、概(预)算费用种类

概(预)算费用按投资构成划分,分属以下4个部分。

1. 第一部分　工程费用

工程费用包括建筑工程费、安装工程费和设备购置费。

1) 建筑工程费

建筑工程费是指建设工程涉及范围内的车站、区间、轨道、房屋建筑等建筑物、构筑物、场地平整、道路、室外管道铺设、大型土石方工程费用等。

2) 安装工程费

安装工程费是指主要生产、辅助生产、公用工程等单项工程中需要安装的机械设备、电器设备、专用设备、仪器仪表等的安装及配件工程费用，与设备相连的工作台、梯子、栏杆等设施的装设工程费用，附属于被安装设备的管线敷设、绝缘、防腐、刷油、保温、调整和试验工程费用，工艺、供热、供水等各种管道、配件、闸门和供电外线安装等工程费用，为测定安装工程质量，对单台设备进行单机试运转、对系统设备进行系统联动无负荷试运转工作的调试费，以及其他采用安装工程定额的费用。如：通信、信号、供电、综合监控、防灾报警、环境与设备监控、安防及门禁、通风、空调与采暖、给排水与消防、自动售检票、车站辅助设备、运营控制中心、车辆段与综合基地、人防工程等采用安装工程定额的费用。

3) 设备购置费

设备购置费是指为建设工程项目购置或自制的达到固定资产标准的设备、工具、器具的费用。由多种材料或经加工为零部件，并按各自用途组成的具有功能、容量、动能传递或转换的机器、容量、成套装置称为设备。设备可分为标准设备和非标准设备；按安装方法又可分为需要安装和不需要安装的设备。构成固定资产标准的设备（包括备品备件），虽低于固定资产标准，但属于设计明确列入设备清单的均为设备。

设备应包括本体及附带的配件、备件，附属于设备本体制作成型的梯子、平台、栏杆、管道，以及附属于设备本体的油类、化学药品等；还包括各种计量器、仪表及自动化控制装置、实验室内的仪器及属于设备本体部分的仪器仪表等。

设备购置费以设备原价加设备运杂费计算。

2. 第二部分　工程建设其他费用

工程建设其他费用，是指从工程筹建起到工程竣工验收交付使用止的整个建设期间，除建筑安装工程费用和设备及工器具购置费用以外的，为保证工程建设顺利完成和交付使用后，能够正常发挥效用而发生的各项费用。如：建设用地费、场地准备及建设单位临时设施费、建设管理费、研究试验费、可行性研究费、环境影响评价费、劳动安全卫生评价费、勘察设计费、引进技术和引进设备其他费、生产准备及开办费、联合试运转费、专利及专有技术使用费、市政公用设施建设费、配合辅助工程费，以及其他费用。

3. 第三部分　预备费

预备费包括基本预备费和价差预备费。基本预备费是指针对项目实施过程中可能发生难以预料的支出而事先预留的费用；价差预备费是指为在建设期内利率、汇率或价格等因素的变化而预留的可能增加的费用。

4. 第四部分　专项费用

专项费用包括车辆购置费、建设期投资贷款利息和铺底流动资金。

三、概(预)算费用项目组成

建设项目总概(预)算是为完成工程项目建设并达到使用要求或生产条件,从筹建到竣工验收以及试运行结束的整个建设期内预计或实际投入的全部费用总和。建设项目概(预)算费用项目组成如图8-2所示。

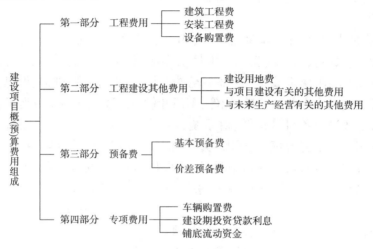

图8-2 建设项目概(预)算费用项目组成

四、建筑安装工程费

1. 按费用构成要素划分

建筑安装工程费按照费用构成要素划分:由人工费、材料(包含工程设备,下同)费、施工机具使用费、企业管理费、利润、规费和税金组成。其中人工费、材料费、施工机具使用费、企业管理费和利润包含在分部分项工程费、措施项目费、其他项目费中。

1) 人工费

人工费是指按工资总额构成规定,支付给从事建筑安装工程施工的生产工人和附属生产单位工人的各项费用。内容包括:

(1) 计时工资或计件工资。

计时工资或计件工资是指按计时工资标准和工作时间或对已做工作按计件单价支付给个人的劳动报酬。

(2) 奖金。

奖金是指对超额劳动和增收节支支付给个人的劳动报酬。如节约奖、劳动竞赛奖等。

(3) 津贴、补贴。

津贴、补贴是指为了补偿职工特殊或额外的劳动消耗和因其他特殊原因支付给个人的津贴,以及为了保证职工工资水平不受物价影响支付给个人的物价补贴。如流动施工津贴、特殊地区施工津贴、高温(寒)作业临时津贴、高空津贴等。

(4) 加班加点工资。

加班加点工资是指按规定支付的在法定节假日工作的加班工资和在法定工作时间外延时工作的加点工资。

(5)特殊情况下支付的工资。

特殊情况下支付的工资是指根据国家法律、法规和政策规定,因病、工伤、产假、计划生育假、婚丧假、事假、探亲假、定期休假、停工学习、执行国家或社会义务等原因按计时工资标准或计时工资标准的一定比例支付的工资。

人工费标准按照工程所在地建设项目的人工工资统计情况并结合工种组成、定额消耗,当地建设工程建设劳务市场情况进行综合分析确定。

$$人工费 = \sum 工程量 \times 定额人工消耗量 \times 编制期人工单价 \qquad (8-1)$$

人工单价是指施工企业平均技术熟练程度的生产工人在每工作日(国家法定工作时间内)按规定从事施工作业应得的日工资总额。

人工单价可参考当地工程造价管理部门发布的建设工程人工工资指导价。例如江苏省人工单价见《关于发布建设工程人工工资指导价的通知》(苏建函价〔2016〕570号)。

人工单价仅作为编制概(预)算的依据,不作为施工企业实发工资的依据。

2)材料费

材料费是指施工过程中耗费的原材料、辅助材料、构配件、零件、半成品或成品的费用。内容包括:

(1)材料原价。

材料原价是指材料的出厂价格或商家供应价格。

(2)运杂费。

运杂费是指材料、工程设备自来源地运至工地仓库或指定堆放地点所发生的全部费用。

(3)运输损耗费。

运输损耗费是指材料在运输装卸过程中不可避免的损耗。

(4)采购及保管费。

采购及保管费是指为组织采购、供应和保管材料、工程设备的过程中所需要的各项费用。包括采购费、仓储费、工地保管费、仓储损耗。

$$材料费 = \sum 工程量 \times 定额材料消耗量 \times 编制期材料单价 \qquad (8-2)$$

材料单价参考当地工程造价管理部门发布的工程建设材料市场指导价格(除税价格)。材料市场指导价已考虑材料运杂费、运输损耗费、采购及保管费。

注意定额中其他材料费要计入材料费。

3)施工机具使用费

施工机具使用费是指施工作业所发生的施工机械、仪器仪表使用费或其租赁费。

$$施工机具使用费 = \sum 工程量 \times 定额机械台班消耗量 \times 编制期机械台班单价 \qquad (8-3)$$

机械台班单价参考当地工程造价管理部门发布的工程建设机械租赁指导价格(除税价格),或者根据施工机械台班费用定额确定。机械租赁指导价中包含车上操作人工工费,未包含机械燃料费。机械台班费用定额中包含台班基价车上操作人工工费(工费可随市场价进行调整),未包含机械燃料费。

定额中小型机具使用费应计入施工机具使用费。

(1)施工机械使用费。

施工机械使用费以施工机械台班耗用量乘以施工机械台班单价表示,施工机械台班单价应由下列 7 项费用组成：

①折旧费。折旧费指施工机械在规定的使用年限内陆续收回其原值的费用。

②大修理费。大修理费指施工机械按规定的大修理间隔台班进行必要的大修理，以恢复其正常功能所需的费用。

③经常修理费。经常修理费指施工机械除大修理以外的各级保养和临时故障排除所需的费用，包括为保障机械正常运转所需替换设备与随机配备工具附具的摊销和维护费用，机械运转中日常保养所需润滑与擦拭的材料费用及机械停滞期间的维护和保养费用等。

④安拆费及场外运费。

安拆费指施工机械（大型机械除外）在现场进行安装与拆卸所需的人工、材料、机械和试运转费用以及机械辅助设施的折旧、搭设、拆除等费用。

场外运费指施工机械整体或分体自停放地点运至施工现场或由一施工地点运至另一施工地点的运输、装卸、辅助材料及架线等费用。

⑤人工费。人工费指机上司机（司炉）和其他操作人员的人工费。

⑥燃料动力费。燃料动力费指施工机械在运转作业中所消耗的各种燃料及水、电等。

⑦税费。税费指施工机械按照国家规定应缴纳的车船使用税、保险费、年检费等。

（2）仪器仪表使用费。

仪器仪表使用费是指工程施工所需使用的仪器仪表的摊销及维修费用。

4）企业管理费

企业管理费是指建筑安装企业组织施工生产和经营管理所需的费用。内容包括：

（1）管理人员工资。

管理人员工资是指按规定支付给管理人员的计时工资、奖金、津贴补贴、加班加点工资、特殊情况下支付的工资等。

（2）办公费。

办公费是指企业管理办公用的文具、纸张、账表、印刷、邮电、书报、办公软件、现场监控、会议、水电、烧水和集体取暖降温（包括现场临时宿舍取暖、降温）等费用。

（3）差旅交通费。

差旅交通费是指职工因公出差、调动工作的差旅费、住勤补助费、市内交通费和误餐补助费，职工探亲路费，劳动力招募费，职工退休、退职一次性路费，工伤人员就医路费，工地转移费以及管理部门使用的交通工具的油料、燃料等费用。

（4）固定资产使用费。

固定资产使用费是指管理和试验部门及附属生产单位使用的属于固定资产的房屋、设备、仪器等的折旧、大修、维修或租赁费。

（5）工具用具使用费。

工具用具使用费是指企业施工生产和管理使用的不属于固定资产的工具、器具、家具、交通工具和检验、试验、测绘、消防用具等的购置、维修和摊销费。

（6）劳动保险和职工福利费。

劳动保险和职工福利费是指由企业支付的职工退职金，按规定支付给离休干部的经费，集体福利费，夏季防暑降温、冬季取暖补贴，上下班交通补贴等。

(7)劳动保护费。

劳动保护费是指企业按规定发放的劳动保护用品的支出。如工作服、手套、防暑降温饮料以及在有碍身体健康的环境中施工的保健费用等。

(8)检验试验费。

检验试验费是指施工企业按照有关标准规定,对建筑以及材料、构件和建筑安装物进行一般鉴定、检查所发生的费用,包括自设试验室进行试验所耗用的材料等费用。不包括新结构、新材料的试验费,对构件做破坏性试验及其他特殊要求检验试验的费用和建设单位委托检测机构进行检测的费用。对此类检测发生的费用,由建设单位在工程建设其他费用中列支。但对施工企业提供的具有合格证明的材料进行检测不合格的,该检测费用由施工企业支付。

(9)工会经费。

工会经费是指企业按《中华人民共和国工会法》规定的全部职工工资总额比例计提的工会经费。

(10)职工教育经费。

职工教育经费是指按职工工资总额的规定比例计提,企业为职工进行专业技术和职业技能培训,专业技术人员继续教育、职工职业技能鉴定、职业资格认定以及根据需要对职工进行各类文化教育所发生的费用。

(11)财产保险费。

财产保险费是指施工管理用财产、车辆等的保险费用。

(12)财务费。

财务费是指企业为施工生产筹集资金或提供预付款担保、履约担保、职工工资支付担保等所发生的各种费用。

(13)税金。

税金是指企业按规定缴纳的房产税、车船使用税、土地使用税、印花税等。

(14)其他。

其他包括技术转让费、技术开发费、投标费、业务招待费、绿化费、广告费、公证费、法律顾问费、审计费、咨询费、保险费等。

企业管理费以人工费或人工费+机械费为计算基础,其费率根据市场调查和工程实际情况参考表8-2确定,列入分部分项工程和措施项目中。

企业管理费参考费率表(单位:%) 表8-2

序号	项目名称	以人工费+机械费为计算基础	以人工费为计算基础
1	地下工程	6.69~8.25	
2	地下明挖工程	6.75~7.55	
3	地下暗挖工程	6.80~7.90	
4	盾构工程	5.38~7.64	
5	轨道工程	4.50~6.97	
6	通信、信号工程		30.00~42.70

续上表

序号	项目名称	以人工费+机械费为计算基础	以人工费为计算基础
7	供电工程		31.00~44.00
8	智能与控制系统工程		31.00~46.40
9	机电工程		31.00~46.40

注：费率未含城市维护建设税、教育费附加和地方教育附加3项费率。

5）利润

利润是指施工企业完成所承包工程获得的盈利。

6）规费

规费是指按国家法律、法规规定，由省级政府和省级有关权力部门规定必须缴纳或计取的费用。包括：

（1）社会保险费。

①养老保险费。养老保险费是指企业按照规定标准为职工缴纳的基本养老保险费。

②失业保险费。失业保险费是指企业按照规定标准为职工缴纳的失业保险费。

③医疗保险费。医疗保险费是指企业按照规定标准为职工缴纳的基本医疗保险费。

④生育保险费。生育保险费是指企业按照规定标准为职工缴纳的生育保险费。

⑤工伤保险费。工伤保险费是指企业按照规定标准为职工缴纳的工伤保险费。

（2）住房公积金。

住房公积金是指企业按规定标准为职工缴纳的住房公积金。

（3）工程排污费。

工程排污费是指企业按规定缴纳的施工现场工程排污费。

7）税金

税金是指增值税。增值税是指按照《财政部 国家税务总局关于全面推开营业税改征增值税试点的通知》（财税〔2016〕36号）附件一《营业税改征增值税试点实施办法》"提供交通运输、邮政、基础电信、建筑、不动产租赁服务，销售不动产，转让土地使用权，税率为11%"的规定，必须缴纳或计取的费用。2018年5月1日起税率变更为10%。

根据《住房和城乡建设部办公厅关于做好建筑业营改增建设工程计价依据调整工作的通知》（建办标〔2016〕4号）要求，工程造价=税前工程造价×（1+增值税率）；税前工程造价为人工费、材料费、施工机具使用费、企业管理费、利润和规费之和，各项费用项目均以不包含增值税可抵扣的进项税额的价格计算。

2. 按造价形成划分

建筑安装工程费按照工程造价形成由分部分项工程费、措施项目费、其他项目费、规费、税金组成，分部分项工程费、措施项目费、其他项目费包含人工费、材料费、施工机具使用费、企业管理费和利润，如图8-3所示。

1）分部分项工程费

分部分项工程费是指各专业工程的分部分项工程应予列支的各项费用。

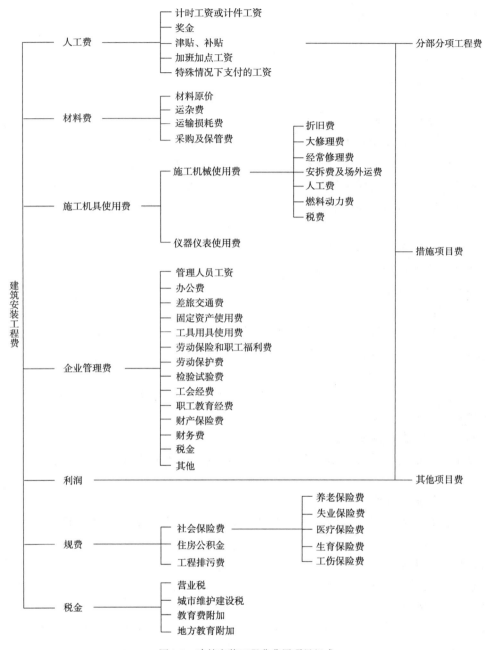

图 8-3 建筑安装工程费费用项目组成

(1) 专业工程。

专业工程是指按现行国家计量规范划分的房屋建筑与装饰工程、仿古建筑工程、通用安装工程、市政工程、园林绿化工程、构筑物工程、城市轨道交通工程、爆破工程等各类工程。

(2) 分部分项工程。

分部分项工程是指按现行国家计量规范对各专业工程划分的项目。如地下车站划分的钻孔桩围护结构工程、连续墙围护结构工程、土石方工程、钢支撑工程、降水工程、内部钢筋混凝土结构工程、防水工程等。

各类专业工程的分部分项工程划分见现行国家或行业计量规范。

2)措施项目费

措施项目费是指为完成建设工程施工,发生于该工程施工前和施工过程中的技术、生活、安全、环境保护等方面的费用,其内容包括:

(1)安全文明施工费。

①环境保护费。环境保护费是指施工现场为达到环保部门要求所需要的各项费用。

②文明施工费。文明施工费是指施工现场文明施工所需要的各项费用。

③安全施工费。安全施工费是指施工现场安全施工所需要的各项费用。

④临时设施费。临时设施费是指施工企业为进行建设工程施工必须搭设的生活和生产用的临时建(构)筑物和其他临时设施费用,包括临时设施的搭设、维修、拆除、清理费或摊销费等。

(2)夜间施工增加费。

夜间施工增加费是指因夜间施工所发生的夜班补助、夜间施工降效、夜间施工照明设备摊销及照明用电等费用。

(3)二次搬运费。

二次搬运费是指因施工场地条件限制而发生的材料、构配件、半成品等一次运输不能到达堆放地点,必须进行二次或多次搬运所发生的费用。

(4)冬雨季施工增加费。

冬雨季施工增加费是指在冬季或雨季施工需增加的临时设施,防滑、排除雨雪,人工及施工机械效率降低等费用。

(5)已完工程及设备保护费。

已完工程及设备保护费是指竣工验收前,对已完工程及设备采取的必要保护措施所发生的费用。

(6)工程定位复测费。

工程定位复测费是指工程施工过程中进行全部施工测量放线和复测工作的费用。

(7)特殊地区施工增加费。

特殊地区施工增加费是指工程在沙漠或其边缘地区、高海拔地区、高寒地区、原始森林等特殊地区施工增加的费用。

(8)大型机械设备进出场及安拆费。

大型机械设备进出场及安拆费是指机械整体或分体自停放场地运至施工现场或由一个施工地点运至另一个施工地点,所发生的机械进出场运输及转移费用及机械在施工现场进行安装、拆卸所需的人工费、材料费、机械费、试运转费和安装所需的辅助设施的费用。

(9)脚手架工程费。

脚手架工程费是指施工需要的各种脚手架搭、拆、运输费用以及脚手架购置费的摊销(或租赁)费用。

措施项目及其包含的内容详见各类专业工程的现行国家或行业计量规范。

措施项目费参考费率见表8-3和表8-4。

措施项目费参考费率表(一)(单位:%)　　　　表 8-3

序号	项目名称	以人工+机械费为计算基础				
		地上工程	地下明挖工程	地下暗挖工程	盾构工程	轨道工程
1	安全文明施工费	2.94~4.30	2.62~4.25	2.64~3.90	1.75~3.90	1.65~3.90
	(1)环境保护费	1.53~2.10	1.40~2.25	1.54~2.00	1.29~2.00	1.05~2.00
	(2)文明施工费					
	(3)安全施工费					
	(4)临时设施费	1.10~2.20	1.10~2.00	1.10~1.90	0.80~1.90	0.40~1.90
2	夜间施工增加费	0.10~0.23	0.10~0.25	0.15~0.28	0.10~0.20	0.10~0.20
3	二次搬运费	0.10~0.20	0.10~0.25	0.18~0.30	0.10~0.33	0.10~0.20
4	冬、雨季施工增加费	0.10~0.30	0.07~0.25	0.05~0.25	0.10~0.25	0.07~0.25
5	已完工程及设备保护费	0.10~0.20	0.02~0.10	0.02~0.10	0.02~0.10	0.02~0.21
6	合计(综合费率)	3.75~4.89	3.41~4.79	3.51~4.49	2.48~4.36	2.09~4.49

措施项目费参考费率表(二)(单位:%)　　　　表 8-4

序号	项目名称	以人工费为计算基础			
		通信、信号工程	供电工程	智能与控制系统工程	机电工程
1	安全文明施工费	10.39~22.59	11.40~22.59	12.50~23.00	12.50~23.00
	(1)环境保护费	6.55~10.59	7.32~10.10	6.65~10.80	6.65~10.80
	(2)文明施工费				
	(3)安全施工费				
	(4)临时设施费	3.84~12.98	4.08~12.98	4.85~12.98	4.85~12.98
2	夜间施工增加费	0.90~1.61	0.82~1.37	0.90~1.37	0.90~1.37
3	二次搬运费	0.16~2.65	0.46~2.65	0.40~2.65	0.40~2.65
4	冬、雨季施工增加费	0.50~0.70	0.50~0.80	0.50~0.70	0.50~0.70
5	已完工程及设备保护费	0.10~1.20	0.10~1.50	0.10~1.80	0.10~1.80
6	合计(综合费率)	13.00~17.30	14.13~27.70	14.94~28.70	14.94~28.70

3)其他项目费

(1)暂列金额。

暂列金额是指建设单位在工程量清单中暂定并包括在工程合同价款中的一笔款项。用于施工合同签订时尚未确定或者不可预见的所需材料、服务的采购,施工中可能发生的工程变更、合同约定调整因素出现时的工程价款调整以及发生的索赔、现场签证确认等的费用。

(2)计日工。

计日工是指在施工过程中,施工企业完成建设单位提出的施工图纸以外的零星项目或工作所需的费用。

(3)总承包服务费。

总承包服务费是指总承包人为配合、协调建设单位进行的专业工程发包,对建设单位自行采购的材料、工程设备等进行保管以及施工现场管理、竣工资料汇总整理等服务所需的费用。

4)规费

规费同按费用构成要素划分部分的规费内容。

规费参考费率见表8-5。

规费参考费率表(单位:%)　　　　　表8-5

序号	项目名称	以人工费为计算基础
1	土建与轨道工程	18.31~39.42
2	安装工程	10.53~39.42

5)税金

税金同按费用构成要素划分部分的增值税内容。

五、建筑安装工程费的计算方法

建筑安装工程费的取费程序见表8-6。

建筑安装工程费的取费程序　　　　　表8-6

序号	费用项目	计算公式
1	人工费	Σ工程量×定额人工消耗量×编制期人工单价
2	材料费	Σ工程量×定额材料消耗量×编制期材料单价
3	施工机具使用费	Σ工程量×定额机械台班消耗量×编制期机械台班单价
4	企业管理费	1×企业管理费费率或(1+3)×企业管理费费率
5	利润	(1+2+3+4)×利润率
6	措施项目费	6.1+6.2
6.1	措施项目费(一)	(1+3)×措施项目费费率
6.2	措施项目费(二)	1×措施项目费费率
7	规费	1×规费费率
8	税金	(1+2+3+4+5+6+7)×增值税税率
9	工程造价	1+2+3+4+5+6+7+8

[**例8-1**] 计算南京市地铁区间隧道砂浆锚杆的概算费用(只计算建筑安装工程费)。

条件:100mϕ25砂浆锚杆。

解:套用概算定额1.4.5(洞内锚杆)2-54(图8-4)。

1.4.5 洞内锚杆

工作内容:制作锚杆及垫板、洞内及垂直运输、钻孔、砂浆制作、灌浆、安装锚杆、上垫板、锚固。

计量单位:m

定额编号				2-54	2-55
项目				砂浆锚杆	自进式锚杆
基价/元				38.95	59.05
其中	人工费/元			11.00	14.63
	材料费/元			23.05	38.47
	机械费/元			4.90	5.95
	名称	单位	单价	数量	
人工	综合工1	工日	55.00	0.200	0.266
材料	螺纹钢 φ10-25	t	4800.00	0.004	
	锚杆 R32N	m	32.62		1.020
	六角空心钢	kg	4.16		0.032
	螺母(综合)	10个	0.21		1.020
	合金钢钻头(综合)	个	27.13		0.027
	高压胶管 直径20mm	m	18.50		0.001
	水	m³	6.21	0.046	0.046
	水泥砂浆 M10	m³	345.00	0.009	0.009
	其他材料费	元	1.00	0.43	0.73
机械	灰浆搅拌机	台班	70.86	0.003	0.008
	水平钻机 直径100mm内	台班	311.95		0.007
	电动灌浆机	台班	79.19	0.005	0.003
	钢筋切断机 直径40m	台班	41.46	0.001	0.001
	电动空气压缩机 排气量10m³/min	台班	428.53	0.007	0.003
	硅整流充电机 90A/190V	台班	130.97	0.001	0.001
	电瓶车 牵引质量8t	台班	383.40	0.003	0.003
	轨道平车	台班	70.46	0.002	0.002
	电动卷扬机双筒慢速 牵引力100kN	台班	205.90	0.001	0.001

图 8-4 套用概算定额

1)人工费 = ∑工程量 × 定额人工消耗量 × 编制期人工单价
= 100 × 0.200 × 90
= 1800(元)

其中人工单价根据《关于发布建设工程人工工资指导价的通知》(苏建函价〔2016〕570号),取城市轨道交通工程包工包料人工单价90元。

2) 材料费 = ∑工程量×定额材料消耗量×编制期材料单价

查最近《南京工程造价管理》,可得工程建设材料市场指导价格和主要地材预算指导价(采用除税价格),在此基础上进行市场调查,确定材料的预算价格见表8-7。

材料价格表　　　　　　　　　　　　　　　　　　　　　表8-7

序号	材料名称	单位	预算价格/元
1	螺纹钢 $\phi25$	t	3600
2	高压胶管　直径20mm	m	20
3	水	m^3	5
4	水泥砂浆	m^3	350

材料费:

螺纹钢:$100×0.004×3600=1440(元)$。

高压胶管:$100×0.001×20=2(元)$。

水:$100×0.046×5=23(元)$。

水泥砂浆:$100×0.009×350=315(元)$。

其他材料费:$100×0.43=43(元)$。

总计:$1440+2+23+315+43=1823(元)$。

3) 施工机具使用费 = ∑工程量×定额机械台班消耗量×编制期机械台班单价

查最近《南京工程造价管理》,可得部分使用机具台班租赁价格(采用除税价格)。如《南京工程造价管理》没有台班单价的,可查询《全国统一施工机械台班费用定额》计算台班单价。本案例中台班单价采用表8-8中数据。

施工机具使用台班单价　　　　　　　　　　　　　　　　　表8-8

序号	机械名称	机型	规格型号		台班单价/元
1	灰浆搅拌机	小	出料容量/L	200	141.58
2	电动灌浆机	中	HYB50/50-1型		235.68
3	钢筋切断机	小	直径/mm	$\phi40$	82.69
4	电动空气压缩机	中	排气量/(m^3/min)	10	966.52
5	硅整流充电机	小	90A/190V		284.18
6	电瓶车	中	载质量/t	7	372.70
7	轨道平车	小	载质量/t	5	21.05
8	电动卷扬机	双筒慢速　中	牵引力/t	10	409.61

施工机具使用费:

灰浆搅拌机:$100×0.003×141.58=42.47(元)$。

电动灌浆机:$100×0.005×235.68=117.84(元)$。

钢筋切断机:$100×0.001×82.69=8.27(元)$。

电动空气压缩机:$100×0.007×966.52=676.56(元)$。

硅整流充电机:100×0.001×284.18=28.42(元)。
电瓶车:100×0.003×372.70=111.81(元)。
轨道平车:100×0.002×21.05=4.21(元)。
电动卷扬机:100×0.001×409.61=40.96(元)。
合计:42.47+117.84+8.27+676.56+28.42+111.81+4.21+40.96=1030.54(元)。

4)企业管理费

本工程为地下暗挖工程,取企业管理费费率为7.2%,基数为人工费与机械费之和。

$$(1800+1030.54)\times7.2\%=203.80(元)$$

5)利润

根据单位和工程情况,确定利润率为7%。

$$(1800+1823+1030.54+203.80)\times7\%=340.01(元)$$

6)措施项目费

工程为地下暗挖工程,只有措施项目费(一),综合费率取4.1%。

$$(1800+1030.54)\times4.1\%=116.05(元)$$

7)规费

对应项目名称为土建与轨道工程,取规费费率为30%。

$$1800\times30\%=540(元)$$

8)税金

最新建设工程增值税税率为10%,采用简洁计算税金方法。

$$(1800+1823+1030.54+203.80+340.01+116.05+540)\times10\%=585.34(元)$$

9)建筑安装工程费

$$1800+1823+1030.54+203.80+340.01+116.05+540+585.34=6438.74(元)$$

六、设备购置费

设备购置费是指为建设工程项目购置或自制的达到固定资产的设备、工具、器具的费用。

设备购置费由设备原价和设备运杂费两部分组成,即:

$$设备购置费=设备原价+设备运杂费 \tag{8-4}$$

设备原价指国产设备或进口设备的原价;设备运杂费指除设备原价之外的关于设备采购、运输、途中包装及仓库保管等方面支出费用的总和。

1. 国产设备原价的构成

国产设备原价指设备制造厂的交货价,或订货合同价。一般根据生产厂或供应商的询价、报价、合同价确定,或采用一定的方法计算确定。国产设备原价分为国产标准设备原价和国产非标准设备原价。

1)国产标准设备原价

国产标准设备是指按照主管部门颁布的标准图纸和技术要求,由我国设备生产厂批量生产的、符合国家质量检测标准的设备。国产标准设备原价有两种,即带有备品备件的原价和不带有备品备件的原价,在编制概算时,应采用带有备品备件的原价。

2) 国产非标准设备原价

国产非标准设备是指国家尚无定型标准,只能按订货要求并根据具体的设计图纸制造的设备。一般按其成本构成或相关技术参数估算其价格。

国产非标准设备原价由以下各项组成:

(1) 材料费。

$$材料费 = 材料净重 \times (1 + 加工损耗系数) \times 每\,t\,材料综合价$$

(2) 加工费。

$$加工费 = 设备总质量(t) \times 设备每\,t\,加工费$$

(3) 辅助材料费。

$$辅助材料费 = 设备总质量(t) \times 辅助材料费指标$$

(4) 专用工具费。

$$专用工具费 = [(1) + (2) + (3)] \times 一定百分比计算$$

(5) 废品损失费。

$$废品损失费 = [(1) + (2) + (3) + (4)] \times 一定百分比计算$$

(6) 外购配套件费。

根据相应的价格加运杂费计费。

(7) 包装费。

$$包装费 = [(1) + (2) + (3) + (4) + (5) + (6)] \times 一定百分比计算$$

(8) 利润。

$$利润 = [(1) + (2) + (3) + (4) + (5) + (6) + (7)] \times 一定利润率$$

(9) 税金。

$$当期销项税额 = [(1) + (2) + (3) + (4) + (5) + (6) + (7) + (8)] \times 适用增值税率(\%)$$

(10) 非标准设备设计费。

按国家规定的设计费收费标准计算:

$$国产非标准设备原价 = (1) + (2) + (3) + (4) + (5) + (6) + (7) + (8) + (9) + (10)$$

2. 进口设备原价的构成

1) 进口设备的交货类别

进口设备的交货类别可分为内陆交货类、目的地交货类和装运港交货类三种。

(1) 内陆交货类。

内陆交货类,即卖方在出口国内陆的某个地点交货。在交货地点,卖方及时提交合同规定的货物和有关凭证,并负担交货前的一切费用和风险;买方按时接受货物,交付货款,负担接货后的一切费用和风险,并自行办理出口手续和装运出口。货物的所有权也在交货后由卖方转移给买方。

(2) 目的地交货类。

目的地交货类,即卖方在进口国的港口或内地交货,有目的港船上交货价、目的港船边交货价(FOS)和目的港码头交货价(关税已付)及完税后交货价(进口国的指定地点)等几种交货价。它们的特点是:买卖双方承担的责任、费用和风险是以目的地约定交货点为分界线,只有当卖方在交货点将货物置于买方控制下才算交货,才能向买方收取货款。这种交货类别对卖方来说承担的风险较大,在国际贸易中卖方一般不愿采用。

(3) 装运港交货类。

装运港交货类,即卖方在出口国装运港交货,主要有装运港船上交货价(FOB,习惯称离岸价格),运费在内价和运费、保险费在内价(CIF,习惯称到岸价格)。它们的特点是:卖方按照约定的时间在装运港交货,只要卖方把合同规定的货物装船后提供货运单据便完成交货任务,可凭单据收回货款。

2) 进口设备原价的构成

进口设备原价是指进口设备的抵岸价,即设备抵达买方边境、港口或车站,交纳完各种手续费、税费后的价格。

进口设备抵岸价由设备到岸价(CIF)和进口从属费构成。

进口设备到岸价(CIF)由离岸价(FOB)、国际运费、运输保险费构成。

进口从属费用由银行财务费、外贸手续费、进口关税、消费税、进口环节增值税等构成。进口车辆还需缴纳车辆购置税。

3) 进口设备原价的计算

(1) 进口设备到岸价(CIF)的构成及计算。

①货价。货价一般指装运港船上交货价(FOB)。

②国际运费 = 原币货价 × 运费率(%) 或国际运费 = 单位运价 × 运量。

③运输保险费 = [原币货价(FOB) + 国际运费] ÷ [1 - 保险费率(%)] × 运输保险费率(%)。

(2) 进口从属费的构成及计算。

①银行财务费 = 离岸价格(FOB) × 人民币外汇汇率 × 银行财务费率。

②外贸手续费 = [原币货价(FOB) + 国际运费 + 运输保险费] × 人民币外汇汇率 × 外贸手续费率。

③进口关税 = [原币货价(FOB) + 国际运费 + 运输保险费] × 人民币外汇汇率 × 进口关税税率。

④消费税 = {[原币货价(FOB) + 国际运费 + 运输保险费] × 人民币外汇汇率 + 关税}/[1 - 消费税税率(%)] × 消费税税率(%)。

⑤进口环节增值税 = {[原币货价(FOB) + 国际运费 + 运输保险费] × 人民币外汇汇率 + 关税 + 消费税} × 增值税税率(%)。

⑥车辆购置税 = {[原币货价(FOB) + 国际运费 + 运输保险费] × 人民币外汇汇率 + 关税 + 消费税} × 车辆购置税率(%)。

(3) 进口设备原价的计算。

进口设备原价 = [原币货价(FOB) + 国际运费 + 运输保险费] + 进口从属费

[例 8-2] 从某国进口设备,质量 1000t,装运港船上交货价为 400 万美元,工程建设项目位于国内某省会城市。如果国际运费标准为 300 美元/t,海上运输保险费率为 3‰,中国银行财务费率为 5‰,外贸手续费率为 1.5%,关税税率为 22%,增值税税率为 17%,消费税税率 10%,银行外汇牌价为 1 美元 = 6.8 元人民币,请对该设备的原价进行估算。

解:严格来讲,FOB/CIF 是未计算汇率价格,货价是用人民币表示的价格。

进口设备货价 = FOB × 汇率 = 400 × 6.8 = 2720(万元)。

国际运费 = 300 × 1000 × 6.8 = 204(万元)。

海上运输保险费 = (货价 + 国际运费) ÷ (1 − 0.003) × 0.003 = 8.8(万元)。

银行财务费 = 货价 × 财务费率 = 2720 × 5‰ = 13.6(万元)。

到岸货价(CIF) = 2720 + 204 + 8.8 = 2932.8(万元)。

外贸手续费 = 到岸货价 × 费率 = 2932.8 × 1.5% = 43.99(万元)(代理服务费)。

关税 = 到岸货价 × 费率 = 2932.8 × 22% = 645.22(万元)。

消费税 = (到岸货价 + 关税) ÷ (1 − 0.1) × 0.1 = 397.56(万元)。

增值税 = (2932.8 + 645.22 + 397.56) × 17% = 675.85(万元)。

进口从属费 = 13.6 + 43.99 + 645.22 + 397.56 + 675.85 = 1776.22(万元)。

进口设备原价(抵岸价) = 2932.8 + 1776.22 = 4709.02(万元)。

3. 设备运杂费的构成

设备运杂费是指国内采购设备自来源地、国外采购设备自到岸港运至工地或指定堆放地点发生的采购、运输、运输保险、保管、装卸等费用。由运输和装卸费、包装费、设备供销部门手续费、采购与仓库保管费构成。

(1) 运输和装卸费。

运输和装卸费指国产设备由设备制造厂交货地点、进口设备由我国到岸港口或边境车站起至工地仓库(或施工组织设计指定的需要安装设备的堆放地点)止所发生的运费和装卸费。

(2) 包装费。

包装费指在设备原价中未包含的,为运输而进行包装所支出的各种费用。

(3) 设备供销部门手续费。

设备供销部门手续费按有关部门规定的统一费率计算。

(4) 采购与仓库保管费。

采购与仓库保管费指采购、验收、保管和收发设备所发生的各种费用,包括设备采购人员、保管人员和管理人员的工资、工资附加费、办公费、差旅交通费,设备供应部门办公和仓库所占固定资产使用费、工具用具使用费、劳动保护费、检验试验费等。按主管部门规定的采购与仓库保管费费率计算。

4. 备品备件购置费

编制概(预)算时,应采用包含备品备件费的设备原价。若设备原价不含备品备件费,其备品备件费按设备原价(不含软件费)的 3%~5% 计算。

5. 设备购置费的计算方法

编制概算时,设备原价应根据调查资料,结合概算文件编制期的价格水平综合确定。

对于国产设备,为简化概算编制,设备购置费等于国产设备原价加国内设备运杂费。

对于进口设备,为简化概算编制,进口设备购置费等于进口设备到岸价(CIF)加国产设备运杂费。

国产设备运杂费费率见表 8-9。

国产设备运杂费费率表
表 8-9

序号	工程所在地区	费率/%
1	辽宁、吉林、河北、北京、天津、山西、江苏、浙江、山东、安徽	6~7
2	河南、陕西、湖北、湖南、江西、黑龙江、广东、四川、重庆、福建	7~8
3	内蒙古、甘肃、宁夏、广西、海南	8~10
4	贵州、云南、青海、新疆	10~11

注：西藏边远地区和厂址距离铁路或水运码头超过50km时，可相应提高设备运杂费费率。

第四节 工程建设其他费用

工程建设其他费用，是指从工程筹建起到工程竣工验收交付使用止的整个建设期间，应由基本建设投资支付并列入建设项目总概算内，除建筑安装工程费、设备购置费、预备费和专项费用以外的，为保证工程建设顺利完成和交付使用后，能够正常发挥效用而发生的各项费用。按资产属性分别形成固定资产其他费用、无形资产费用和其他资产费用（递延资产）。

以下为城市轨道交通工程建设经常发生的工程建设其他费用项目，在编制概（预）算时，应结合工程建设实际和建设市场有关情况予以确定。

一、前期工程费

前期工程费包括建设用地、树木及绿化赔偿、管线迁改、道路恢复、交通疏解发生的费用。

建设用地费是指按照《中华人民共和国土地管理法》规定，为获得工程项目建设土地的使用权而在建设期内发生的各项费用，包括通过划拨方式取得土地使用权而支付的土地征用及迁建补偿费，或者通过出让方式取得土地使用权而支付的土地使用权出让金。建设土地取得的其他方式还包括租赁和转让方式。

1. 费用内容

（1）土地征用补偿费：土地补偿费，安置补助费，被征用土地地上、地下附着物及青苗补偿费，征用城市郊区菜地缴纳的新菜地开发建设基金，征用耕地缴纳的耕地开垦费，耕地占用税等。

（2）拆迁补偿费：房屋及附属构筑物、城市公共设施等迁建补偿费等。

（3）土地征用、拆迁建筑物手续费：在办理征地拆迁过程中，所发生的相关人员的工作经费及土地登记管理费等。

（4）临时占地费：建设单位临时占用建设项目土地使用权在建设期支付的相关费用。

（5）树木及绿化赔偿费用：砍伐乔木、果树、灌木等城市园林树木发生的补偿费用。

（6）管线迁改及悬吊保护费用：依据管线迁改设计方案，为保证工程实施而采取的对给水、排水、燃气、电力、电信、热力等管线进行改移或悬吊保护的费用。

(7)道路恢复费:车站区间设计围挡范围内的道路恢复费用,相应凿除路面纳入主体工程费用中。

(8)交通疏解费用:依据交通疏解设计方案,为保证工程实施而采取的交通疏解措施所发生的费用。

2. 计算方法

(1)土地征用补偿费、拆迁补偿费、临时占地费等应根据设计提出的建设用地面积、动迁工程数量、临时占地面积,按工程所在地区的省(自治区、直辖市)人民政府颁发的各项规定和标准计列。

(2)树木及绿化赔偿费用,按工程所在地区的省(自治区、直辖市)人民政府颁发的城市园林树木补偿标准计列。

(3)管线迁改及悬吊保护费用,按照管线类别、迁改及悬吊保护方案计算。区分为给水、排水、燃气、电力(高压电和非高压电分列)、电信、热力等列项。

(4)道路恢复费,按工程所在地区的省(自治区、直辖市)人民政府颁发的城市园林树木补偿标准计列。

(5)交通疏解费用,按照交通疏解设计方案计算。

二、其他费用

1. 场地准备费

1)费用内容

场地准备费是指为使城市轨道交通项目的建设场地达到开工条件,由建设单位组织进行的场地平整等准备工作而发生的费用。

2)计算方法

一般应根据实际工程量估算,也可按工程费用的比例计算。即:场地准备费 = 工程费用 × 费率(%);费率(%)按1%~2%计列。

改扩建项目一般只计拆除清理费。

2. 项目建设管理费

1)费用内容

项目建设管理费是指建设单位从项目筹建之日起至办理竣工财务决算之日止发生的管理性质的开支。包括:不在原单位发工资的工作人员及相关费用、办公费、办公场地租用费、差旅交通费、劳动保护费、工具用具使用费、固定资产使用费、招募生产工人费、技术图书资料费(含软件)、业务招待费、施工现场津贴、竣工验收费和其他管理性质开支。

2)计算方法

按工程费用的1.5%~2.5%计列;第一条线路实施以后,后续项目适当折减费率。

3. 建设工程监理与相关服务费

1)费用内容

建设工程监理与相关服务费是指建设单位委托监理单位实施工程监理与相关服务,监理单位提供建设工程施工阶段的质量、进度、费用控制管理和安全生产监督管理、合同、信息等方面协调管理服务,以及勘测、设计、保修等阶段的相关服务而发生的费用。

2) 计算方法

按工程费用的 1.6% ~ 1.8% 计列。

4. 招标代理服务费

1) 费用内容

招标代理服务费是指招标代理机构接受招标人委托,从事编制招标文件(包括编制资格预审文件和标底),审查投标人资格,组织答疑、开标、评标以及提供招标前期咨询、协调合同签订等所收取的费用。

2) 计算方法

按工程费用的 0.2% 计列。

5. 招标交易服务费

1) 费用内容

招投标交易服务费是指工程建设期间,项目所在地的建设交易部门为轨道交通项目工程招投标工作提供招投标交易场所和为招投标服务而收取的交易服务费。

2) 计算方法

按建设项目所在省(自治区、直辖市)的有关规定计列。

6. 前期工作费

前期工作费是指建设项目前期工作的咨询收费,包括建设项目专题研究、编制和评估项目建议书、编制和评估可行性研究报告,以及其他与建设项目前期工作有关的咨询服务收费。

1) 可行性研究费

(1) 费用内容。

可行性研究费是指编制和评估项目建议书(或预可行性研究报告)、可行性研究报告的费用。

(2) 计算方法。

按委托合同计列,或参照表 8-10 计费标准,根据建设项目估算投资额采用内插法计算。

编制和评估可行性研究报告计费标准 表 8-10

序号	投资额/亿元	计费标准/万元
1	≤20	250
2	50	300
3	100	350
4	200	400
5	300	450
6	≥400	500

2) 环境影响评价费

(1) 费用内容。

环境影响评价费是指按照《中华人民共和国环境保护法》《中华人民共和国环境影响评价法》等规定,为全面、详细评价本建设项目对环境可能产生的污染或造成的重大影响所需的费用。包括编制环境影响报告书(含大纲)、环境影响报告表和评估环境影响报告书(含大纲)、环境影响报告表等所需的费用。

(2)计算方法。

按委托合同计列,或参照表 8-11 计费标准,根据建设项目估算投资额采用内插法计算,并适当考虑环境敏感程度调整系数。

环境影响咨询评价收费表 表 8-11

序号	估算投资额/亿元	2~10	10~50	50~100	100 以上
1	编制环境影响报告书(含大纲)/万元	15~35	35~75	75~110	110
2	编制环境影响报告表/万元	4~7	7 以上		
3	编制环境影响登记表/万元	3~4	4 以上		
4	评估环境影响报告书(含大纲)/万元	3~7	7~9	9~13	13 以上
5	评估环境影响报告表/万元	1.5~2.0	2 以上		
6	评估环境影响登记表/万元	1.0~1.5	1.5 以上		

注:①建设项目估算投资额是指项目建议书或者可行性研究报告的估算投资额。
②评估环境影响报告书(含大纲)的费用不含专家参加审查会议的差旅费;环境影响评价大纲的技术评估费用占环境影响报告书评估费用的 40%。
③本表所列编制环境影响报告表收费标准为不设评价专题的基准价,每增加一个专题加收 50%。
④本表中费用不包括遥感、遥测、风洞试验、污染气象观测、示踪试验、地探、物探、卫星图片解读,需要动用船、飞机等特殊监测等费用。

3)客流预测报告编制费

(1)费用内容。

客流预测报告编制费是指以城市、社会经济、人口、土地使用、交通等方面的现状和规划基础资料为依据,利用交通模型等技术手段,预测各目标年限城市轨道交通网络或线路相关客流指标,编制客流预测报告所需的费用。

(2)计算方法。

按委托合同计列,或参照表 8-12 计费标准计列。

客流预测报告编制计费 表 8-12

序号	工作阶段	计费标准
1	线网规划阶段	按相应阶段主报告编制费用的 30%~40% 计取
2	近期建设规划阶段	
3	工程可行性研究阶段	

4)地震安全性评价费

(1)费用内容。

地震安全性评价费是指按照《中华人民共和国防震减灾法》《地震安全性评价管理条例》等规定,为本建设项目提供地震安全性评价服务所需的费用。

(2)计算方法。

按委托合同计列,或按项目所在地省(自治区、直辖市)有关规定计列。

5)地质灾害危险性评估费

(1)费用内容。

地质灾害危险性评估费是指有资质的评估机构接受委托,按照相应的技术规程和规范要求,收集相关资料,进行现场调查和技术分析,以及编制评估报告和组织报告评审等收取的费用。

(2)计算方法。

按委托合同计列,或参照相关部门规定计列。

6)节能评估费

(1)费用内容。

节能评估费是指分析建设项目的建筑、设备、工艺等的能耗水平和其生产的用能产品的效率或能耗指标,编制及评审节能评估报告的费用。

(2)计算方法。

按委托合同计列,或参照表8-13费用标准计列。

节能评估报告与评审计费 　　　　表8-13

序号	项目	工程可行性研究阶段
1	节能评估专题报告编制	按工程可行性研究主报告编制费用的20%~30%计取
2	节能评估专题报告评审	按节能评估专题报告编制费用的20%~30%计取

7)社会稳定风险评估费

(1)费用内容。

社会稳定风险评估费是指编制和评价社会稳定风险分析报告所需的费用。

(2)计算方法。

按委托合同计列,或参照表8-14费用标准计列。

社会稳定风险评估计费 　　　　表8-14

序号	项目	工程可行性研究阶段
1	社会稳定风险分析报告编制	按工程可行性研究主报告编制费用的30%~60%计取
2	社会稳定风险分析报告评审	按风险分析报告的50%计取

8)防洪评价费

(1)费用内容。

防洪评价费是指按《中华人民共和国防洪法》等规定,对涉河项目做防洪评价报告所需的费用。

(2)计算方法。

按委托合同计列,或按项目所在省(自治区、直辖市)现行有关文件规定计列。

9)文物勘探费

(1)费用内容。

文物勘探费是指在工程范围内有可能埋藏文物的地方进行考古调查、勘探及保护所需的费用。

(2)计算方法。

按委托合同计列,或按项目所在省(自治区、直辖市)现行有关文件规定计列。

10)其他前期工作费用

(1)费用内容。

其他前期工作费用是指以上内容未包含,但在城市轨道交通前期咨询工作中可能涉及的专题、单项研究及其他咨询服务等,如规划咨询、专项技术咨询、投融资专题、网络资源共享专题等费用。

(2)计算方法。

按委托合同计列,或根据实际工作量按工日计取,费用 = $\sum$ 人工日天数(人·日) × 人工日单价(元/人·日)。

7. 研究试验费

1)费用内容

研究试验费是指为本建设项目提供或验证设计数据、资料等进行必要的研究试验及按照相关规定在建设过程中必须进行试验、验证所需的费用,包括自行或委托其他部门研究试验所需人工费、材料费、试验设备及仪器使用费等。

不包括:

(1)应由科技三项费用(新产品试制费、中间试验费和重要科学研究补助费)开支的项目。

(2)应在建筑安装费用中列支的施工企业对建筑材料、构件和建筑物进行一般鉴定、检查所发生的费用及技术革新的研究试验费。

(3)应由勘察设计费或工程费用中开支的项目。

2)计算方法

根据设计提出的具体研究试验项目,按其研究试验内容和要求计算所需的费用。

8. 勘察设计费

勘察设计费是指委托勘测设计单位进行工程水文地质勘察、工程设计所发生的各项费用,包括工程勘察收费和工程设计收费。

1)工程勘察收费

(1)费用内容。

工程勘察收费是指为工程设计提供工程地质、水文地质资料、地下管线、地下构筑物资料等的勘察及相应的试验、工程测量等所发生的工程勘察的费用。

(2)计算方法。

按委托合同计列,或按工程费用的 0.6% ~ 0.8% 计列。

2)工程设计收费

(1)费用内容。

工程设计收费是指设计人根据发包人的委托,提供编制建设项目初步设计文件、施工图设计文件、非标准设备设计文件、竣工图文件等服务所收取的费用,包括基本设计收费和其他设计收费。

①基本设计收费是指在工程设计阶段提供初步设计文件、施工图设计文件收取的费用,并相应提供设计技术交底、解决施工中的设计技术问题、试运行和竣工验收等服务。

②其他设计收费是指根据工程设计实际需要或者发包人要求提供相关服务收取的费用,包括总体总包费、招标技术文件编制费、采购技术文件编制费、竣工图编制费、常驻现场服务费、无投资类单项设计费(线路、限界、环控系统、调线调坡、行车组织与运行管理、车辆、全线市政交通接驳规划、管线综合、其他零星设计)等。

(2)计算方法。

按委托合同计列,或按工程费用的0.6%~0.8%计列。改扩建工程项目另行计列。

9.咨询费

1)设计咨询费

(1)费用内容。

设计咨询费指建设单位委托咨询机构对设计单位工作成果资料进行审查所需的费用。

(2)收费依据。

按设计咨询委托合同计列,或按工程费用的0.3%~0.4%计列。

2)工程造价咨询费

(1)费用内容。

工程造价咨询费是指工程造价咨询企业接受委托,从事投资估算、工程概算、工程量清单、招标控制价、工程预算、工程结算、竣工决算的编制与审核,建设项目各阶段的工程造价控制等与工程造价业务有关的咨询服务,并出具工程造价咨询成果文件等业务活动所收取的费用。

(2)计算方法。

按工程造价咨询委托合同计列,或按工程费用的0.3%~0.4%计列。

10.引进技术和引进设备其他费

引进技术和引进设备其他费是指引进技术和设备发生的但未计入设备购置费的费用。

1)费用内容

(1)引进项目图纸资料翻译复制费、备品备件测绘费。

(2)出国人员费用,包括买方人员出国设计联络、出国考察、联合设计、监造、培训等所发生的差旅费、生活费等。

(3)来华人员费用,包括卖方来华工程技术人员的现场办公费用、往返现场交通费用、接待费用等。

(4)银行担保及承诺费指引进项目由国内外金融机构出面承担风险和责任担保所发生的费用,以及支付贷款机构的承诺费用。

2)计算方法

(1)引进项目图纸资料翻译复制费、备品备件测绘费:根据引进项目的具体情况计列或按引进货价(FOB)的比例计列,引进项目发生备品备件测绘费时按具体情况计列。

(2)出国人员费用:依据合同或协议规定的出国人次、期限以及相应的费用标准计算。生活费按照财政部、外交部规定的现行标准计算,差旅费按中国民航公布的现行票价标准计算。

(3)来华人员费用:依据引进合同或协议有关条款及来华技术人员派遣计划进行计算。来华人员接待费用可按每人次费用指标计算。引进合同价款中已包括的费用内容不得重复计算。

(4)银行担保及承诺费:应按担保或承诺协议计取。概算编制时可以担保金额或承诺金额为基数乘以费率计算。

为简化概算编制,按引进设备费的1.0%~1.5%计列。

11. 综合联调及试运行费

1) 费用内容

综合联调及试运行费是指新建城市轨道交通项目在交付运营前,按照批准的设计文件所规定的工程质量标准和技术要求,在试运行期间对整个系统进行综合联调及试运行所发生的费用。综合联调及试运行费包括综合联调及试运行所需原材料、燃料及动力消耗、低值易耗品、其他物料消耗、工具用具使用费、机械使用费、保险金、施工单位参加综合联调及试运行人员工资以及专家指导费等。不包括应由设备安装工程费用开支的调试费用,以及在综合联调及试运行中暴露出来的因施工原因或设备缺陷等发生的处理费用。

2) 计算方法

(1)综合联调费:按设备费、购置费和车辆购置费的1.0%~1.5%计列。

(2)试运行费:按正线千米数×10万元/(正线千米·月)×试运行期(月)计列。

当与既有线路联调时,费用可适当增加。

12. 专利及专有技术使用费

1) 费用内容

(1)国外设计及技术资料费,引进有效专利、专有技术使用费和技术保密费。

(2)国内有效专利、专有技术使用费。

(3)商标权、商标名誉权和特许经营权费等。

2) 计算方法

(1)按专利使用许可协议和专有使用合同的规定计列。

(2)专有技术的界定应以省、部级鉴定批准为依据。

(3)项目投资中只计算需在建设期支付的专利及专有技术使用费。协议或合同规定在运营期支付的使用费应在运营成本中核算。

13. 生产准备及开办费

生产准备及开办费是指城市轨道交通工程项目,在建设期内,建设单位为保证正常运营而发生的人员培训费、提前进运营单位费用以及投产使用必备的生产办公、生活家具用具及工器具等的购置费用。包括:

1) 生产职工培训费

(1)费用内容。

生产职工培训费是指新建和改扩建城市轨道交通工程项目,在交验投产前,对运营部门生产职工培训所必需的费用,包括提前进厂费用、自行组织培训或委托其他单位培训的人员工资、工资性补贴、职工福利费、差旅交通费、劳动保护费、学习资料费等。

(2)计算方法。

本项费用按设计确定的定员人数×60%×30000元计列。

2)生产办公、生活家具用具购置费

(1)费用内容。

生产办公、生活家具用具购置费是指为保证新建和改扩建城市轨道交通工程项目初期正常生产运营、使用和管理,所必需的生产办公、生活家具购置费。

(2)计算方法。

本项费用按设计确定的定员人数×9000元计列。

3)工器具购置费

(1)费用内容。

工器具购置费是指为保证初期正常生产运营必须购置的第一套不构成固定资产的设备、仪器、仪表、工卡模具、器具、工作台(框、架、柜)等的费用。不包括构成固定资产的设备、工器具和备品、备件费用,已列入设备购置费中的专用工具和备品备件费。

(2)计算方法。

本项费用按设计确定的定员人数×4500元计列。

14. **工程保险费**

1)费用内容

工程保险费是指为转移工程项目建设的意外风险,在建设期内对建筑工程、安装工程、机器设备和人身安全进行投保而发生的费用,包括建筑安装工程一切险、人身意外伤害险和引进设备财产保险。

2)计算方法

按工程费用的0.4%~0.7%计列。

15. **特殊设备安全监督检验费**

1)费用内容

特殊设备安全监督检验费是指安全监察部门对在施工现场组装的压力锅炉及压力容器、压力管道、消防设备、燃气设备、电梯等特殊设备和设施实施安全检验验收收取的费用。

2)计算方法

按照项目所在省(自治区、直辖市)安全监察部门的规定标准计算。无具体规定的,可按受检设备安装工程费的比例估算。

16. **安全生产保障费**

安全生产保障费是指为保障工程项目施工安全而发生的费用,包括第三方检测费及第三方检测、评估费等费用。

1)费用内容

第三方监测费是指为了保证施工安全,由建设单位委托第三方监测单位对工程及周边建筑物、构筑物、地下管线、交通设施(道路、桥梁、隧道、通道)等进行监测所发生的费用。

第三方检测、评估费是指为保障工程项目和施工质量,对工程实体(如桩基等)、周边既有建(构)筑物、桥梁等风险源进行第三方检测及评估所发生的费用。

2)计算方法

按建筑安装工程费的0.8%～1.0%计列。

17.配合辅助工程费

1)费用内容

配合辅助工程费是指全部或部分投资由本项目基本建设投资支付修建,而修建后的产权不属于本项目的工程费用,如110kV电力进线(含进线仓位费)工程(产权归电力部门时)、城市道路立交桥工程等。

2)计算方法

配合辅助工程应作为独立的其他费用编制单元编制全费用概算(含工程建设其他费用、预备费、建设期贷款利息)。

18.其他

其他指上述费用之外,一般建设项目很少发生或具有明显行业和地区特征的工程建设其他费用项目,如移民安置费、水资源费、水土保持、河道占用补偿费、超限设备运输措施费、航道维护费、白蚁防治费、环境保护专项费、专项验收费等必须纳入城市轨道交通设计概算的其他费用,按照国家、有关行业部委和建设项目所在省(自治区、直辖市)有关规定计列费用。

第五节　预　备　费

一、基本预备费

基本预备费,是指针对项目实施过程中可能发生难以预料的支出而事先预留的费用,又称为工程建设不可预见费,主要指设计变更及施工过程中可能增加工程量的费用。基本预备费一般由以下四部分组成:

(1)在批准的初步设计范围内,施工图设计及施工过程中所增加的工程费用;设计变更、工程变更、材料代用、局部地基处理等增加的费用。

(2)一般自然灾害造成的损失和预防自然灾害所采取的措施费。实行工程保险的工程项目,该费用应当降低。

(3)竣工验收时为鉴定工程质量,对隐蔽工程进行必要的挖掘和修复费用。

(4)超规超限设备运输增加的费用。

计算公式为:

基本预备费 = (建筑安装工程费 + 设备及工器具购置费 + 工程建设其他费) × 基本预备费费率

基本预备费费率为5%。

二、价差预备费

价差预备费是指为正确反映建设项目的概算总额,在设计概算编制年度到项目建设竣工的整个期限内,因形成工程造价诸因素的正常变动(如人工、材料、设备价格的上涨,其他有关费用标准的调整及利率、汇率等因素的变化),导致必须对该建设项目所需的总投资额进行合理的核定和调整而需预留的可能增加的费用,又称为价格变动不可预见费。

本项费用应根据建设项目施工组织设计安排,以其分年度投资额及不同年限,根据国家公布的工程造价年上涨指数计算。计算公式为:

$$E = \sum_{n=1}^{N} F_n [(1+p)^{c+n} - 1] \tag{8-5}$$

式中:E——价差预备费;

N——施工总工期(年);

F_n——施工期第 n 年的分年度投资额;

c——编制年至开工年年限(年);

n——开工年至结(决)算年年限(年);

p——年均投资价格上涨率(%)。

[例8-3] 某建设项目,施工图预算编制年当年开工,建设期为3年,各年投资计划额如下:第一年投资额7200万元,第二年投资额10800万元,第三年投资额3600万元,年均投资价格上涨率为6%,求建设项目建设期间价差预备费。

解:(1)第一年价差预备费 E_1:

$$E_1 = 7200 \times [(1+6\%) - 1] = 432(万元)$$

(2)第二年价差预备费 E_2:

$$E_2 = 10800 \times [(1+6\%)^2 - 1] = 1334.88(万元)$$

(3)第三年价差预备费 E_3:

$$E_3 = 3600 \times [(1+6\%)^3 - 1] = 687.66(万元)$$

(4)价差预备费 E:

$$E = E_1 + E_2 + E_3 = 432 + 1334.88 + 687.66 = 2454.54(万元)$$

第六节 专项费用

一、车辆购置费

车辆购置费按设计确定的初期车辆配置数量及车辆市场价格信息计算。

二、建设期贷款利息

建设期贷款利息主要是指在建设期内发生的为工程项目筹措资金的融资费用及债务资金利息。

建设期贷款利息分为建设期国内贷款利息和建设期国外贷款利息。

1. 建设期国内贷款利息

建设期国内贷款利息,指建设项目中分年度使用国内贷款,在建设期应归还的贷款利息。

计算公式为:

建设期利息 = ∑(年初付息贷款本金累计 + 本年度付息贷款额÷2)×年利率

即：

$$S = \sum_{n=1}^{N}(\sum_{m=1}^{N}F_m \times b_m - F_n \times b_n \div 2) \times i \qquad (8\text{-}6)$$

式中：S——建设期利息；

N——建设总工期（年）；

n——施工年度；

m——还息年度；

F_m, F_n——在建设年度的第 m、n 年的分年度资金供应量；

b_m, b_n——在建设的第 m、n 年还息贷款占当年投资比例；

i——建设期贷款年利率。

[例8-4] 某新建项目，建设期为3年，分年均衡进行贷款，第一年贷款300万元，第二年贷款600万元，第三年贷款400万元，年利率为12%，建设期内只计息不支付，计算建设期贷款利息。

解：(1) 第一年贷款利息 S_1：

$$S_1 = (0 + 300 \div 2) \times 12\% = 18(万元)$$

(2) 第二年贷款利息 S_2：

$$S_2 = (300 + 18 + 600 \div 2) \times 12\% = 74.16(万元)$$

(3) 第三年贷款利息 S_3：

$$S_3 = (300 + 18 + 600 + 74.16 + 400 \div 2) \times 12\% = 143.06(万元)$$

(4) 建设期贷款利息 S：

$$S = 18 + 74.16 + 143.06 = 235.22(万元)$$

2. 建设期国外贷款利息

建设期国外贷款利息的计算中，还应包括国外贷款银行根据贷款协议向贷款方以年利率的方式收取的手续费、管理费、承诺费，以及国内代理机构经国家主管部门批准的以年利率的方式向贷款方收取的转贷费、担保费、管理费等。

对分期投资的建设项目，应根据不同时期的工程范围和分年度使用贷款额计算不同时期建设期贷款利息。

三、铺底流动资金

铺底流动资金是指为保证新建工程项目投产初期正常运营，按规定应列入建设工程项目总投资的铺底流动资金。主要用于购买原材料、燃料、动力，支付职工工资和其他有关费用。一般按流动资金的30%计算。

编制概算时按设计确定的初期车辆配置数量，每辆10万元计列。

练习题

1. 材料费包含哪些费用？
2. 简述进口设备原价的构成。
3. 简述工程建设其他费用的组成。

4. 简述建筑安装工程费计算的程序。

5. 某地城市轨道交通工程贷款人民币 30 亿元,第一年贷 10 亿元,当年计息,以后每年递减 2 亿元,均当年计息,利率 7.5%,求贷款利息。

6. 某城市轨道交通工程于 2013 年 1 月完成预算,项目于 2014 年 1 月开工,于 2017 年 12 月底竣工。项目的总投资额为 15.7 亿元,建设期每年投资 20%,物价上涨率为 5.2%,计算其价差预备费。

7. 从某国进口设备,质量 1000t,装运港船上交货为 400 万美元,运至国内某省会城市,国际海运费 300 美元/t,国外海运保险费率为 3‰,银行财务税率为 5‰,外贸手续费率为 1.5%,1 美元 =6.8 元人民币。试对该设备原价进行估算。

8. 试计算南京市某城市轨道交通工程暗挖区间内 50m³ 喷射混凝土的建筑安装工程费。

实训项目

根据已知条件完成某地铁车站的概算。

本设计方案车站主体宽度为 18.9m,长度为 170m,高度为 16.46m,覆土层厚度为 3.0m。

经过初步设计,对该工程的土方量、钢筋用量、混凝土用量等进行简单的计算。其计算结果见表 8-15。

工程量计算表 表 8-15

项目名称	项目特征	工程内容	计量单位	工程数量
连续墙	800m 厚	①基坑开挖; ②修筑导墙; ③抓土成槽; ④吊放钢筋笼; ⑤混凝土灌注	m	3942.0
钢支撑	φ600 壁厚 12	①制作; ②运输安装	根	54
井点降水	φ300mm,井深 24m,间距 10m	①打拔井管; ②设备安装、拆除; ③场内搬运; ④临时堆放; ⑤降水; ⑥填井坑	口	17
土石方开挖	开挖深约 16.5m	①土方开挖; ②围护、支撑	m³	49409.51
混凝土顶板	C30 混凝土 $h=800mm$	①混凝土运输、浇筑、振捣、养护; ②混凝土输送管安、拆、清洗	m³	2423.52
混凝土中板	C30 混凝土 $h=400mm$	①混凝土运输、浇筑、振捣、养护; ②混凝土输送管安、拆、清洗	m³	1211.76

续上表

项目名称	项目特征	工程内容	计量单位	工程数量
混凝土底板	C30 混凝土 $h=800mm$	①混凝土运输、浇筑、振捣、养护；②混凝土输送管安、拆、清洗	m^3	3029.4
混凝土侧墙	C30 混凝土 $d=800mm$	①混凝土运输、浇筑、振捣、养护；②混凝土输送管安、拆、清洗	m^3	2120.58
混凝土柱	C30 混凝土 0.8×1.0	①混凝土运输、浇筑、振捣、养护；②混凝土输送管安、拆、清洗	根	21
混凝土顶纵梁	C30 混凝土 1.2×2.2	①混凝土运输、浇筑、振捣、养护；②混凝土输送管安、拆、清洗	m^3	427.68
混凝土中纵梁	C30 混凝土 1×1	①混凝土运输、浇筑、振捣、养护；②混凝土输送管安、拆、清洗	m^3	162
混凝土底纵梁	C30 混凝土 1×2	①混凝土运输、浇筑、振捣、养护；②混凝土输送管安、拆、清洗	m^3	324
顶板钢筋(每米)		绑扎	t	0.934
中板钢筋(每米)		绑扎	t	0.458
底板钢筋(每米)		绑扎	t	0.986
侧墙钢筋(每米)		绑扎	t	0.88
顶纵梁钢筋		绑扎	t	8.85
中纵梁钢筋		绑扎	t	8.85
底纵梁钢筋		绑扎	t	8.85
立柱		绑扎	t	0.475
箍筋			t	4.23
混凝土楼梯	C40 混凝土、碎石 20mm	①混凝土运输、浇筑、振捣、养护；②混凝土输送管安、拆、清洗	m^3	253.9

第九章 工程量清单计价

教学目标

1. 熟悉工程量的计算;
2. 熟悉工程量清单的概念、作用;
3. 掌握工程量清单的编制;
4. 掌握工程量清单综合单价确定方法;
5. 掌握工程量清单计价模式下建筑安装工程费的计算。

第一节 工程量清单计价概述

一、工程量计算

1. 工程量的概念

工程量,即工程的实物数量,是以物理计量单位或自然计量单位所表示各个分项或子分项工程和构配件的数量。

物理计量单位是以物体的某种物理属性来作为计量单位。如墙面抹灰以"m^2"为计量单位,混凝土工程以"m^3"为计量单位等。

2. 工程量计算依据

(1)工程预算定额及清单计价规范。

城市轨道交通工程预算定额系指《城市轨道交通工程预算定额》(GCG 103—2008)以及省、自治区、直辖市颁发的地区性工程定额,清单计价规范指《建设工程工程量清单计价规范》(GB 50500—2013)、《城市轨道交通工程工程量计算规范》(GB 50861—2013)。

(2)经审订的施工图纸及配套的标准图集。

施工图纸及配套的标准图集,是工程量计算的基础资料和基本依据。施工图纸全面反映建筑物(或构筑物)的结构构造、各部位的尺寸及技术要求。

(3)经审订的施工组织设计或施工方案。

施工图纸主要表现拟建工程的实体项目,分项工程的具体施工方法及措施,应按施工组织设计或施工方案确定。如计算挖基础土方,施工方法是采用人工开挖,还是采用机械开挖,基坑周围是否需要放坡、预留工作面或做支撑防护等,应以施工组织设计或施工方案为计算依据。

(4)经确定的其他技术经济文件。

3. 工程量计算方法

工程量计算之前,首先应安排分部工程的计算顺序,然后安排分部工程中各分项工程的

计算顺序。分部分项工程的计算顺序,应根据其相互之间的关联因素确定。

同一分项工程中不同部位的工程量计算顺序,是工程量计算的基本方法。分项工程由同一种类的构件或同一工程做法的项目组成。如"预应力空心板"为一个分项工程,但由于建筑物的开间不同,板的荷载等级不同,因此出现各种不同的型号,其计算方法就是分别按板的型号逐层统计汇总数量,再查表计算出相应的混凝土体积及钢筋用量。再如"内墙面一般抹灰"为一个分项工程,按计算范围应包括外墙的内面及内墙的双面抹灰在内,其计算方法就是按照工程量计算规则的规定,将各楼层相同工程做法的内墙抹灰加在一起,算出内墙抹灰总面积。

计算工程量时应注意:按设计图纸所列项目的工程内容和计量单位必须与相应的工程量计算规则中相应项目的工程内容和计量单位一致,不得随意改变。

为了保证工程量计算的精确度,工程数量的有效位数应遵守以下规定:

(1)以"t"为单位,应保留小数点后三位数字,第四位四舍五入。

(2)以"m""m^2""m^3"为单位,应保留小数点后两位数字,第三位四舍五入。

(3)以"个""项"等为单位,应取整数。

计算工程量,应分为不同情况,一般采用以下几种方法:

(1)按顺时针顺序计算。

以图纸左上角为起点,按顺时针方向依次进行计算,当按计算顺序绕图一周后重新回到起点。这种方法一般用于各种带形基础、墙体、现浇及预制构件计算,其特点是能有效防止漏算和重复计算。

(2)按编号顺序计算。

结构图中包括不同种类、不同型号的构件,而且分布在不同的部位,为了便于计算和复核,需要按构件编号顺序统计数量,然后进行计算。

(3)按轴线编号计算。

对于结构比较复杂的工程量,为了方便计算和复核,有些分项工程可按施工图轴线编号的方法计算。例如在同一平面中,带形基础的长度和宽度不一致时,可按 A 轴①~③轴,B 轴③、⑤、⑦轴这样的顺序计算。

(4)分段计算。

在通长构件中,当其中截面有变化时,可采取分段计算。如多跨连续梁,当某跨的截面高度或宽度与其他跨不同时可按柱间尺寸分段计算;再如楼层圈梁在门窗洞口处截面加厚时,其混凝土及钢筋工程量都应按分段计算。

(5)分层计算。

该方法在工程量计算中较为常见,例如墙体、构件布置、墙柱面装饰、楼地面做法等各层不同时,都应按分层计算,再将各层相同分项分别汇总。

(6)分区域计算。

大型工程项目平面设计比较复杂时,可在伸缩缝或沉降缝处将平面图划分成几个区域分别计算工程量,再将各区域相同特征的项目合并计算。

(7)快速计算。

该方法是在基本方法的基础上,根据构件或分项工程的计算特点和规律总结出来的简便、快捷方法。其核心内容是利用工程量数表、工程量计算专用表、各种计算公式加以技巧计算,从而达到快速、准确计算的目的。

二、工程量清单

1. 工程量清单的概念

工程量清单,又叫工程数量清单。它是工程招标及实施工程时计量与支付的重要依据,在工程实施期间,对工程费用起控制作用。工程量清单是招标单位(业主)将要招标的工程按一定的原则(如按工程部位、性质等)进行分解,以明确工程的内容和范围,并将这些内容数量化而得到的一套工程项目表。每个表中既有工程部位和该部位需实施的各个子项目(工程子目),又有每个子项目的工程量和计价要求(单价或包干价),以及总计金额,单价与总价两个栏目由投标单位填写。可知,工程量清单反映的是每个相对独立的个体项目的主要内容和预算数量,以及完成的价格。

另外,需要特别指出的是,工程量清单中所列的工程数量(也称为清单工程量),是在实际施工生产前根据设计施工图纸和说明及工程量计算规则所得到的一种准确性较高的预算数量,并不是中标人在施工时应完成的实际的工程量。在实际施工过程中,可能会因各种原因与设计条件不一致,从而产生工程量的数量变化,招标单位应按实际工程量支付工程费用。

2. 工程量清单的作用

工程量清单是招标投标时使用的招标文件之一,它是为招标投标服务的,其主要表现在以下几个方面。

(1)为投标人的公平竞争提供基础。

工程量清单是按照招标文件中技术规范的规定和要求的分项原则,以及工程量计算方法编制的,是招标单位计算标底、投标单位计算报价的依据。一方面,招标单位的标底是按这些分项进行计算而编制的;另一方面,各投标单位也是以工程量清单为依据,参照招标文件中的其他合同文件,结合本单位以往的施工经验,对工程量清单中所列各项分别进行报价,然后汇总,从而完成对整个工程的报价,这样就为所有投标单位提供了一个报价计算的共同基础,使其能有效而精确地编写报价单,从而合理地进行投标报价。这样充分体现了公平竞争原则,同时由于标底也是在此基础上计算出来的,这为评标时对报价进行比较提供了方便。

(2)中标后的工程量清单为实施工程计量和办理中期支付提供依据。

工程量清单描述了工程项目的范围、内容及计量方式和方法,在工程实施期间对工程的计量与支付必须以工程量清单为依据,即使发生工程变更及费用索赔时,其参考作用也很明显,直接影响监理工程师对单价的确定。因此,工程量清单必须做到分项清楚明了、各种工作内容"不重不漏",报价时工程数量的计算应尽可能准确。

(3)促使投标人提高技术水平及管理水平。

由于各个投标单位是在同一个基础上进行报价的,为了中标,投标单位必须不断提高管理水平和技术水平,从而降低投标报价。这样有利于促进施工单位改进施工方法、优化施工方案、加强项目管理,采用自己掌握的先进施工技术、设备,最大限度地提高劳动生产率,最终降低生产成本。

(4) 为招标单位选择合适的承包人提供重要参考。

鉴于投标人受工程量清单制约,主要的竞争成为价格竞争,而这一竞争有利于招标单位费用的降低,因此它是招标单位选择中标人的重要参考。一般招标单位会选择报价最低的中标,但同时也要兼顾施工组织及承包人低价完成的可能性,若对其有疑问,则会倾向于适当抬高预计支付标准。另外,招标单位也会在报价后的清单中分析投标人是否使用不平衡报价,作为选择中标人的参考。

(5) 为费用监理提供依据。

由于工程量清单既是合同文件的组成部分,又是发生工程变更、价格调整、工程索赔时招标单位与承包人都比较易于接受的价格基础,因此无论是总价合同、单价合同,还是成本加酬金合同,都是费用监理中应最先考虑到的问题。

三、工程量清单计价

1. 工程量清单计价的概念

工程量清单计价是指投标人完成由招标人提供的工程量清单所需的全部费用,包括分部分项工程费、措施项目费、其他项目费、规费和税金。

2. 工程量清单计价的特点

1) 统一计价规则

制定统一的建设工程工程量清单计价方法、统一的工程量计量规则、统一的工程量清单项目设置规则,达到规范计价行为的目的。

2) 有效控制消耗量

由政府发布统一的社会平均消耗量指导标准,为企业提供一个社会平均尺度,避免企业盲目或随意大幅度减少或扩大消耗量,从而达到保证工程质量的目的。

3) 彻底放开价格

将工程消耗量定额中的人工、材料、机械价格,利润,管理费全面放开,由市场的供求关系自行确定价格。

4) 企业自主报价

投标企业根据自身的技术专长、材料采购渠道、管理水平等,制订企业自己的报价定额,自主报价。企业尚无报价定额的,可参考使用造价管理部门颁布的"建设工程消耗量定额"。

5) 市场有序竞争形成价格

建立与国际惯例接轨的工程量清单计价模式,引入充分竞争形成价格的机制,制定衡量投标报价合理性基础标准,在投标过程中,有效引入竞争机制,淡化标底的作用,在保证质量、工期的前提下,按国家《中华人民共和国招标投标法》有关条理规定,最终以"不低于成本"的合理低价者中标。

第二节 工程量清单的编制

一、工程量清单的内容

工程量清单作为招标文件的组成部分,最基本的功能是作为信息的载体,以便投标人能对工程有全面的了解。从这个意义上讲,工程量清单的内容应全面、准确。以住房和城乡建设部颁发的《建设工程工程量清单计价规范》(GB 50500—2013)为例,工程量清单主要包括工程量清单说明和工程量清单表两部分。

1. 工程量清单说明

工程量清单说明主要是招标人解释拟招标工程的工程量清单的编制依据以及重要作用。

2. 工程量清单表

工程量清单表如表9-1所示。

工程量清单表　　　　　　　　　　　表9-1

序号	项目编码	项目名称	项目特征	计量单位	工程数量	金额/元		
						综合单价	合价	其中:暂估价
1								
2								
3								

合理的清单项目设置和准确的工程数量,是清单计价的前提和基础。对于招标人来讲,工程量清单是进行投资控制的前提和基础,工程量清单表编制的质量直接关系和影响着工程建设的最终结果。

二、工程量清单的编制

工程量清单主要由分部分项工程量清单、措施项目清单、其他项目清单等组成。

1. 分部分项工程量清单

分部分项工程量清单包括项目编码、项目名称、项目特征、计量单位、工程内容和工程量计算。《建设工程工程量清单计价规范》(GB 50500—2013)中,对分部分项工程量清单项目的设置做了明确的规定。

1)项目编码

项目编码以五级编码设置,用十二位阿拉伯数字表示。一、二、三、四级编码统一;第五级编码由工程量清单编制人区分具体工程的清单项目特征而分别编码。各级编码代表的含义如下:

(1)第一级表示分类码(分二位):例如市政工程为04、城市轨道交通工程为08。

(2)第二级表示章顺序码(分二位)。

(3)第三级表示节顺序码(分二位)。

(4)第四级表示清单项目名称码(分三位)。

(5)第五级表示具体项目清单编码(分三位)。

项目编码结构如图9-1所示(以城市轨道交通工程为例)。

当同一标段(或合同段)的一份工程量清单中含有多个单位工程且工程量清单是以单位

工程为编制对象时,在编制工程量清单时应特别注意对项目编码十至十二位的设置不得有重码的规定。例如一个标段(或合同段)的工程量清单中含有3个单位工程,每一单位工程中都有项目特征相同的实心砖墙砌体,在工程量清单中又需反映3个不同单位工程的实心砖墙砌体工程量时,则第一个单位工程的实心砖墙的项目编码应为010030010,第二个单位工程的实心砖墙的项目编码应为0101003000,第三个单位工程的实心砖墙的项目编码应为01010030030,并分别列出各单位工程实心砖墙的工程量。

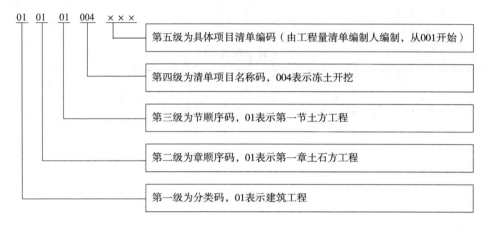

图 9-1　项目编码结构

2) 项目名称

项目名称原则上以形成工程实体而命名。项目名称如有缺项,招标人可按相应的原则进行补充,并报当地工程造价管理部门备案。

3) 项目特征

项目特征是对项目的准确描述,是影响价格的因素,是设置具体清单项目的依据。项目特征按不同的工程部位、施工工艺或材料品种、规格等分别列项。凡项目特征中未描述到的其他独有特征,由清单编制人视项目具体情况确定,以准确描述清单项目为准。

4) 计量单位

计量单位应采用基本单位,除各专业另有特殊规定外,均按以下单位计量:

(1) 以质量计算的项目——吨或千克(t 或 kg),应保留小数点后三位数字。

(2) 以体积计算的项目——立方米(m^3),应保留小数点后两位数字。

(3) 以面积计算的项目——平方米(m^2),应保留小数点后两位数字。

(4) 以长度计算的项目——米(m),应保留小数点后两位数字。

(5) 以自然计量单位计算的项目——个、套、块、樘、组、台等,应取整数。

(6) 具体数量的项目——系统、项等,应取整数。

各专业有特殊计量单位的,另外加以说明。

5) 工程内容

它是指完成该清单项目发生的具体内容,可供招标人确定清单项目和投标人投标报价参考。

凡工程内容中未列全的,由投标人按招标文件或设计施工图要求编制,以完成清单项目为准,综合考虑到报价中。

6)工程量计算

它主要是通过工程量计算规则得到的。工程量计算规则是指对清单项目工程量计算的规定。除另有说明外,所有清单项目的工程量应以实体工程量为准,并以完成后的净量计算,投标人报价时,应在单价中考虑施工中的各种损耗和需要增加的工程量。

2. 措施项目清单

《建设工程工程量清单计价规范》(GB 50500—2013)中将实体项目划分为分部分项工程量清单,非实体项目划分为措施项目。措施项目清单指为完成工程项目施工,发生于该工程施工前和施工过程中技术、生活、文明、安全等方面的非工程实体项目清单。措施项目清单应根据拟建工程的具体情况列项。

3. 其他项目清单

其他项目清单应包括除分部分项清单项目和措施项目以外,为完成工程施工可能发生费用的其他项目,可按工程实际参照表9-2列项。

其他项目清单表　　　　　　　　　　　　　　　　　　　　　　　表9-2

序号	项目内容	计算方法	序号	项目内容	计算方法
1	预留金	拟建工程具体计价说明	3	总承包服务费	拟建工程具体计价说明
2	工程分包和材料购置费	拟建工程具体计价说明	4	零星工作项目费	拟建工程具体计价说明

编制其他项目清单,出现表中未列的项目,编制人可作补充。工程招标投标时,投标人调整、补充其他项目必须在投标文件中标明。

其他项目清单中,预留金指业主为可能发生的工程量变更而预留的款项。

工程分包和材料购置费指业主将按有关规定准予分包的工作,指定分包人或指定材料供应商供应材料而预留的款项。

总承包服务费指承包商为配合协调业主进行的工程分包和材料采购所需的费用。

零星工作项目费指完成业主提出的、工程量暂估的零星工作所需的费用。零星工作项目表应根据拟建工程的具体情况列出项目或人工、材料、机械的名称,以及计量单价和相应暂估量,并随工程量清单发出。

三、工程量清单格式

工程量清单应采用统一格式,其组成内容如下:

(1)工程量清单封面。

(2)填表须知。

(3)总说明。一般应包括:

①工程概括。

其主要有建设规模、工程特征、计划工期、施工现场实际、交通运输情况、自然地理条件、环境保护要求等。

②工程发包、分包范围。

③工程量清单编制依据。

④工程质量、材料、施工等的要求。

⑤业主自行采购材料的名称、规格、型号、数量等。

⑥预留金、自行采购材料的金额数量。

⑦其他需要说明的问题。

(4)分部分项工程量清单。

(5)措施项目清单。

(6)其他项目清单。

(7)零星工作项目表。

(8)主要材料、设备表。

[**例 9-1**] 某市新建地铁高架线路,自然地面高程 14.0m,土壤类别为三类土,高架桥基础采用钻孔灌注桩 C30 混凝土,直径 ϕ1.2m,长 20m,钢护筒长度 2m,桩底高程 21.5m;承台混凝土 C20,承台尺寸为 5.4m×5.4m×2m;垫层厚 0.1m;墩柱直径 ϕ2.0m;T 形盖梁为 C45 混凝土,具体设计见图 9-2。

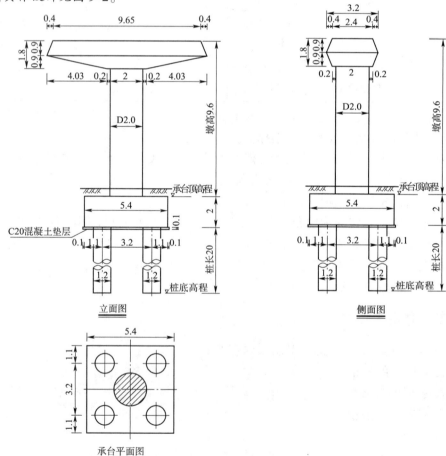

图 9-2　高架桥承台图(尺寸单位:m)

根据以上背景资料及《建设工程工程量清单计价规范》(GB 50500—2013)、《城市轨道交通工程工程量计算规范》(GB 50861—2013),请列出该地铁线路高架桥桩基、承台、墩柱、盖梁等分部分项工程量清单。

解:(1)计算分部分项工程工程量。

① 钻孔灌注桩:桩长 $L = 20 \times 4 = 80 (\text{m})$。

② 垫层混凝土:体积 $V = 5.6 \times 5.6 \times 0.1 = 3.14 (\text{m}^3)$。

③ 承台混凝土:体积 $V = 5.4 \times 5.4 \times 2 = 58.32 (\text{m}^3)$。

④ 墩柱混凝土:体积 $V = 3.14 \times 2^2 \div 4 \times (9.6 - 1.8) = 24.49 (\text{m}^3)$。

⑤ 盖梁混凝土:

$$S_1 = 2.4 \times 2.4 = 5.76 (\text{m}^2)$$

$$S_2 = 3.2 \times (9.65 + 0.4 \times 2) = 33.44 (\text{m}^2)$$

$$S_3 = 2.4 \times 9.65 = 23.16 (\text{m}^2)$$

$$V_1 = \frac{5.76 + 33.4 + \sqrt{5.76 \times 33.44}}{3} \times 0.9 = 15.92 (\text{m}^3)$$

$$V_2 = \frac{23.16 + 33.4 + \sqrt{23.16 \times 33.44}}{3} \times 0.9 = 25.32 (\text{m}^3)$$

$$V = V_1 + V_2 = 15.92 + 25.32 = 41.24 (\text{m}^3)$$

(2)列分部分项工程量清单(见表9-3)。

分部分项工程量清单与计价表 表9-3

序号	项目编码	项目名称	项目特征描述	计量单位	工程量	金额/元 综合单价	合计
1	080201008001	泥浆护壁成孔灌注桩	①地质情况:三类土。②桩长:20m(桩顶距地面2.5m)。③桩径:1.2m。④护筒类型、长度:钢护筒2.0m。⑤混凝土种类:C30	m	80		
2	080202001001	混凝土垫层	混凝土强度等级:C20	m³	3.14		
3	080202003001	混凝土承台	混凝土强度等级:C30	m³	58.32		
4	080202006001	混凝土墩身	混凝土强度等级:C30	m³	24.49		
5	080202008001	盖梁	混凝土强度等级:C45	m³	41.24		

第三节 工程量清单计价确定

按照建设工程工程量清单计价规范(或规则)的规定,以及依照工程量清单和综合单价法对建设工程进行计价的活动,称工程量清单计价。按不同用途分为施工图预算、招标标底和投标报价以及工程结算。

工程量清单计价就其计价内容而言,主要是确定分部分项工程费、措施项目费、其他项目费、规费和税金。

一、分部分项工程费的确定

1. 清单工程量的计算与复核

在实行工程量清单计价的工程中,工程量清单作为招标文件的组成部分,由招标人提供。投标人可直接据此编制报价,不用复核工程量。但投标人如果认为清单内容有不妥之处或为确定投标策略及把握索赔机会,则需重新计算和复核工程量。

另外,计算和复核清单工程量,可准确地确定材料、设备等资源数量,防止因超量、少购等带来的浪费、积压或停工待料。

投标人经复核工程量清单,发现有漏项、误算时,可参考计价规则的规定和合同的约定处理,或通过质疑的方式由清单编制人做统一的修改、更正,并将修正后的工程量清单发给所有投标人。

2. 分部分项工程单价的确定

其一方面取决于清单工程量,另一方面取决于清单项目单价。

1) 项目单价的费用组成

按单价的费用组成内容不同,可将项目单价分为工料单价、综合单价和完全单价。

(1) 工料单价。

工料单价中只包括人工费、材料费和机械费,管理费、利润和税金需另行计算,即式(9-1)。

$$工料单价 = 人工费 + 材料费 + 机械费 \tag{9-1}$$

(2) 综合单价。

综合单价包含了完成一个规定计量单位分项工程所需的人工费、材料费、机械费、管理费和利润,并可以考虑风险因素。综合单价反映了承包人的收入,但它仍属于不完全单价。

$$综合单价 = 人工费 + 材料费 + 机械费 + 管理费 + 利润 + 风险 \tag{9-2}$$

(3) 完全单价。

完全单价也称全费用单价,其费用组成是在综合单价基础上再计入规费和税金。

$$完全单价 = 人工费 + 材料费 + 机械费 + 管理费 + 利润 + 风险 + 规费 + 税金 \tag{9-3}$$

现阶段,我国清单项目单价基本上均采用综合单价。

2) 分部分项工程单价的确定步骤

(1) 确定计算依据。

确定社会平均价格时,计算依据主要包括消耗量定额及其预算价格、拟建工程设计文件、拟建工程工程量清单、合理的施工方法及相关价格信息等。

确定工程个别价格时的计算依据,与确定社会平均价格不同的是应根据本企业实际消耗量水平,并结合拟定的施工方案确定完成清单项目需要消耗的各种人工、材料、机械台班的数量。在没有企业定额或企业定额缺项时,可参照与本企业实际水平相近的社会定额,并通过调整来确定清单项目的人工、材料、机械台班单位用量。各种人工、材料、机械台班的价格,则应根据询价的结果和市场行情综合确定。

(2) 分析清单项目的工程内容。

现行工程量清单计价规范对拟建工程项目子目的划分和企业定额中的项目子目划分不

完全一一对应。需要清单计价编制人根据计价规范和工程量清单中的项目特征,结合施工现场情况和拟定的施工方案确定完成各清单项目实际应发生的工程内容,确定清单项目所包含的消耗量定额子目或企业定额子目。

(3)计算定额子目的工程量。

每一项工程内容都应根据所选定额的工程量计算规则计算其工程数量,当定额的工程量计算规则与计价规范的工程量计算规则相一致时,可直接以工程量清单中的工程量作为定额子目相应工程内容的工程数量。

(4)根据定额子目工程量确定相应的人工、材料、机械台班消耗量。

根据消耗量定额或企业定额中的子目工程量单位确定相应工程量所需人工、材料、机械台班消耗量。计算公式为:

$$人工消耗量 = 工程量 \times 定额人工消耗量 \tag{9-4}$$

$$材料消耗量 = 工程量 \times 定额材料消耗量 \tag{9-5}$$

$$机械台班消耗量 = 工程量 \times 定额机械台班消耗量 \tag{9-6}$$

(5)确定相应人工工日、材料、机械台班单价。

(6)确定相应人工费、材料费、机械使用费。

$$人工费 = 人工消耗量 \times 人工工日单价 \tag{9-7}$$

$$材料费 = 材料消耗量 \times 材料单价 \tag{9-8}$$

$$机械使用费 = 机械台班消耗量 \times 机械台班单价 \tag{9-9}$$

(7)确定清单项目管理费、利润及风险费。

管理费、利润及风险费的确定,根据计费依据(取费基础)不同,计算方法不同。

(8)确定清单项目综合单价。

$$综合费用 = 人工费 + 材料费 + 机械使用费 + 管理费 + 利润 + 风险费 \tag{9-10}$$

$$综合单价 = \frac{综合费用}{清单项目工程量} \tag{9-11}$$

[例9-2] 求人工铺设 $3596 m^3$ 面砖综合单价。

解:(1)由定额可知,$1000 m^3$ 人工铺设面砖的人工费、材料费、机械费如下。

① 人工费 = 29025.15(元);

② 材料费 = 105440.00(元);

③ 机械费 = 2567.44(元)。

(2)计算 $3596 m^3$ 人工铺设面砖的人工费、材料费、机械费:

① 人工费 = $3596/1000 \times 29025.15 = 104374.44$(元);

② 材料费 = $3596/1000 \times 105440.00 = 379162.24$(元);

③ 机械费 = $3596/1000 \times 2567.44 = 9232.51$(元)。

(3)计算管理费(取管理费费率为13%)。

管理费 = (人工费 + 机械费) × 管理费费率 = (104374.44 + 9232.51) × 13% = 14768.90(元)

(4)计算利润(取利润率为10%)。

利润 = (人工费 + 机械费) × 利润率 = (104374.44 + 9232.51) × 10% = 11360.70(元)

(5)确定清单项目综合单价。

$$综合单价 = \frac{人工费 + 材料费 + 机械使用费 + 管理费 + 利润 + 风险费}{清单项目工程量}$$

$$= \frac{104374.44 + 379162.24 + 9232.51 + 14768.90 + 11360.70}{3596}$$

$$= 144.30(元/m^3)$$

二、措施项目费的确定

1. 措施项目的确定与增减

招标人在编制标底时,措施项目费可根据合理的施工方案和各措施项目费的参考费率及有关规定确定。

投标人在编制措施项目报表时,可根据施工组织设计采取的具体措施,在招标人提供的措施项目清单基础上,措施项目的增减(对清单中列出而实际未采用的措施不填写报价表)应按下列要求进行:

(1)根据施工组织设计确定环境保护、安全文明施工、材料的二次搬运以及夜间施工、大型机具进出场及安拆、混凝土模板及支架、脚手架、施工排水降水、垂直运输及超高降效等项目。

(2)施工规范与工程验收规范要求而必须发生的技术措施项目。

(3)招标文件提出的某些必须通过一定的技术措施才能实现的要求。

(4)设计文件中提出的某些需要通过一定的技术措施才能实现的要求。

总之,措施项目的计列应以实际发生为准。措施项目的大小、数量也应根据实际设计确定,不要盲目扩大或减少,这是准确估计措施项目费的基础。

2. 措施项目费的确定方法

措施项目是为工程实体施工服务的,不同措施项目的特点不同,费用确定方法也不同,基本可归纳为两种方法:第一种按分部分项工程费中所含各措施项目费的费率确定;第二种按实际计算。前一种方法措施项目费中一般已包含管理费、利润等,后一种方法措施项目费应另外考虑管理费、利润的分摊。

1)临时设施费

(1)按临时设施费的费率确定。

$$临时设施费 = 分部分项工程费 \times 临时设施费费率 \qquad (9-12)$$

(2)按实际计算。

$$临时设施费 = 周转性临时设施费 + 一次性临时设施费 + 其他临时设施费 + 管理费 + 利润 \qquad (9-13)$$

2)大型机械安拆及进出场费

大型机械安拆及进出场费指大型施工机械由仓库或施工现场运至另一施工现场(25km以内)所需的场外运输费、安装拆卸费、试运转费、基础铺拆费、辅助设施摊销费等。

3)垂直运输机械使用费

垂直运输机械使用费包括单位工程在合理工期内完成全部工程项目主体与装修所需的垂直运输机械台班使用费,不包括按规定单独计算的机械场外往返运输、一次性安拆及基础铺拆费。其确定方法一般有两种,但均要考虑管理费和利润的分摊。

(1)按消耗量定额确定台班消耗量,再乘以台班单价。

(2)按租赁天数乘以租赁单价计算。

4）安全文明施工费

$$安全文明施工费 = 分部分项工程费 \times 安全文明施工费费率 \quad (9\text{-}14)$$

5）冬雨季及夜间施工增加费

$$冬雨季及夜间施工增加率 = 分部分项工程费 \times 冬雨季及夜间施工增加费费率 \quad (9\text{-}15)$$

6）二次搬运费

$$二次搬运费 = 分部分项工程费 \times 二次搬运费费率 \quad (9\text{-}16)$$

7）检验试验及放线定位费

$$检验试验及放线定位费 = 分部分项工程费 \times 检验试验及放线定位费费率 \quad (9\text{-}17)$$

8）混凝土模板及支架费

$$模板及支架费 = 模板摊销量 \times 模板价格 + 支架搭拆及运输费 + 管理费 + 利润 \quad (9\text{-}18)$$

或者参考消耗量定额及计价依据计算,再加上管理费、利润。

9）脚手架费

脚手架费包括施工需要的各种脚手架搭拆、运输费用及脚手架的摊销(或租赁)费用。或按消耗量定额及计价依据,加上管理费、利润。

$$脚手架费 = 脚手架摊销量 \times 脚手架价格 + 脚手架搭拆及运输费 + 管理费 + 利润 \quad (9\text{-}19)$$

10）已完工程及设备保护费

$$已完工程及设备保护费 = 成品保护所需机械费 + 材料费 + 人工费 + 管理费 + 利润 \quad (9\text{-}20)$$

或

$$已完工程及设备保护费 = 分部分项工程费 \times 成品保护费费率 \quad (9\text{-}21)$$

11）施工排水、降水费

$$排水降水费 = 排水降水机械台班费 \times 排水降水周期 + 排水降水使用材料费$$
$$及人工费 + 排水降水设备安拆及运输费 + 管理费 + 利润 \quad (9\text{-}22)$$

或按消耗量定额及计价依据,加上管理费、利润。

12）环境保护费

$$环境保护费 = 分部分项工程费 \times 环境保护费费率 \quad (9\text{-}23)$$

或按环保部门规定计算。

三、其他项目费的确定

其他项目费分为两部分:招标人部分和投标人部分。招标人部分包括预留金、分包费和材料购置费。投标人部分包括总承包服务费和零星工程项目费或其他项目需要增加并得到招标人许可的费用。

1.招标人部分其他项目费

招标人部分其他项目费由招标人在工程量清单总说明中明确说明金额。

1）预留金

预留金是招标人为可能发生的工程变更(如工程量清单有误、设计变更引起的工程量增加等)以及生产要素价格上涨引起的工程造价上涨而预留的金额。由招标人根据具体工程情况、市场预测及经验确定。

2) 分包费

分包费是指招标人按国家规定准予分包的工程制订分包人施工而预留的金额。应根据实际分包内容计算。

3) 材料购置费

材料购置费是招标人自行购置某些材料而预留某些金额。根据材料购置数量和市场价格确定。凡由招标人自行采购的材料价款，建筑工程、装饰装修工程应全部计入分部分项工程量清单项目的综合单价内；安装工程、市政工程、园林绿化工程应全部计入其他项目清单内。

2. 投标人部分其他项目费

1) 总承包服务费

总承包服务费是为配合、协调招标人进行工程分包和材料采购所发生的费用。应根据经验及工程分包特点，按分包项目金额的一定百分比计算。

2) 零星工作项目费

零星工作项目费是招标人列出的未来可能发生的工程量清单以外的不能以实物计量和定价的零星工作的费用，包括人工费、材料费和机械使用费。应以零星工作项目表的形式列出。投标人填报综合单价。

$$人工工日综合单价 = 人工单价 \times (1 + 管理费费率) \times (1 + 利润率) \quad (9\text{-}24)$$

$$材料综合单价 = 材料单价 \times (1 + 管理费费率) \times (1 + 利润率) \quad (9\text{-}25)$$

$$机械台班综合单价 = 机械台班单价 \times (1 + 管理费费率) \times (1 + 利润率) \quad (9\text{-}26)$$

四、规费、税金的确定

1. 规费的确定

规费是指政府和有关权力部门规定必须缴纳的费用。包括工程排污费、工程定额测定费、养老保险费、失业保险费、医疗报销费、住房公积金、危险作业意外伤害保险等。

根据规费的计算基数不同，计算方法不同。常用的计费基数有：以直接费为计算基数，以人工费和机械使用费之和为计算基数，以人工费为计算基数。

2. 税金的确定

为了适应国家税制改革要求，满足建筑业营改增后合理确定工程造价的需要，住建部规定建筑安装工程税金是国家税法规定计入建筑安装工程造价的增值税销项税额。

城市轨道交通工程增值税税率为11%。

五、建筑安装工程总造价的确定

工程量清单计价模式下，管理费、利润分摊到项目费中，所以建筑安装工程费的计算式为：

$$建筑安装工程费 = 分部分项工程费 + 措施项目费 + 其他项目费 + 规费 + 税金 \quad (9\text{-}27)$$

[例9-3] 已知某市轨道交通土建工程，其中大型土石方工程包含3个分部工程，每个分部工程只有一项分项工程：挖一般土石方。分项工程数量表见表9-4。求该大型土石方工程的建筑安装工程费。

分项工程数量表　　　　　　　　　　　　　　　　　　　　　　　　　　表 9-4

项　目	车站主体	1、2 号出入口	3、4 号出入口
挖一般土石方/m³	5897.22	935.83	509.63

解：(1) 确定挖一般土石方工程综合单价,见表 9-5。

综合单价计算表　　　　　　　　　　　　　　　　　　　　　　　　　　表 9-5

项目编码	080101001××	项目名称	挖一般土石方	计量单位	m³	工程量	×××
清单综合单价组成明细							
定额编号	定额名称		人工费	材料费	机械费	管理费	利润
1-12	机械挖三类土方		0.43	2.06	0.12	0.07	
清单项目综合单价				2.68			

(2) 分部分项工程计价表见表 9-6。

分部分项工程计价表　　　　　　　　　　　　　　　　　　　　　　　　　　表 9-6

序号	项目编码	项目名称	项目特征描述	计量单位	工程量	金额/元		
						综合单价	合价	其中：暂估价
地下车站主体								
1	080101001001	挖一般土石方	详见图纸(略)	m³	5897.22	2.68	15804.55	
		分部小计					15804.55	
1、2 号出入口								
2	080101001002	挖一般土石方	详见图纸(略)	m³	935.83	2.68	2508.02	
		分部小计					2508.02	
3、4 号出入口								
3	080101001003	挖一般土石方	详见图纸(略)	m³	509.63	2.68	1365.81	
		分部小计					1365.81	
		分部分项合计					19678.38	

(3) 单价项目措施费见表 9-7。

单价项目措施费　　　　　　　　　　　　　　　　　　　　　　　　　　表 9-7

项目编码	项目名称	项目特征描述	计量单位	工程量	金额/元		
					综合单价	合价	其中:暂估价
081308001001	大型机械设备进出场及安拆		项	1	400	400	
	单价项目措施费合计					400	

(4) 分部分项工程与单价项目措施费之和。
$$19678.38 + 400 = 20078.38(元)$$
(5) 其他项目清单与计价汇总表见表9-8。

其他项目清单与计价汇总表　　　　　　　　　　　　　表9-8

序　号	项 目 名 称	金额/元	结算金额/元	备　注
1	暂列金额			
2	暂估价			
2.1	材料暂估价			
2.2	专业工程暂估价			
3	计日工			
4	总承包服务费			
	合计			

(6) 总价措施费清单与计价表见表9-9。

总价措施费清单与计价表　　　　　　　　　　　　　表9-9

序号	项目编码	项目名称	计 算 基 础	费率/%	金额/元	备注
1	081311001001	安全文明施工		100.000	301.18	
1.1		基本费	分部分项合计＋单价措施项目合计－除税工程设备费	1.500	301.18	
2	081311002001	夜间施工	分部分项合计＋单价措施项目合计－除税工程设备费	0.075	15.06	
3	081311004001	冬、雨季施工	分部分项合计＋单价措施项目合计－除税工程设备费	0.050	10.04	
4	081311005001	地上、地下设施、建筑物的临时保护设施	分部分项合计＋单价措施项目合计－除税工程设备费			
5	081311006001	已完工程及设备保护	分部分项合计＋单价措施项目合计－除税工程设备费	0.010	2.01	
6	081311007001	临时设施	分部分项合计＋单价措施项目合计－除税工程设备费	0.800	160.63	
7	081311008001	赶工措施	分部分项合计＋单价措施项目合计－除税工程设备费			
8	081311009001	工程按质论价	分部分项合计＋单价措施项目合计－除税工程设备费			
9	081307001001	施工监测、监控	分部分项合计＋单价措施项目合计－除税工程设备费	1.000	200.78	
			合计		689.70	

(7)规费、税金计价表见表9-10。

规费、税金计价表

表9-10

序号	项目名称	计算基础	计算基数/元	计算费率/%	金额/元
1	规费	[1.1]+[1.2]+[1.3]		100.000	340.59
1.1	社会保险费	分部分项工程费+措施项目费+其他项目费	20768.08	1.300	269.98
1.2	住房公积金	分部分项工程费+措施项目费+其他项目费	20768.08	0.240	49.84
1.3	工程排污费	分部分项工程费+措施项目费+其他项目费	20768.08	0.100	20.77
2	税金	分部分项工程费+措施项目费+其他项目费+规费	21108.67	11.000	2321.95
合计					2662.54

(8)建筑安装工程费。

$$19678.38+400+689.70+340.59+2321.95=23430.62(元)$$

练习题

1. 什么是工程量清单？工程量清单包括哪些内容？工程量清单主要由哪些清单组成？
2. 简述工程量清单项目编码结构。
3. 什么是工料单价？什么是综合单价？什么是完全单价？现阶段,我国清单项目基本上采用什么单价？
4. 简述分部分项工程单价的确定步骤。
5. 在工程量清单计价模式下,建筑安装工程总造价如何确定？

实训项目

已知某市轨道交通土建工程包含2个分部工程,分项工程工程数量见表9-11,措施项目费、其他项目费、规费、税金费率同[例9-3],确定该单位工程的建筑安装工程费。

分项工程工程数量

表9-11

项　　目	车站主体	1、2号出入口
填方/m³	4212.30	327.65
拆除路面/m³	2527.38	165.32

第十章　工程造价软件应用

> **教学目标**
> 1. 了解我国造价软件的现状；
> 2. 了解造价软件存在的主要问题；
> 3. 掌握造价软件的操作流程。

第一节　工程造价软件简介

一、国内外发展现状

从20世纪60年代开始，工业发达国家已经开始利用计算机做估价工作，这比我国要早10年左右。他们的造价软件一般都重视已完工程数据的利用、价格管理、造价估计、造价控制等方面。由于各国的造价管理具有不同的特点，故造价软件也体现出不同的特点，这也说明了应用软件的首要原则应是满足用户的需求。

在已完工程数据利用方面，英国的BCIS(Building Cost Information Service，建筑成本信息服务部)是英国建筑业最权威的信息中心，它专门收集已完工程的资料，存入数据库，并随时向其成员单位提供。当成员单位要对某些新工程估算时，可选择最类似的已完工程数据估算工程成本。

价格管理方面，PSA(Property Services Agency，物业服务社)是英国的一家官方建筑业物价管理部门，在许多价格管理领域都成功地应用了计算机，如建筑投标价格管理。该组织收集投标文件，对其中各项目造价进行加权平均，求得平均造价和各种投标价格指数，并定期发布，供招标者和投标者参考。类似地，BCIS则要求其成员单位定期向自己报告各种工程造价信息，也向成员单位提供他们需要的各种信息。由于工程造价彼此关系密切，欧洲建筑经济委员会(CEEC)在1980年6月成立造价分委会(Cost Commission)，专门从事各成员国之间的工程造价信息交换服务工作。

造价估计方面，英、美等国都有自己的软件，他们一般针对计划阶段、草图阶段、初步设计阶段、详细设计和开标阶段，分别开发有不同功能的软件。其中预算阶段的软件开发也存在一些困难，例如工程量计算方面，国外在与CAD的结合问题上，从目前资料来看，并未获得大的突破。造价控制方面，加拿大的Revay公司开发的CT4(成本与工期综合管理软件)则是一个比较优秀的代表。

我国造价管理软件的情况是，各省市的造价管理机关，在不同时期也编制了当地的工程造价软件。20世纪90年代，一些从事软件开发的专业公司开始研制工程造价软件，如武汉海文公司、海口神机公司、北京广联达公司等。北京广联达公司先后在DOS平台和Windows

平台上发布了工程造价的系列软件,如:工程概预算软件、广联达工程量自动计算软件、广联达钢筋计算软件、广联达施工统计软件、广联达概预算审核软件等。这些产品的应用,基本可以解决目前的概预算编制、概预算审核、工程量计算、统计报表以及施工过程中的预算问题,也使我国的造价软件进入了工程计价的实用阶段。

二、工程造价软件要解决的主要问题

1. 通用问题

我国工程造价管理体制是建立在定额管理体制基础上的。建筑安装工程预算定额和间接费定额由各省、自治区和直辖市负责管理,有关专业定额由中央各部负责修订、补充和管理,形成了各地区、各行业定额的不统一。这种现状使得全国各地的定额差异较大,且由于各地区材料价格不同、取费的费率差异较大等地方特点,故编制造价软件解决全国通用性问题非常困难。目前有些适用性较强的软件,往往设置的参数较多,功能使用上较复杂;适用性较差的软件可能在遇到不同情况时难以使用,或者需要修改软件,软件的维护代价相对较高。

解决这个问题比较可行的一种办法是,通用性软件要开发,专用性软件也要开发。

如果客观地分析一下工程造价的编制办法,就会发现,虽然各地、各行业的定额差异较大,但计价的基本方法相同。通用的造价软件,可以使定额库和计价程序分离,做到使用统一的造价计算程序外挂不同地区、不同行业的定额库,用户可任意选用不同的定额库,相应地,操作界面也符合该定额特点的变化,各种参数的调整由软件自动完成,不增加用户的负担,给用户的感觉是该软件的操作比较简单。

对于一些特殊的定额,由于其编制程序、定额取费、调价方式差异太大,例如房屋修缮定额、公路定额等,如果还要强行做到软件的通用化,编程的难度会更大,所以必要的专业化软件仍然需要。

北京广联达公司的软件解决方案正是这种思路,该公司不但有通用化的造价软件,还提供配套使用的全国各地区、各行业和各时期的定额100多套,因此一套软件可以在全国各地区、各行业使用。同时该公司还有一些专用的软件,例如城市轨道交通工程概预算软件等。

2. 工程管理问题

建筑产品是由许多部分组成的复杂综合体,如果想要计算建筑产品的造价,就需要把建筑产品依次分解为建设项目、单项工程、单位工程、分部工程和分项工程。分项工程单价,是工程造价最基本的计算单位。建筑工程通常以单位工程造价作为考核成本的对象。

运用软件处理工程造价时,当然希望它能体现工程造价管理的这一层次划分思想。目前,有些软件仅以单位工程为对象计算造价。这虽然简单,但体现不了工程项目之间的关系,也无法进行造价逐级汇总。

北京广联达公司的工程造价软件采用的是树状结构的项目管理方式,在建立项目的过程中,该软件明确提出了三级管理的概念,即建设项目、单项工程和单位工程。编制工程造价时,以单位工程为基本单位,各单位工程的概算文件可自动汇总成单项工程综合概算,各单项工程综合概算可自动汇总为建设项目总概算。这种设计层次,有利于大型项目的管理。而且,在一个单位工程内部,还提供了多级的自定义分部功能,即用户可定义自己需要的分部,在一个分部的下面仍然可以定义分层,分层的下面可定义分段、分项等。这种项目的层次划分,为施工企业内部造价管理提供了方便。

3. 定额套用问题

目前的造价软件都建立有数据库,并且提供了直接输入功能,即只要输入定额号,软件就能够自动检索出子目的名称、单位、单价、人材机消耗量等。这一功能非常适合有经验的用户或者习惯手工翻查定额本的用户。

按章节检索定额子目也是造价软件通常提供的功能,这一功能模仿手工翻查定额本的过程,通过在软件界面上选择定额的章节选择定额子目。如果软件提供的定额库再完整一些,例如提供定额的章节说明、计算规则以及定额的附注信息等,一般用户基本上就可以脱离定额本,而完全使用软件来编制工程概预算。

有的造价软件提供按关键字查询定额子目的功能,例如,如果需要检索所有标号为C25的混凝土子目,只需在软件中输入关键字"C25",所有包含该关键字的定额子目都能列出供选择。这一功能主要用于查找不太常用的、难以凭记忆区分章节的子目。

另外,工程造价的编制一般都离不开标准图集,如门窗、装修、预制构件等。北京广联达公司的造价软件,在常用定额检索方法的基础上,提供了对门窗、装修做法及预制构件图集的全面支持。以北京地区为例,仅门窗就提供了42套图集共17000余条目。这样,在使用该软件计价时,只要知道图纸上的图集名称和标准代号,在软件中输入该标准代号,然后输入门窗个数,软件就能够智能地检索出需要的子目及其工程量,从而大大节约了时间。

4. 工程量计算问题

计价中工程量计算工作量大,其计算的速度和准确性对造价文件的质量起着重要作用。由于各地定额项目划分不同、施工中一些习惯做法不同,因此,工程量计算规则全国各地不完全一致。利用计算机来解决工程量计算问题也经历了多个阶段。早期的造价软件中,工程量需手工计算,在软件中输入工程量结果。后来,造价软件提供了表达式输入方法,即把计算工程量的表达式输入软件,这省去了手工操作计算器的工作。

近年来,解决工程量计算问题在图形算量方面取得较大的进展。国内一些专业软件公司先后开发出了图形工程量自动计算软件,从不同的角度和层面解决了工程量计算问题。

20世纪90年代初,海口奈特公司推出了具有自动扣减功能的图形算量软件,该软件采用鼠标画图,操作的方便性得到了很大的提高,代表了当时国内的最高技术水平。它能够提供工程量清单,但对于与定额子目的结合及标准图集的处理方面没有涉及。

2019年,北京广联达公司推出了图形算量软件。该软件在画图和工程量解决方法上有多项创新。在产品结构设计上,它采用了通用的绘图平台与各地计算规则相对分离的方式,成功地解决了各地计算规则不一致的问题;该软件计算规则按各地定额规则制定,经实践检验可行。操作人员只要将图纸信息如实地描述到系统内,软件就能自动按所选的定额计算规则计算出各种实体的工程量,各种扣减关系在三维的数学模型中都能得到精确计算。图形算量软件的功能如下:

(1)采用与定额库的挂接,在定义工程对象的同时能够查套定额子目,所以当做完一个工程后,软件提供的不单是工程量清单,还能够提供一份完整的预算书。

(2)提供标准图集的处理功能,在定义如门窗、装修、标准构件等标准设计实体时,只要输入标准代号,软件就能够自动检索定额子目和相关工程量。

(3)标准单元拼接功能。提供了标准单元的复制、镜像、移动等功能,大大提高了采用标准单元设计的工程(如住宅等)的画图速度和精度。

(4)快速布置工程实体功能。例如只要生成轴线网后,就可以快速地布置内外墙、柱网;当画好墙后,能够布置生成梁、房间、条基、板等;画好柱后,可以快速布置柱基等。

图形算量软件经历了20世纪90年代的发展后,已经达到了实用的阶段。下一步更新的技术将朝与CAD设计软件的接口及图形扫描输入的方向发展,相信经过大量软件开发人员的不懈努力,更先进的工程量计算方法将不断涌现,从而进一步减轻广大工程造价人员的工作量。

5. 钢筋计算问题

建筑结构中普遍采用钢筋混凝土结构,钢筋用量大,且单价高,钢筋计算的准确程度直接影响造价的准确度,因此钢筋计算越来越受到业内的广泛重视,钢筋计算软件的研制也成为工程造价领域的一个研究热点。

钢筋计算软件需要解决的问题主要如下:

(1)计算过程要严格遵循有关规范。例如,钢筋计算过程中,各种长度之间需要进行多值比较,如构造长度和锚固长度比较等。手工计算时,由于投标时间短,计算人员不得不采取粗略的计算或估算方法,难以达到准确的要求。软件则不同,它的优势就在于计算速度和准确性,因此,如何利用计算机解决准确性问题是钢筋计算软件的一个基础。

(2)输入构件数据,自动计算锚固长度,而非输入钢筋本身的长度。

(3)解决各种钢筋表示法的问题。结构施工图中,常见的钢筋表示方法有三种:一是传统的剖面表示法,二是表格表示法,三是平面整体表示法。如果钢筋软件不能按照图纸表示的方法输入,那么需要人工整理加工的工作量就太大了。

(4)解决和造价软件的接口问题。招投标阶段计算钢筋量主要是为了计算工程造价,所以抽取钢筋量后,自动查套定额子目,并将结果传递到工程造价软件中也非常重要。

(5)提供特殊钢筋的直接计算方法。一些特殊构配件采用表格表示法或平面整体表示法目前还难以解决问题,必须提供大量钢筋图样,并提供一些钢筋根数计算方法以及缩尺配筋计算功能。北京广联达公司开发的钢筋软件中提供了500多种钢筋图样,已能满足工作的需要。

国内设计方法仍然在变化,平面整体表示法所能设计的构件数量依然有限,这造成了钢筋软件编制难度较大。下一步,钢筋软件作为工程量计算的一部分,需要和工程量计算软件以及设计软件结合使用,以提高软件之间的数据共享。

6. 新材料、新工艺问题

定额是综合测定和定期修编的,但工程项目千差万别,新材料、新工艺不断出现,因此,计价时,遇到定额缺项是常见的现象。为此,需要编制补充定额项目,或以相近的定额项目为蓝本进行换算处理。软件具备的换算功能做的工作有:

(1)如果已知定额子目中换算材料名称,或人材机的增减量,一般的造价软件都提供了直接修改子目消耗量的功能,消耗量修改后,能自动计算新的子目单价。

（2）对于一些常用的换算，如砂浆、混凝土换算，一些造价软件还提供了在定额号后附带换算信息进行换算的功能，这样就解决了在输入的过程中完成换算的问题。

（3）有些造价软件，根据定额说明或附注，将允许换算的信息建立在数据库中，输入定额子目后，系统提示用户做相应的换算，用户输入后，软件自动完成换算处理过程。如广联达造价软件，需要对混凝土标号做换算，软件会弹出新标号混凝土的名称供选择；输入后，自动完成换算处理。

补充子目的处理，造价软件一般都提供直接新建补充子目或借用定额子目建立补充子目的功能，建立补充子目，输入或调整其消耗量后，系统完成子目单价的计算。有些造价软件还提供了补充子目的存档和检索功能。

7. 调价问题

手工计价时，调价的处理首先基于准确的工料分析，在工料分析的基础上，通过查询材料的市场价，确定每种材料的价差，最后汇总所有材料的价差值。

利用软件处理调价的方法通常是允许用户输入或修改每种材料的市场价，工料分析、汇总价差由软件自动完成。更好的处理方式是采用"电子信息盘"。工程造价管理机构一般会定期发布造价信息；优秀的软件公司，应能及时向用户提供造价信息的电子版。如广联达公司的造价信息电子版可以以软盘的方式向用户邮寄，用户也可通过国际互联网上的广联达公司网页下载，或直接到当地服务机构索取等多种渠道获得。获得信息盘后，通过软件提供的安装功能装入，这样，需要调价时只要选择适合的造价信息，所有的材料价格将由软件自动调整。

8. 取费问题

现行的造价计算，是在"直接费"基础上计算其他各项费用，由于财政、财务、企业等管理制度的变化，各地费用构成不统一，为了适应各地计价的要求，造价软件必须提供自定义取费项的功能，以便处理费用地区性的差异。

目前比较常见的做法是取费文件对使用者开放，使用者能够随时对取费的变化做出反应。一个好的造价软件还应能对直接费部分做出各种划分，在取费文件中调用直接费的各划分数据，以满足不同定额项目对应不同取费的要求。

9. 自由报表问题

报表是造价文件的最终表现结果，报表数据的完整性及美观程度反映了企业的形象。用户一般都要求报表格式灵活、美观。事实上，由于我国没有统一的造价报表规范，故各地区对造价报表的格式要求存在很大的差异，即使是同一地区，报表形式也千差万别。如：有的要求预算表中只要列出子目的单价和合价，有的则需要列出人材机的费用等。另外，对打印纸幅面要求也不同，如有的用 A4，有的用 B5，有的用窄行连续纸，而有的则用宽行连续纸等。

基于以上分析，北京广联达慧中软件技术有限公司、北京市京诚招建筑市场招投标服务中心和北京建工集团有限责任公司共同合作，于 2019 年成功开发了广联达工程概预算审核软件。它主要适用于北京市工程概预算标底和标书的审核工作，也适用于设计、施工、建设和中介事务所等各种工程概预算编制部门的预算审核、内部校核工作。该软件可以对用概预算软件做完的概预算进行分析，自动产生各单位工程的单方造价、各工程分部的造价比例、各种工程量单方指标以及主要工程量之间的统筹比值关系。借助这些经济技术指标,造价人员可以很方便地判断出一份预算的编制质量。

第二节 广联达造价软件编制概(预)算文件

GBQ 4.0 是广联达推出的融计价、招标管理、投标管理于一体的全新计价软件,旨在帮助工程造价人员解决电子招投标环境下的工程计价、招投标业务问题,使计价更高效、招标更便捷、投标更安全。

一、软件构成及应用流程

GBQ 4.0 包含三大模块,招标管理模块、清单计价模块、投标管理模块。招标管理模块和投标管理模块是站在整个项目的角度进行招投标工程造价管理。清单计价模块用于编辑单位工程的工程量清单或投标报价。在软件招标管理模块和投标管理模块中可以直接进入清单计价模块,软件使用流程如图10-1 所示。

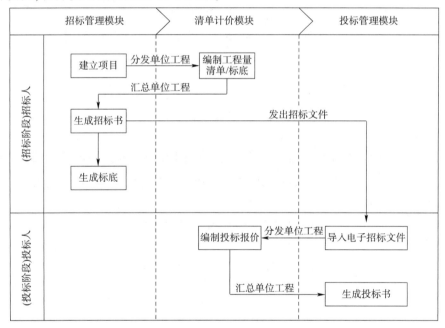

图 10-1 CBQ 4.0 软件使用流程

二、软件操作流程

以招投标过程中的工程造价管理为例,软件操作流程如下:

1. 招标人主要工作

(1)新建招标项目:包括新建招标项目工程,建立项目结构。

(2)编制单位工程分部分项工程量清单:包括输入清单项、输入清单工程量、编辑清单名称、分部整理。

(3)编制措施项目清单。

(4)编制其他项目清单。

(5)编制甲供材料、设备表。

(6)查看工程量清单报表。

(7)生成电子标书:包括招标书自检,生成电子招标书,打印报表,刻录及导出电子标书。

2.投标人主要工作

(1)新建投标项目。

(2)编制单位工程分部分项工程量清单计价:包括套定额子目、输入子目工程量、子目换算、设置单价构成。

(3)编制措施项目清单计价:包括计算公式组价、定额组价、实物量组价三种方式。

(4)编制其他项目清单计价。

(5)人材机汇总:包括调整人材机价格,设置甲供材料、设备。

(6)查看单位工程费用汇总:包括调整计价程序,工程造价调整。

(7)查看报表。

(8)汇总项目总价:包括查看项目总价,调整项目总价。

(9)生成电子标书:包括符合性检查,投标书自检,生成电子投标书,打印报表,刻录及导出电子标书。

三、招标人操作流程

1.新建招标项目

1)进入软件

(1)在桌面上双击"广联达计价软件 GBQ 4.0"快捷图标,软件会启动文件管理界面。

(2)在文件管理界面选择"工程类型",点击"新建项目"→"新建招标项目"(图10-2)。

(3)在弹出的新建招标工程界面中,选择地区标准,输入项目名称、项目编号。

图 10-2 新建招标项目

(4)点击"确定",软件会进入招标管理主界面。

2)建立项目结构

(1)新建单项工程。

选中招标项目,点击鼠标右键,选择"新建单项工程"(图10-3)。在弹出的新建单项工程界面中输入单项工程名称。

(2)新建单位工程。

①选中单项工程,点击鼠标右键,选择"新建单位工程"。

②选择清单库、清单专业、定额库、定额专业。输入工程名称,选择结构类型,输入建筑面积。如图10-4所示,点击"确定"则完成新建单位工程文件。

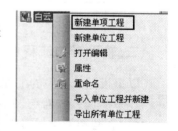

图 10-3 新建单项工程

注意:如果要在最后结果中看到整个工程的单方造价,建筑面积必须填写。

用同样的方法新建其他单位工程,通过以上操作,就新建了一个招标项目,并且建立了项目的结构,如图10-5所示。

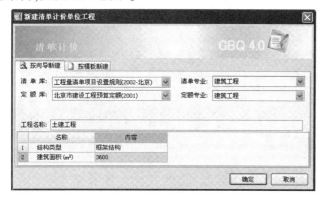

图10-4　新建单位工程　　　　　　　　图10-5　项目结构图

3)保存文件

点击"保存",在弹出的"另存为"界面指定路径,再点击"保存"。

提示:GBQ 4.0没有学习版,建立工程的时候要插加密狗。

2. 编制土建工程分部分项工程量清单

1)进入单位工程编辑界面

选择单位工程,点击"进入编辑窗口",进入单位工程编辑主界面(图10-6)。

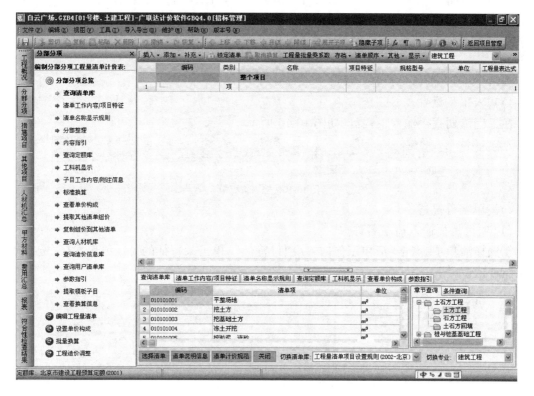

图10-6　单位工程编辑界面

2)输入工程量清单

(1)查询输入。

在"查询清单库"界面找到清单项,点击"选择清单"即可将清单项直接输入软件,如图 10-7 所示。

图 10-7　查询输入清单项

(2)按编码输入。

点击鼠标右键,选择"添加"中"添加清单项",在空行的编码列直接输入清单编码,点击回车键即可将清单项直接输入软件,如图 10-8 所示。

图 10-8　按编码输入清单项

(3)补充清单项。

在编码列输入"B-1",名称列输入补充清单项名称、单位,即可补充一条清单项,如图 10-9 所示。

图 10-9　补充清单项

提示:编码可根据用户自己的要求进行编写。

3)输入工程量

在工程量列直接输入工程量,如图 10-10 所示。

图 10-10　输入工程量

4)清单名称描述。

(1)项目特征输入清单名称。

①选择清单项,点击"清单工作内容/项目特征",单击某特征的特征值单元格,选择或者输入特征值,如图 10-11 所示。

图 10-11　项目特征输入清单名称

②点击"清单名称显示规则",在界面中点击"应用规则到全部清单项",软件会把项目特征信息输入清单名称,如图 10-12 所示。

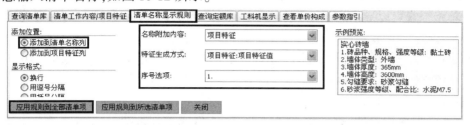

图 10-12 应用清单项目特征

(2)直接修改清单名称。

选择某清单项,点击项目名称单元格,使其处于编辑状态,点击单元格右侧的小三点按钮,在"编辑[名称]"界面中输入项目名称,如图 10-13 所示。

5)分部整理

(1)在左侧功能区点击"分部整理",在右下角属性窗口的分部整理界面勾选"需要章分部标题",如图 10-14 所示。

(2)点击"执行分部整理",软件会按照计价规范的章节编排增加分部行,并建立分部行和清单行的归属关系。

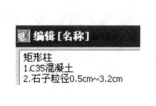
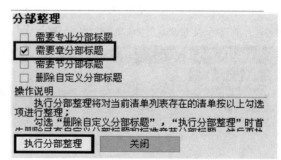

图10-13 直接修改清单名称　　　　　图 10-14 分部整理

3. 编制土建工程措施项目、其他项目清单

1)措施项目清单

添加措施项:点击鼠标右键,选择"添加"中"添加措施项",插入空行,输入序号、名称即可。

2)其他项目清单

选中预留金行,在计算基数单元格中直接输入即可,如图 10-15 所示。

图 10-15 输入其他项目清单

3)查看报表

编辑完成后查看本单位工程的报表。

(1)单张报表可以导出为 Excel,点击右上角的"导出到 Excel 文件",在保存界面输入文件名,点击"保存"。

(2)也可以把所有报表批量导出为 Excel,点击"批量导出到Excel",如图 10-16 所示。勾选需要导出的报表,点击"确定",输入文件名后点击"保存"即可。

4.导入工程量清单

除录入工程量清单外,软件也支持导入 Excel 格式工程量清单。

(1)在单位工程主界面,点击界面上侧的下拉菜单"导入导出"→"导入 Excel 文件",如图 10-17 所示。

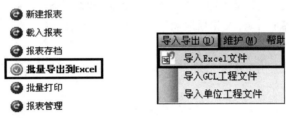

图 10-16 导出为 Excel 文件   图 10-17 导入 Excel 文件(1)

(2)在弹出的"导入 Excel 招标文件"界面中点击"选择",如图 10-18 所示。

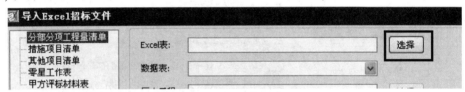

图 10-18 导入 Excel 文件(2)

(3)在打开界面选择 Excel 文件,点击"打开",软件会识别出 Excel 表中的工程量清单内容。

(4)点击"导入",如图 10-19 所示,软件会提示当前页面存在清单项,要选择是清空还是追加。因为新建单位工程时软件默认有一条空的清单项,所以现在点击"是"即可,软件会提示"导入成功"。

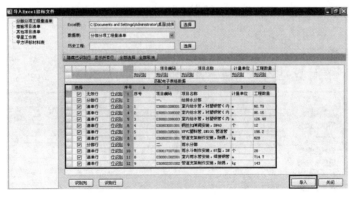

图 10-19 导入 Excel 文件(3)

(5)已经导入数据,点击“关闭”返回主界面。在主界面能看到已经导入的工程量清单内容,并且保留了分部及清单项的层级关系。

5. 生成电子招标书

1)招标书自检

(1)点击“发布招标书”导航栏,点击“招标书自检”,如图10-20所示。

(2)在设置检查项界面中选择“分部分项工程量清单”,并点击“确定”。

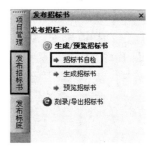

(3)如果工程量清单存在错漏、重复项,软件会以网页文件显示出来,如果没有问题,则会提示“没有检查出错误项”。

图10-20　招标书自检

2)生成电子招标书

点击“生成招标书”,在生成招标书界面点击“确定”,软件会生成电子标书文件,如图10-21所示。

名称	版本	修改日期
白云广场BJ-070621-SG[2007-10-27　13：57：41]	1	[2007-10-27　13：57：41]

图10-21　生成电子招标书

注意:如果多次生成招标书,则此界面会保留多个电子招标文件。

3)预览和打印报表

(1)点击“预览招标书”,软件会进入预览招标书界面,会显示建设项目、单项工程、单位工程的报表。

(2)点击“批量导出到Excel”,选择导出文件夹的保存路径,点击“确定”。

4)刻录、导出电子招标书

点击“刻录/导出招标书”→“导出招标书”,选择导出路径,点击“确定”。软件会提示成功导出标书的存放位置,点击“确定”。

提示:如果招标文件有变更,软件可以多次生成招标书,并且对每次生成招标书之间的差异进行对比,生成变更文件。

四、投标人操作流程

1. 新建投标项目、土建分部分项工程组价

1)新建投标项目

(1)在工程文件管理界面,点击“新建项目”中“新建投标项目”。

(2)在新建投标工程界面,点击“浏览”,找到电子招标书文件,点击“打开”,导入电子招标文件中的项目信息。点击“确定”,软件进入投标管理主界面,可以看出项目结构也被完整导入进来。

2)进入单位工程界面

选择单位工程,点击“进入编辑窗口”,在新建清单计价单位工程界面选择清单库、定额库及专业,输入结构类型、建筑面积。点击“确定”后,软件会进入单位工程编辑主界面,能看到已经导入的工程量清单。

3）套定额组价

在土建工程中，套定额组价通常采用的方式有以下几种。

(1) 直接输入。

选择清单项，点击"插入"→"插入子目"，在空行的编码列直接输入编码、工程量，如图10-22所示。

图10-22 直接输入

(2) 查询输入。

选中某清单，如图10-23所示，点击"查询定额库"，选择章节，选中子目，点击"选择子目"，输入工程量。

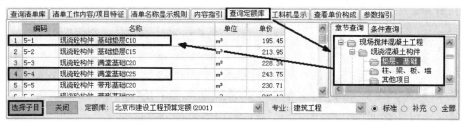

图10-23 查询输入

(3) 补充子目。

①选中清单项后，点击"补充"→"补充子目"。

②在弹出的对话框中输入编码、专业章节、名称、单位、工程量和人材机等信息，如图10-24所示。点击"确定"即可补充子目。

4）强制修改综合单价

补充清单项不套定额，直接给出综合单价。选中补充清单项的综合单价列，点击"其他"→"强制修改综合单价"，在弹出的对话框中输入综合单价，如图10-25所示。

图10-24 补充子目

图10-25 强制修改综合单价

5）换算

(1) 系数换算。

选中某清单项下的需要换算子目，点击子目编码列，使其处于编辑状态，在子目编码后面输入"子目编码*系数"，软件就会把这条子目的单价乘以系数，如图10-26所示。

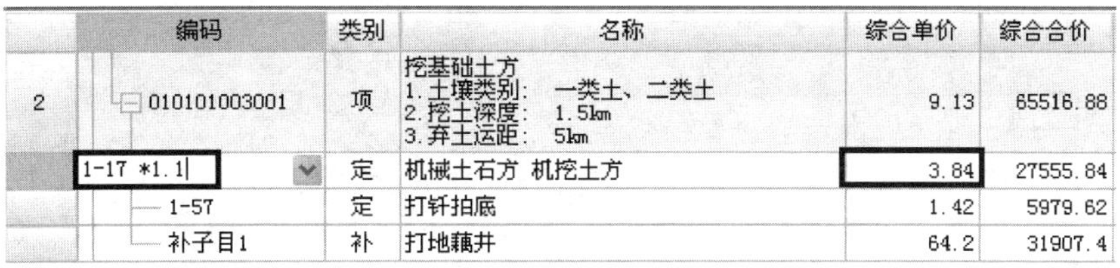

第十章 工程造价软件应用

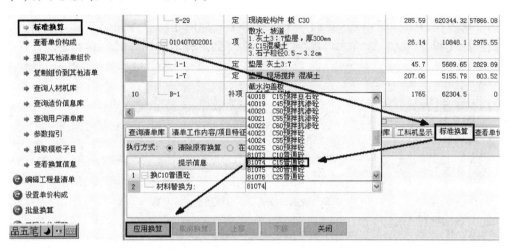

图 10-26 系数换算

（2）标准换算（如图 10-27 所示）。

图 10-27 标准换算

说明：标准换算可以处理的换算内容包括定额书中的章节说明、附注信息，混凝土、砂浆标号换算，运距、板厚换算。

6) 设置单价构成

如图 10-28a) 所示，在左侧功能区点击"设置单价构成"→"单价构成管理"，在"管理取费文件"界面输入需要修改的费率。软件会按照设置后的费率重新计算清单的综合单价。

提示：如果工程中有多个专业，并且每个专业都要按照本专业的标准取费，可以利用软件中的"按专业匹配单价构成"功能快速设置。

如图 10-28b) 所示，点击"设置单价构成"→"按专业匹配单价构成"，在按专业匹配单价构成界面点击"按取费专业自动匹配单价构成文件"。

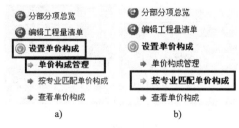

图 10-28 设置单价

2. 措施、其他清单组价

1) 措施项目组价方式

(1) 计算公式组价方式。

①直接输入。

选中某措施项，点击"组价内容"，在组价内容界面输入计算基数，如图 10-29 所示。

231

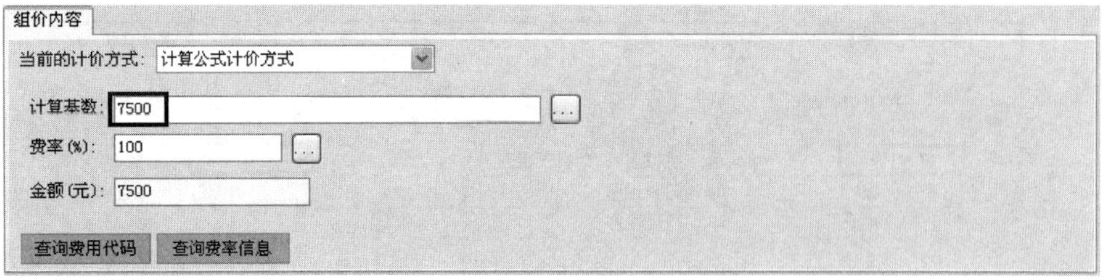

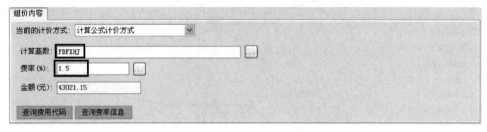

图 10-29　直接输入措施项目计算基数

②按取费基数输入。

选择措施项,在"组价内容"界面点击计算基数后面的小三点按钮,在弹出的费用代码查询界面选择代码,然后点击"选择",输入费率,软件会计算出费用,如图 10-30 所示。

图 10-30　按取费基数输入措施项目计算基数

(2)定额组价方式。

选择某措施项,点击"组价内容",点击鼠标右键,点击"插入",在编码列输入子目,如图 10-31 所示。

图 10-31　定额组价方式

(3)实物量组价方式。

选中某措施项,将当前的计价方式修改为"实物量计价方式",点击"载入模板",选择模板,点击"打开"。根据工程填写实际发生的项目即可。

2)其他项目清单

如果有发生的费用,直接在投标人部分输入相应金额即可。

3)人材机汇总

(1)载入造价信息。

在人材机汇总界面,选择材料表,点击"载入造价信息",点击信息价右侧下拉选项,选择"某年某月工程造价信息",点击"确定"。软件会按照信息价文件修改材料市场价,如图 10-32 所示。

第十章 工程造价软件应用

图 10-32　载入造价信息

(2) 直接修改材料价格。

可以直接修改某材料的市场价格。

(3) 设置甲供料。

选中某材料,单击"供货方式"单元格,在下拉选项中选择"完全甲供",如图 10-33 所示。

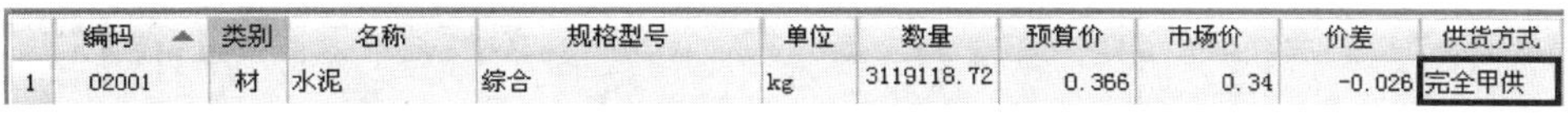

图 10-33　设置甲供料(1)

批量设置:通过拉选的方式选择多条材料,点击"批量修改",在弹出的界面中点击设置值下拉选项,选择"完全甲供",点击"确定"退出。

点击导航栏"甲方材料",选择"甲供材料表",查看设置结果,如图 10-34 所示。

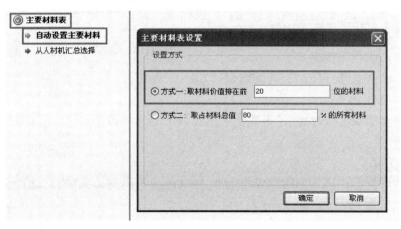

图 10-34　设置甲供料(2)

(4) 主要材料表。

①点击"主要材料表"按钮,到设置主要材料表界面,如图 10-35 所示。

②点击"自动设置主要材料",选择主要材料表的设置方式即可。

图 10-35　设置主要材料

233

4)费用汇总

(1)查看费用。

点击"费用汇总",查看及修改费用汇总表。

(2)工程造价调整。

如果工程造价与预想的造价有差距,可以通过"工程造价调整的方式"快速调整。

切换到分部分项界面,点击"工程造价调整"→"调整人材机单价",输入材料的调整系数,然后点击"预览",如图10-36所示。点击"确定",软件会重新计算工程造价。

提示:工程造价调整后,无法恢复,因此在进行工程造价调整前强烈建议进行工程备份,如果调整后要放弃调整,请打开备份的工程。

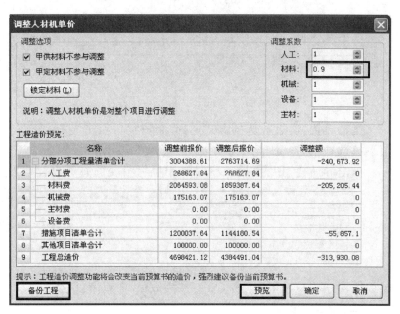

图10-36 工程造价调整

5)报表

在导航栏点击"报表",选择报表类别为"投标方",选择"分部分项工程量清单计价表"。

3. 安装单位工程组价

1)进入单位工程编辑界面

选择安装单位工程,点击"进入编辑窗口"。

2)套定额组价

安装专业套定额组价时,除了可以使用土建列举的几种方法外,还可以采用以下两种比较快速的方法。

(1)子目关联。

选择清单项,点击"插入"中"插入子目",在空行的编码列输入子目,软件会进入子目关联界面,如图10-37所示。

例如:在图10-37左下角选择"管道消毒冲洗、通球试验",在右侧勾选关联的子目。点击"确定"。如图10-38所示。

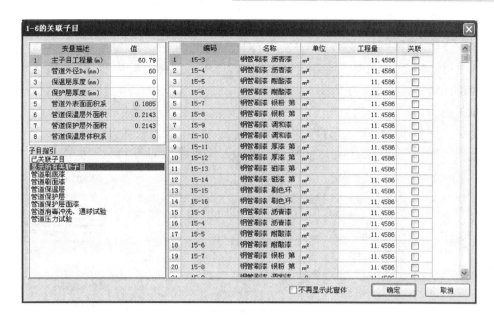

图 10-37 插入安装子目

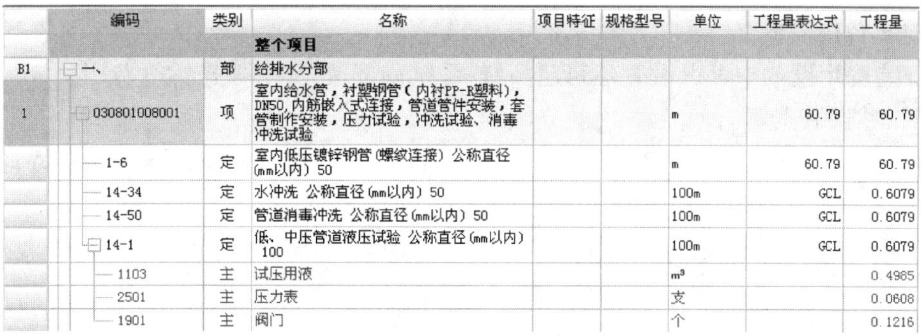

图 10-38 插入安装子目示例

(2)复制组价内容到其他清单(如图 10-39 所示)。

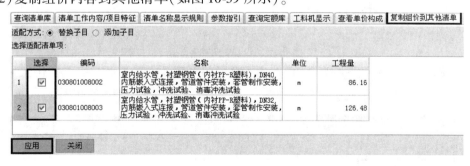

图 10-39 复制组价内容到其他清单

①选中某清单,在左侧功能区点击"复制组价内容到其他清单",在右下方属性窗口的"复制组价到其他清单"界面勾选其他清单。

②点击"应用",再点击"确认"。软件会把清单的组价内容复制给其他清单,然后对这些清单的组价内容做适当调整即可。

3）修改主材规格型号

由于定额中主材没有区分规格型号，我们需要按照实际工程设置主材的规格型号。

输入主材规格型号：选择某定额，复制子目名称中的规格型号内容，然后粘贴到主材的规格型号单元格。如图10-40所示。

4）调整单价构成

用土建工程中描述的方法调整单价构成。

在左侧功能区点击"设置单价构成"中"单价构成管理"，如图10-41所示。

图10-40　设置主材规格型号　　　　　　　　　图10-41　调整单价构成

5）安装费用设置

在安装费用设置中可以设置建筑超高费、系统调试费、脚手架搭拆等费用。

（1）设置安装费用。

①点击"设置安装费用"中"统一设置安装费用"，在"统一设置安装费用"界面选择费用，点击"更改规则"。如图10-42所示。

图10-42　设置安装费用(1)

②在"修改安装费用规则"界面，点击"费用归属"下拉框选择"子目费用"，点击"确定"。如图10-43所示。

图10-43　设置安装费用(2)

③选择后,点击"立即运行规则"。如图10-44所示。

图10-44 设置安装费用(3)

(2)查看安装费用。

①系统调试费:软件会在每个清单项中增加系统调试费子目。

②脚手架费用:在措施项目界面,点击"组价内容"查看脚手架措施项的组价内容。

6)费用汇总

费用汇总如图10-45所示。

7)查看报表

在导航栏点击"报表",软件会进入报表界面,选择报表类别,如图10-46所示。

图10-45 费用汇总　　　　图10-46 查看报表

4.汇总生成电子投标书

1)汇总报价

单位工程都编制完毕后,可以在投标管理查看投标报价。由于软件采用了建设项目、单项工程、单位工程三级结构管理,所以可以很方便地查看各级结构的工程造价。

2)统一调整人材机单价

点击"统一调整人材机单价",在弹出的"调整设置范围"界面中点击"确定",软件会进入统一调整人材机界面,在人材机分类中选择材料,在右侧界面修改材料价格。

提示:选择材料后,在界面的下方会显示有哪些单位工程使用了该材料,如果有多个单位工程使用了该材料,以上面的方式修改了材料价格后,所有单位工程的该条材料价格都会被修改。

点击"重新计算"按钮,然后点击"确定",点击"关闭"按钮返回主界面,软件会按修改后的价格重新汇总投标报价,关闭返回主界面,可以选择单项工程,查看价格变化。

3)一致性检查

通过符合性检查功能能检查投标人是否误修改了招标人提供的工程量清单。

(1)点击"检查与招标书一致性",如果没有符合性错误,软件会提示没有错误。如果检查到有不符合的项,软件会弹出界面提示具体的不符合项。如图10-47所示。

图 10-47　一致性检查

（2）修改不符合项，首先进入单位工程编辑主界面，点击导航栏"符合性检查结果"，选中需要修改的项，点击"更正错项"。软件会弹出选择更正项界面，选择"修改更正项"。点击"确定"后，处理结果单元格会显示"更正错项"，光标定位在处理结果时，软件会显示备注信息。如图 10-48 所示。

图 10-48　修改不符合项

4）投标书自检

投标管理界面，点击"发布投标书"中"投标书自检"，设置要选择的项，如果没有错误，软件会提示"没有检查出错误项"。如果检查出错误，软件会弹出界面提示具体的不符合项。如图 10-49 所示。

5）生成电子投标书

点击"生成投标书"，在投标信息界面输入信息，点击"确定"，软件会生成电子标书文件。

图 10-49　投标书自检

6）预览、打印报表

点击"预览投标书"，软件会进入预览投标书界面，这个界面会显示本项目所有报表。

点击"批量导出到 Excel"，选择导出文件夹的保存路径，点击"确定"。如图 10-50 所示。

点击"批量打印"，勾选需要打印的报表，点击"打印选中表"，也可以在左下角设置打印范围，即可进行打印。

7）刻录/导出电子投标书

点击"刻录/导出投标书"→"导出投标书"。

选择导出路径，如桌面，点击"确定"，如图 10-51 所示。

图 10-50　选择保存路径　　　　图 10-51　选择导出路径

软件会提示成功导出标书的存放位置,点击确定。如图 10-52 所示

图 10-52 "提示"窗口

练习题

1. 造价软件主要解决那些问题?
2. GBQ 4.0 软件主要由哪几个模块构成?
3. 简述广联达软件投标人操作流程。

实训项目

已知某市轨道交通土建工程包含 2 个分部工程,分项工程工程数量见表 10-1,措施项目费、其他项目费、规费、税金费率同[例 9-3],请列出用造价软件计算建筑安装工程费的步骤。

分项工程工程数量　　　　　　　　　　表 10-1

项　目	车　站　主　体	1、2 号出入口
填方/m³	4212.30	327.65
拆除路面/m³	2527.38	165.32

附录 ××市轨道交通××号线大型土石方工程预算实例

编 制 说 明

一、工程概况

该合同段包括两站两区间土建工程。本案例以其中一个车站的土石方工程为例。

该车站为起点站,本站为地下两层13m岛式车站,换乘段为地下三层。车站地下一层为站厅层,站厅层由中部公共区、公共区两端设备管理用房及配线上方物业开发组成,付费区两侧各设置2部上下行自动扶梯及1部楼梯,中部设置无障碍电梯至站台层。地下二层为站台层,由中部公共区和两端设备管理用房组成。本站设有牵引降压混合变电所,共设有6个出入口、3组风亭和3个安全出入口。采用明挖顺作法施工。

二、编制范围

招标文件工程量清单范围内的工作内容。

三、报价编制依据

(1) 图纸及资料。
(2)《房屋建筑与装饰工程工程量计算规范》(GB 50854—2013)。
(3)《城市轨道交通工程工程量计算规范》(GB 50861—2013)。
(4)《××省城市轨道交通工程计价表》(2013)、《××省市政工程计价定额》(2014)、《××省建设工程费用定额》(2014)、当地省市相关计价文件规定等。
(5) 材料价格主要依据××工程造价信息(2016年11月)和市场询价。
(6) 人工工资执行当地人工费指导价。
(7) 现场安全文明施工措施费费率按照创建市级文明工地的要求考虑。具体费率如附表1。

现场安全文明施工措施费费率   附表1

序 号	名 称	基本费率/%	市级标化增加费率/%
1	土方工程	1.5	
2	土建工程	1.9	0.28
3	隧道工程(盾构法)	1.9	0.28
4	安装工程	1.4	0.21

(8)规费取费率如附表2。

规费取费费率　　　　　　　　　　　　　　　　　　　　　　　　　附表2

序　号	名　　称	社会保险费率/%	公积金费率/%
1	土方工程	1.3	0.24
2	土建工程	2.7	0.47
3	隧道工程(盾构法)	2.0	0.33
4	安装工程	2.4	0.42

(9)税金以除税工程造价为计取基础,费率为11%。
(10)暂列金额详见各单位工程工程量清单。
(11)专业工程暂估价和材料暂估价,详见各单位工程工程量清单。
(12)相关标准、规范、规程、图集等。
(13)地质勘探资料。
(14)本合同段的招标文件、招标清单及说明。
(15)施工现场情况、工程特点及常规施工方案。
(16)其他相关资料。

该车站作为单项工程总造价9042544.61元,其中安全文明施工费116232.28元,规费131445.85元。

本案例以该车站土石方工程为例,主要介绍各项费用的计算表格(附表3~附表9)。其中综合单价分析表为部分表格。

单位工程投标报价汇总表　　　　　　　　　　　　　　　　　　　附表3

工程名称：××市轨道交通××号线大型土石方工程(0001)

序　号	汇总内容	金额/元	其中:暂估价/元
1	分部分项工程费	7701818.62	
1.1	人工费	1503890.28	
1.2	材料费	106867.84	
1.3	施工机具使用费	5529797.48	
1.4	企业管理费	350892.95	
1.5	利润	210370.16	
2	措施项目费	313172.12	
2.1	单价措施项目费	47000.2	
2.2	总价措施项目费	266171.92	
2.2.1	其中:安全文明施工措施费	116232.28	
3	其他项目费		
3.1	其中:暂列金额		
3.2	其中:专业工程暂估		
3.3	其中:计日工		

续上表

序　号	汇总内容	金额/元	其中:暂估价/元
3.4	其中:总承包服务费		
4	规费	131445.85	
5	税金	896108.02	
6	工程造价	9042544.61	

分部分项工程和单价措施项目清单与计价表　　　　　　附表4(1)

工程名称:××市轨道交通××号线大型土石方工程(0001)

序号	项目编码	项目名称	项目特征描述	工作内容	计量单位	工程量	金额/元		
							综合单价	合价	其中:暂估价
一、地下车站主体									
1	080101001001	挖一般土石方	①土壤类别:综合考虑。②挖土深度:详见图纸。③其余详见图纸		m³	5897.22	2.68	15804.55	
2	080101004001	围护基坑挖土石方	①土壤类别:综合考虑。②挖土深度:详见图纸。③其余详见图纸		m³	141469.889	15.95	2256444.73	
3	080101006001	盖挖土方	①土壤类别:综合考虑。②挖土深度:详见图纸。③其余详见图纸		m³	6050.806	20.57	124465.08	
4	080101011001	填方	①密实度要求:满足设计及规范要求。②填方材料品种:土质综合考虑		m³	4212.3	28.53	120176.92	
5	040103002001	余方弃置(土石方)	废弃料品种:土石方		m³	173146.247	16.95	2934828.89	
6	040103002002	余方弃置(泥浆)	废弃料品种:泥浆		m³	8455	93.76	792740.80	

附录 ××市轨道交通××号线大型土石方工程预算实例

续上表

序号	项目编码	项目名称	项目特征描述	工作内容	计量单位	工程量	金额/元		
							综合单价	合价	其中：暂估价
7	081201001001	拆除路面	①材质：路面结构层的类型综合考虑,拆除项目含人行道板、侧平石、路面、基层(以土为主的基层不计)砖石砌体等。②含余方(废料)弃置		m³	2527.38	62.05	156823.93	
8	081202001001	拆除障碍物	①材质：障碍物类型综合考虑。②含余方(废料)弃置		m³	50	105.20	5260.00	
			分部小计					6406544.90	
			二、1号出入口						
9	080101001002	挖一般土石方	①土壤类别：综合考虑。②挖土深度：详见图纸。③其余详见图纸		m³	935.83	2.68	2508.02	
			本页小计					6409052.92	

分部分项工程和单价措施项目清单与计价表　　　　附表4(2)

工程名称：××市轨道交通××号线大型土石方工程(0001)

序号	项目编码	项目名称	项目特征描述	工作内容	计量单位	工程量	金额/元		
							综合单价	合价	其中：暂估价
10	080101004002	围护基坑挖土石方	①土壤类别：综合考虑。②挖土深度：详见图纸。③其余详见图纸		m³	3746.479	7.08	26525.07	
11	080101011002	填方	①密实度要求：满足设计及规范要求。②填方材料品种：土质综合考虑		m³	327.647	28.53	9347.77	

续上表

序号	项目编码	项目名称	项目特征描述	工作内容	计量单位	工程量	金额/元		
							综合单价	合价	其中:暂估价
12	040103002003	余方弃置(土石方)	废弃料品种:土石方		m³	5803.272	14.90	86468.75	
13	040103002004	余方弃置(泥浆)	废弃料品种:泥浆		m³	480.413	81.87	39331.41	
14	081201001002	拆除路面	①材质:路面结构层的类型综合考虑,拆除项目含人行道板、侧平石、路面、基层(以土为主的基层不计)砖石砌体等。②含余方(废料)弃置		m³	165.324	62.05	10258.35	
			分部小计					174439.37	
			三、2号出入口						
15	080101001003	挖一般土石方	①土壤类别:综合考虑。②挖土深度:详见图纸。③其余详见图纸		m³	509.634	2.68	1365.82	
16	080101004003	围护基坑挖土石方	①土壤类别:综合考虑。②挖土深度:详见图纸。③其余详见图纸		m³	3109.762	7.08	22017.11	
17	080101011003	填方	①密实度要求:满足设计及规范要求。②填方材料品种:土质综合考虑		m³	192.354	28.53	5487.86	
18	040103002005	余方弃置(土石方)	废弃料品种:土石方		m³	3619.396	14.90	53929.00	
			本页小计					254731.14	

分部分项工程和单价措施项目清单与计价表　　　　　　　　附表4(3)

工程名称:××市轨道交通××号线大型土石方工程(0001)

序号	项目编码	项目名称	项目特征描述	工作内容	计量单位	工程量	金额/元		
							综合单价	合价	其中:暂估价
19	081201001003	拆除路面	①材质:路面结构层的类型综合考虑,拆除项目含人行道板、侧平石、路面、基层(以土为主的基层不计)砖石砌体等。②含余方(废料)弃置		m³	119.446	62.05	7411.62	
			分部小计					90211.41	
			四、3号出入口						
20	080101001004	挖一般土石方	①土壤类别:综合考虑。②挖土深度:详见图纸。③其余详见图纸		m³	884.247	2.68	2369.78	
21	080101004004	围护基坑挖土石方	①土壤类别:综合考虑。②挖土深度:详见图纸。③其余详见图纸		m³	5816.649	11.01	64041.31	
22	080101011004	填方	①密实度要求:满足设计及规范要求。②填方材料品种:土质综合考虑		m³	310.29	28.53	8852.57	
23	040103002006	余方弃置(土石方)	废弃料品种:土石方		m³	6713.381	14.90	100029.38	
24	040103002007	余方弃置(泥浆)	废弃料品种:泥浆		m³	5.351	81.87	438.09	

245

续上表

序号	项目编码	项目名称	项目特征描述	工作内容	计量单位	工程量	金额/元		
							综合单价	合价	其中:暂估价
25	081201001004	拆除路面	①材质:路面结构层的类型综合考虑,拆除项目含人行道板、侧平石、路面、基层(以土为主的基层不计)砖石砌体等。②含余方(废料)弃置		m³	188.512	62.05	11697.17	
分部小计								187428.30	
五、4号出入口									
26	080101001005	挖一般土石方	①土壤类别:综合考虑。②挖土深度:详见图纸。③其余详见图纸		m³	568.553	2.68	1523.72	
本页小计								196363.64	

分部分项工程和单价措施项目清单与计价表　　　　　　附表4(4)

工程名称:××市轨道交通××号线大型土石方工程(0001)

序号	项目编码	项目名称	项目特征描述	工作内容	计量单位	工程量	金额/元		
							综合单价	合价	其中:暂估价
27	080101004005	围护基坑挖土石方	①土壤类别:综合考虑。②挖土深度:详见图纸。③其余详见图纸		m³	3568.745	7.08	25266.71	
28	080101011005	填方	①密实度要求:满足设计及规范要求。②填方材料品种:土质综合考虑		m³	186.23	28.53	5313.14	
29	040103002008	余方弃置(土石方)	废弃料品种:土石方		m³	4137.298	14.76	61066.52	

续上表

序号	项目编码	项目名称	项目特征描述	工作内容	计量单位	工程量	金额/元		
							综合单价	合价	其中:暂估价
30	081201001005	拆除路面	①材质:路面结构层的类型综合考虑,拆除项目含人行道板、侧平石、路面、基层(以土为主的基层不计)砖石砌体等。②含余方(废料)弃置		m³	115.819	62.05	7186.57	
			分部小计					100356.66	
				六、5号出入口					
31	080101001006	挖一般土石方	①土壤类别:综合考虑。②挖土深度:详见图纸。③其余详见图纸		m³	663.64	2.68	1778.56	
32	080101004006	围护基坑挖土石方	①土壤类别:综合考虑。②挖土深度:详见图纸。③其余详见图纸		m³	3600.162	7.08	25489.15	
33	080101011006	填方	①密实度要求:满足设计及规范要求。②填方材料品种:土质综合考虑		m³	211.813	28.53	6043.02	
34	040103002009	余方弃置(土石方)	废弃料品种:土石方		m³	4263.802	14.76	62933.72	
35	081201001006	拆除路面	①材质:路面结构层的类型综合考虑,拆除项目含人行道板、侧平石、路面、基层(以土为主的基层不计)砖石砌体等。②含余方(废料)弃置		m³	134.449	60.99	8200.04	
			本页小计					203277.43	

分部分项工程和单价措施项目清单与计价表

附表4(5)

工程名称：××市轨道交通××号线大型土石方工程(0001)

序号	项目编码	项目名称	项目特征描述	工作内容	计量单位	工程量	金额/元		
							综合单价	合价	其中：暂估价
			分部小计					104444.49	
七、6号出入口									
36	080101001007	挖一般土石方	①土壤类别：综合考虑。②挖土深度：详见图纸。③其余详见图纸		m³	555.299	2.68	1488.20	
37	080101004007	围护基坑挖土石方	①土壤类别：综合考虑。②挖土深度：详见图纸。③其余详见图纸		m³	2805.559	7.08	19863.36	
38	080101011007	填方	①密实度要求：满足设计及规范要求。②填方材料品种：土质综合考虑		m³	171.323	28.53	4887.85	
39	040103002010	余方弃置（土石方）	废弃料品种：土石方		m³	3360.858	14.76	49606.26	
40	081201001007	拆除路面	①材质：路面结构层的类型综合考虑,拆除项目含人行道板、侧平石、路面、基层(以土为主的基层不计)砖石砌体等。②含余方(废料)弃置		m³	109.706	62.05	6807.26	
			分部小计					82652.93	
八、1号风亭									
41	080101001008	挖一般土石方	①土壤类别：综合考虑。②挖土深度：详见图纸。③其余详见图纸		m³	1624.49	2.68	4353.63	

续上表

序号	项目编码	项目名称	项目特征描述	工作内容	计量单位	工程量	金额/元		
							综合单价	合价	其中:暂估价
42	080101004008	围护基坑挖土石方	①土壤类别:综合考虑。②挖土深度:详见图纸。③其余详见图纸		m³	8391.214	11.01	92387.27	
43	080101011008	填方	①密实度要求:满足设计及规范要求。②填方材料品种:土质综合考虑		m³	507.653	28.53	14483.34	
44	040103002011	余方弃置（土石方）	废弃料品种:土石方		m³	10124.184	14.76	149432.96	
45	040103002012	余方弃置（泥浆）	废弃料品种:泥浆		m³	46.492	81.87	3806.30	
本页小计								347116.43	

分部分项工程和单价措施项目清单与计价表　　　　　　　　　附表4(6)

工程名称:××市轨道交通××号线大型土石方工程(0001)

序号	项目编码	项目名称	项目特征描述	工作内容	计量单位	工程量	金额/元		
							综合单价	合价	其中:暂估价
46	081201001008	拆除路面	①材质:路面结构层的类型综合考虑,拆除项目含人行道板、侧平石、路面、基层(以土为主的基层不计)砖石砌体等。②含余方(废料)弃置		m³	304.592	62.05	18899.93	
分部小计								283363.43	

续上表

序号	项目编码	项目名称	项目特征描述	工作内容	计量单位	工程量	综合单价	合价	其中：暂估价
九、2号风亭									
47	080101001009	挖一般土石方	①土壤类别：综合考虑。②挖土深度：详见图纸。③其余详见图纸		m³	653.962	2.68	1752.62	
48	080101004009	围护基坑挖土石方	①土壤类别：综合考虑。②挖土深度：详见图纸。③其余详见图纸		m³	3381.634	7.08	23941.97	
49	080101011009	填方	①密实度要求：满足设计及规范要求。②填方材料品种：土质综合考虑		m³	204.363	28.53	5830.48	
50	040103002013	余方弃置（土石方）	废弃料品种：土石方		m³	4035.596	14.76	59565.40	
51	081201001009	拆除路面	①材质：路面结构层的类型综合考虑，拆除项目含人行道板、侧平石、路面、基层（以土为主的基层不计）砖石砌体等。②含余方（废料）弃置		m³	122.618	62.05	7608.45	
			分部小计					98698.92	
十、3号风亭									
52	080101001010	挖一般土石方	①土壤类别：综合考虑。②挖土深度：详见图纸。③其余详见图纸		m³	906.549	2.68	2429.55	
53	080101004010	围护基坑挖土石方	①土壤类别：综合考虑。②挖土深度：详见图纸。③其余详见图纸		m³	6178.537	7.08	43744.04	
			本页小计					163772.44	

分部分项工程和单价措施项目清单与计价表

附表4(7)

工程名称：××市轨道交通××号线大型土石方工程(0001)

序号	项目编码	项目名称	项目特征描述	工作内容	计量单位	工程量	金额/元 综合单价	合价	其中：暂估价
54	080101011010	填方	①密实度要求：满足设计及规范要求。②填方材料品种：土质综合考虑		m^3	348.673	28.53	9947.64	
55	040103002014	余方弃置（土石方）	废弃料品种：土石方		m^3	7085.086	14.76	104575.87	
56	081201001010	拆除路面	①材质：路面结构层的类型综合考虑，拆除项目含人行道板、侧平石、路面、基层(以土为主的基层不计)砖石砌体等。②含余方(废料)弃置		m^3	209.204	62.05	12981.11	
			分部小计					173678.21	
			分部分项合计					7701818.62	
			十一、单价措施费						
1	081308001001	大型机械设备进出场及安拆			项	1	47000.20	47000.20	
2	08B001	投标人认为需要补充的项目费用			项	1			
			单价措施合计					47000.20	
			本页小计					174504.82	
			合计					7748818.82	

综合单价分析表　　　　　　附表 5(1)

工程名称：××市轨道交通××号线大型土石方工程(0001)

项目编码	080101001001	项目名称		挖一般土石方		计量单位		m³	工程量		5897.22
清单综合单价组成明细											
定额编号	定额项目名称	定额单位	数量	单价				合价			
				人工费	材料费	机械费	管理费	利润	人工费	材料费	机械费	管理费	利润

定额编号	定额项目名称	定额单位	数量	人工费	材料费	机械费	管理费	利润	人工费	材料费	机械费	管理费	利润
1-12	机械挖三类土方	1000m³	0.001	427.68		2063.71	124.57	74.74	0.43		2.06	0.12	0.07
综合人工工日			小计					0.43		2.06	0.12	0.07
0.00 工日			未计价材料费									
清单项目综合单价										2.68			

材料费明细	主要材料名称、规格、型号	单位	数量	单价/元	合价/元	暂估单价/元	暂估合价/元
		其他材料费			—		—
		材料费小计			—		—

综合单价分析表

附表5(2)

工程名称:××市轨道交通××号线大型土石方工程(0001)

项目编码	080101004001	项目名称		围护基坑挖土石方	计量单位		m^3	工程量		141469.889	
清单综合单价组成明细											
定额编号	定额项目名称	定额单位	数量	单价				合价			
				人工费	材料费	机械费	管理费	利润	人工费	材料费	机械费	管理费	利润
1-31	带支撑基坑土方深19m以内	m^3	0.8928	5.76		8.41	0.71	0.43	5.14		7.51	0.63	0.38
1-32	带支撑基坑土方深19m以外	m^3	0.1072	7.11		12.69	0.99	0.59	0.76		1.36	0.11	0.06
综合人工工日			小计				5.9		8.87	0.74	0.44
0.07工日			未计价材料费								
清单项目综合单价										15.95		

材料费明细	主要材料名称、规格、型号	单位	数量	单价/元	合价/元	暂估单价/元	暂估合价/元
	其他材料费			—		—	
	材料费小计			—		—	

综合单价分析表 附表 5(3)

工程名称：××市轨道交通××号线大型土石方工程(0001)

项目编码	080101011001	项目名称	填方	计量单位	m³	工程量	4212.3

清单综合单价组成明细											
定额编号	定额项目名称	定额单位	数量	单价				合价			
				人工费	材料费	机械费	管理费	利润	人工费	材料费	机械费	管理费	利润
1-43	回填土夯实	m³	1	9.98		1.62	0.58	0.35	9.98		1.62	0.58	0.35
D00001	土方购置费	m³	1		16					16			
综合人工工日			小计						9.98	16	1.62	0.58	0.35
0.11 工日			未计价材料费										
清单项目综合单价										28.53			

材料费明细	主要材料名称、规格、型号	单位	数量	单价/元	合价/元	暂估单价/元	暂估合价/元
	黏土	m³	1.49				
	土方购置费	m³	1	16	16		
	其他材料费			—			
	材料费小计			—	16		

综合单价分析表

附表 5(4)

工程名称：××市轨道交通××号线大型土石方工程(0001)

项目编码	081202001001	项目名称	拆除障碍物	计量单位	m³	工程量	50

清单综合单价组成明细

定额编号	定额项目名称	定额单位	数量	单价					合价				
				人工费	材料费	机械费	管理费	利润	人工费	材料费	机械费	管理费	利润
1-188 备注1	机械拆除无筋混凝土结构	m³	1	50.25	2.11	24.44	3.73	2.24	50.25	2.11	24.44	3.73	2.24
1-62+[1-63]×6	挖掘机装自卸汽车运松散石方运距7km以内	1000m³	0.001	1302.29		19467	1038.46	623.08	1.3		19.47	1.04	0.62
综合人工工日				小计					51.55	2.11	43.91	4.77	2.86
0.57 工日				未计价材料费									
清单项目综合单价									105.2				

材料费明细	主要材料名称、规格、型号	单位	数量	单价/元	合价/元	暂估单价/元	暂估合价/元
	合金钢钻头 φ16	根	0.05	19.72	0.99		
	六角空心钢	kg	0.16	4.72	0.76		
	高压风管 φ25 内	m	0.002	10.46	0.02		
	水	m³	0.075	4.25	0.32		
	其他材料费			—	0.02	—	
	材料费小计			—	2.11	—	

综合单价分析表

附表5(5)

工程名称：××市轨道交通××号线大型土石方工程(0001)

项目编码	081308001001	项目名称	大型机械设备进出场及安拆	计量单位	项	工程量	1

清单综合单价组成明细											
定额编号	定额项目名称	定额单位	数量	单价				合价			
^	^	^	^	人工费	材料费	机械费	管理费	利润	人工费	材料费	机械费	管理费	利润
14001	履带式挖掘机 1m³ 以内场外运输费	次	4	1069.2	175.98	2682.73	187.6	112.56	4276.8	703.92	10730.92	750.4	450.24
14002	履带式挖掘机 1m³ 以外场外运输费	次	2	1069.2	217.35	3137.81	210.35	126.21	2138.4	434.7	6275.62	420.7	252.42
14003	履带式推土机 90kW 以内场外运输费	次	1	534.6	196.88	2527.69	153.11	91.87	534.6	196.88	2527.69	153.11	91.87
14019	强夯机械场外运输费	次	1	534.6	191.35	6382.21	345.84	207.5	534.6	191.35	6382.21	345.84	207.5
14020	强夯机械组装拆卸费	次	1	2138.4	180.99	6398.11	426.83	256.1	2138.4	180.99	6398.11	426.83	256.1
综合人工工日			小计					9622.8	1707.84	32314.55	2096.88	1258.13
90.29 工日			未计价材料费									
清单项目综合单价										47000.2		

材料费明细	主要材料名称、规格、型号	单位	数量	单价/元	合价/元	暂估单价/元	暂估合价/元
^	木枕	m³	0.64	1269.08	812.21		
^	镀锌铁丝	kg	50	5.39	269.5		
^	草袋	m²	100	1.23	123		
^	橡胶板δ4	kg	0.78	21.44	16.72		
^							
^							
^	其他材料费			—	486.41	—	
^	材料费小计			—	1707.84	—	

附录 ××市轨道交通××号线大型土石方工程预算实例

总价措施项目清单与计价表

附表6

工程名称:××市轨道交通××号线大型土石方工程(0001)

序号	项目编码	项目名称	计 算 基 础	费率/%	金额/元	调整费率/%	调整后金额/元	备注
1	081311001001	安全文明施工		100.000	116232.28			
1.1		基本费	分部分项合计+单价措施项目合计-除税工程设备费	1.500	116232.28			
2	081311002001	夜间施工	分部分项合计+单价措施项目合计-除税工程设备费	0.075	5811.61			
3	081311004001	冬、雨季施工	分部分项合计+单价措施项目合计-除税工程设备费	0.050	3874.41			
4	081311005001	地上、地下设施、建筑物的临时保护设施	分部分项合计+单价措施项目合计-除税工程设备费					
5	081311006001	已完工程及设备保护	分部分项合计+单价措施项目合计-除税工程设备费	0.010	774.88			
6	081311007001	临时设施	分部分项合计+单价措施项目合计-除税工程设备费	0.800	61990.55			
7	081311008001	赶工措施	分部分项合计+单价措施项目合计-除税工程设备费					
8	081311009001	工程按质论价	分部分项合计+单价措施项目合计-除税工程设备费					
9	081307001001	施工监测、监控	分部分项合计+单价措施项目合计-除税工程设备费	1.000	77488.19			
			合计		266171.92			

其他项目清单与计价汇总表

附表 7

工程名称：××市轨道交通××号线大型土石方工程（0001）

序 号	项目名称	金额/元	结算金额/元	备 注
1	暂列金额			
2	暂估价			
2.1	材料暂估价			
2.2	专业工程暂估价			
3	计日工			
4	总承包服务费			
	合计			

规费、税金项目计价表

附表8

工程名称：××市轨道交通××号线大型土石方工程(0001)

序号	项目名称	计算基础	计算基数/元	计算费率/%	金额/元
1	规费	[1.1]+[1.2]+[1.3]	131445.85	100.000	131445.85
1.1	社会保险费	分部分项工程费+措施项目费+其他项目费-工程设备费	8014990.74	1.300	104194.88
1.2	住房公积金	分部分项工程费+措施项目费+其他项目费-工程设备费	8014990.74	0.240	19235.98
1.3	工程排污费	分部分项工程费+措施项目费+其他项目费-工程设备费	8014990.74	0.100	8014.99
2	税金	分部分项工程费+措施项目费+其他项目费+规费-(甲供材料费+甲供设备费)/1.01	8146436.59	11.000	896108.02
		合计			1027553.87

承包人供应主要材料一览表

附表9

工程名称:××市轨道交通××号线大型土石方工程(0001)

序号	材料编码	材料名称	规格、型号等要求	单位	数量	单价/元	合价/元	备注
1	01150211	六角空心钢		kg	8	4.72	37.76	
2	02010109	橡胶板	δ4	kg	0.78	21.44	16.72	
3	02330104	草袋		m²	100	1.23	123.00	
4	03570200	镀锌铁丝		kg	50	5.39	269.50	
5	03633306	合金钢钻头	φ16	根	2.5	19.72	49.30	
6	04090302-1	黏土		m³	9942.24254			
7	19450307	高压风管	φ25 内	m	0.1	10.46	1.05	
8	31150101	水		m³	3.75	4.25	15.94	
9	34020901	木枕		m³	0.64	1269.08	812.21	
10	CL-D00001	土方购置费		m³	6672.646	16.00	106762.34	
					合计		108087.82	

参 考 文 献

[1] 向群,贾艳红.铁路工程施工组织管理与概预算[M].北京:中国铁道出版社,2011.
[2] 李明华.铁路及公路工程施工组织管理与概预算[M].北京:中国铁道出版社,2014.
[3] 吴安保.铁路工程施工组织[M].北京:人民交通出版社,2009.
[4] 中国建设监理协会.建设工程进度控制[M].北京:中国建筑工业出版社,2011.
[5] 陆海峰,彭涌涛.轨道交通概论[M].北京:人民交通出版社股份有限公司.2014.
[6] 全国造价工程师执业资格考试培训教材编审组.工程造价计价与控制[M].北京:中国计划出版社,2009.
[7] 交通运输部职业资格中心.公路工程造价的计价与控制:2015年版[M].北京:人民交通出版社股份有限公司,2014.
[8] 于慧玲,李丽敏.城市轨道交通工程施工组织与计价[M].北京:中国建筑工业出版社,2017.
[9] 张冰,于景臣.城市轨道交通工程施工组织设计与概预算[M].北京:中国铁道出版社,2006.
[10] 杨卫红.公路施工组织与概预算[M].北京:机械工业出版社,2015.